2026年度版

埼玉県・さいたま市の
保健体育科

参考書

協同教育研究会 編

協同出版

はじめに～「参考書」シリーズ利用に際して～

　教育を取り巻く環境は変化しつつあり，日本の公教育そのものも，教員免許更新制の廃止やGIGAスクール構想の実現などの改革が進められています。また，現行の学習指導要領では「主体的・対話的で深い学び」を実現するため，指導方法や指導体制の工夫改善により，「個に応じた指導」の充実を図るとともに，コンピュータや情報通信ネットワーク等の情報手段を活用するために必要な環境を整えることが示されています。

　一方で，いじめや体罰，不登校，暴力行為など，教育現場の問題もあいかわらず取り沙汰されており，教員に求められるスキルは，今後さらに高いものになっていくことが予想されます。

　本書は，教員採用試験を受験する人が，より効率よく学習できるように構成されています。本書の基本構成としては，各自治体の過去問を徹底分析した上で，巻頭に，各自治体の出題傾向と学習法，出題例，類題等を作成・掲載しております。第1章以降では，各自治体の出題傾向に基づいて，頻出の項目を精選して掲載しております。ページ数やその他編集上の都合により，掲載しきれず，割愛している内容もありますので，あらかじめご了承ください。なお本書は，2024年度（2023年夏実施）の試験を基に編集しています。最新の情報につきましては，各自治体が公表している募集要項やWebサイト等をよくご確認ください。

　最後に，この「参考書」シリーズは，「過去問」シリーズとの併用を前提に編集されております。参考書で要点整理を行い，過去問で実力試しを行う，セットでの活用をおすすめいたします。

　みなさまが，この書籍を徹底的に活用し，難関試験である教員採用試験の合格を勝ち取って，教壇に立っていただければ，それはわたくしたちにとって最上の喜びです。

協同教育研究会

教員採用試験「参考書」シリーズ

埼玉県・さいたま市の
保健体育科 参考書

CONTENTS

埼玉県
さいたま市の
保健体育科
出題傾向と学習法

効率よく試験対策を進めるために

1　ポイントを確実に理解して例題を解く

　教員採用試験の専門教養の筆記試験対策として最重要なのは，受験する自治体の出題形式や傾向に合った学習法を知ることである。本書は過去問を分析し，頻出分野を中心に構成されている。各節の冒頭では学習のポイントを示し，例題を解きながら知識を身につけるようになっている。したがって，まず，各節のポイントを確実に理解するようにしよう。

　専門教養とはいえ，学習指導要領の内容から大きく離れた「難問」が出題されることはほとんどない。志望する学校種の問題レベルを把握し，十分に対応できるまでの知識を身につけることが求められる。試験対策としては，苦手な分野や触れたことのない内容を残さないようにすることも大切だが，まずは本書の例題や過去問などに積極的に取り組んで，頻出分野の知識を身につけてほしい。

2　出題傾向から効率よい学習法を導き出す

　埼玉県の保健体育科では，中学校と高等学校で別の問題が出題される。2024年度の大問数は，中学校が10題，高等学校が29題と，2023年度と変わりがない。

　出題傾向を見ると，中高ともに「学習指導要領」「運動種目」「体育理論」「保健分野」からまんべんなく出題されている。ただし，中学校の問題は，学習指導要領・同解説からの出題がほとんどであるが，その運動領域の種目については，日本陸上競技連盟や日本水泳連盟などが示している競技規則から出題されている。

　高等学校についても，2024年度は大問29題中10題が学習指導要領・同解説からの出題となっているが，それ以外は「運動種目」「体育理論」「保健分野」について幅広く問われている。

　また，過去問を見ると，頻出分野だけでなく解答形式にも特徴がうかがえる。埼玉県保健体育科の場合，解答形式は中高とも選択式であり，すべて4肢択一となっていることから，高い得点が求められる。このた

め，ケアレスミスなどによる取りこぼしは許されない。

　いわば，これらの分野・内容が，埼玉県保健体育科の特徴といえる。こうした分野・内容については本書で学習し，過去問等から類題を多く解き，確実に得点できるようにしよう。

　ここでは，実際に出題された問題を，いくつか示す(出題例参照)。

　先にも触れたように，埼玉県保健体育科では，中高とも「学習指導要領」が重視されていることから，各校種の学習指導要領・同解説を熟読し，理解を深めておく必要がある。

　2024年度は，中学校の「運動種目」について，体つくり運動や器械運動，陸上競技，水泳，球技，武道などについて問われた。これは2021年度から同様の構成であり，このパターンは今後も続くと考えられる。したがって，中学校学習指導要領解説の保健体育編第2章「第2節　各教科の目標及び内容」については，特にしっかりと学習しておきたい。

　高等学校についても，学習指導要領・同解説の学習は必須である。2024年度は，体育科のA体つくり運動からH体育理論までの各領域と，内容の取扱いについて，また，保健科の目標や内容などについても問われている。このため，「各科目の目標及び内容」はもちろんのこと，保健体育科改訂の趣旨，各教科の指導内容，指導計画の作成と内容の取扱いなどについても，しっかりと確認しておきたい。

　「運動種目」については，2024年度の中学校では，器械運動系の指導の安全管理，陸上競技の特性，長距離走，水泳の泳法，球技のルール，柔道・剣道の基本動作，フォークダンスの基本隊形などについて出題されている。これらは，学習指導要領のほかに，学校体育実技指導資料からも出題されている。高等学校では，サッカーのフリーキック，ラグビーの競技規則，バスケットボールのルール，ハンドボールのゴールキーパーのルール等について出題されている。例年，問題のレベルは標準的なものが多く，これらは，各競技団体が示している競技規則やルールブックが出典となっている。過去には，ゴルフについての出題もあったので，様々な競技の基本的な規則やルールにも精通しておく必要がある。この対策としては，文部科学省から発行されている「学校体育実技指導資料集」や教科書だけでなく，各種競技のルールブックや関連資料を活用し

7

て学習するとよい。

　「体育理論」については，2024年度は中学校ではスポーツ基本法から出題があり，高等学校ではスポーツ基本計画，パラリンピック関連，冬季オリンピックの歴史に関する出題があった。過去には，レペティショントレーニングの方法，筋力・筋持久力を高めるトレーニング，オリンピック・パラリンピック，スポーツ基本計画等からも出題されていたため，関連資料にも目を通し，正確な知識を得ておく必要がある。特に，2022年度から5か年計画で施行されている第3期スポーツ基本計画についてはしっかり確認しておくとよい。

　「保健分野」について，2024年度の中学高校とも幅広く問われた。中学校では，学習指導要領・同解説の内容に関する理解，高等学校では，保健分野全般についての幅広い知識が求められている。このため，保健体育の教科書を熟読するとともに，高等学校では厚生労働省や内閣府，環境省といた官公庁のホームページを活用した情報収集などを行っておきたい。

　また，「その他」として，高等学校では地域問題が頻繁に出題されている。この対策としては，埼玉県スポーツ推進計画，ドリームアスリート，彩の国プラチナジュニア発掘事業など，教育・スポーツ施策について，ホームページなどから確認をしておこう。

3　過去問題集との併用等で実践力をつける

　以上のように，本書の使い方としては，効率的に試験対策を進めるために頻出分野のポイントを押さえ，例題を通して解法を理解していくことになる。本試験でその学習成果が発揮できるかどうかは，実践的な問題をどれだけ解いているかが重要である。その対策として，一通り基礎の確認ができたら時間を計って各年度の過去問を解くこと，模試を活用するといったことが考えられる。そこで不正解だった問題については，本書の該当箇所を参照して，繰り返し学んでほしい。そうすることで，出題傾向に合わせた実践的な力が必ずつくはずである。

まずは出題例を見ていこう！

本自治体の出題例：始めにチャレンジ！① (2023年度実施問題改)

問1　日本バスケットボール協会の定める競技規則の内容として誤っているものを，次の(1)～(4)の中から1つ選びなさい。

(1)　スローインとは，アウトオブバウンズにいるプレーヤーによってボールがコート内にパスされることをいう。

(2)　フリースローラインは，エンドラインと平行で，エンドラインの内側からフリースローラインの遠い側の縁までの距離は5.80mとし，ラインの長さは3.60mとする。

(3)　ジャンプボールは，各チーム1人ずつのいずれかのプレーヤーの間に審判がボールをトスすることで行われる。

(4)　6個のファウルを宣せられたプレーヤーは審判によってそのことを伝えられ，速やかにコートから離れなければならない。そのプレーヤーは30秒以内に交代されなければならない。

問2　日本バドミントン協会の定める競技規則　第7条　スコアリングシステムの内容として誤っているものを，次の(1)～(4)の中から1つ選びなさい。

(1)　マッチ(試合)は，特に定めなければ2ゲーム先取の3ゲームで行い，ゲームで21点を先取したサイドがそのゲームの勝者となる。

(2)　スコアが20点オールになった場合には，その後最初に2点リードしたサイドがそのゲームでの勝者となる。

(3)　スコアが29点オールになった場合には，31点目を得点したサイドがそのゲームでの勝者となる。

(4)　ゲームに勝ったサイドが次のゲームで最初にサービスをする。

問3　日本ボッチャ協会の定める競技規則のうちボッチャのルールや用具の説明として誤っているものを，次の(1)～(4)の中から1つ選びなさい。

(1)　コートの寸法は12.5m×6mで，スローイングエリアは6つのスローイングボックスに分けられる。

(2)　投球を補助するアシスティブデバイスの1つとして，キャリ

パーと呼ばれる坂状の補助具がある。

(3) ジャックに一番近いボールのサイドには，相手サイドのジャックに一番近いボールよりもジャックに近いボール1球につき1点が与えられる。

(4) ボッチャの競技には個人戦，ペア戦，チーム戦がある。

解答：問1 (4)　　問2 (3)　　問3 (2)

本自治体の出題例：始めにチャレンジ！② (2023年度実施問題改)

問1　次は，中学校学習指導要領(平成29年告示)解説　保健体育編「第2章　保健体育科の目標及び内容　第2節　各分野の目標及び内容〔体育分野〕2　内容　F　武道［第1学年及び第2学年］(1) 知識及び技能　○　技能　ア　柔道」に示されている基本となる技の〈例示〉にある技の1つを一連の動きとして図で示したものです。Ａが行う技の名称を，以下の1〜4の中から1つ選びなさい。

1　体落とし　　2　大腰　　3　釣り込み腰　　4　背負い投げ

問2　次は，中学校学習指導要領(平成29年告示)解説　保健体育編「第2章　保健体育科の目標及び内容　第2節　各分野の目標及び内容〔体育分野〕2　内容　F　武道［第3学年］(1) 知識及び技能　○　技能　イ　剣道」に示されている基本となる技の〈例示〉にある技の1つを一連の動きとして図で示したものです。Ａが行う技の名称を，以下の1〜4の中から1つ選びなさい。

1 小手抜き面　　2 払い面　　3 引き面　　4 出ばな面

解答：問1　2　　　問2　3

　次は，スポーツ基本法(平成23年)第2条の一部です。①に入る語句を，以下の1～4の中から1つ選びなさい。

> 8　スポーツは，スポーツを行う者に対し，不当に差別的取扱いをせず，また，スポーツに関するあらゆる活動を公正かつ適切に実施することを旨として，(　①　)の防止の重要性に対する国民の認識を深めるなど，スポーツに対する国民の幅広い理解及び支援が得られるよう推進されなければならない。

1　怪我　　2　ドーピング　　3　ハラスメント　　4　事故

解答：2

本自治体の出題例：始めにチャレンジ！④ (2023年度実施問題)

熱中症に関する説明のうち誤っているものを，次の(1)～(4)の中から1つ選びなさい。

(1) 環境省と気象庁は，熱中症予防対策に資する効果的な情報発信として，「熱中症警戒アラート(試行)」を令和2年から全国を対象に運用を開始した。

(2) 熱中症とは体温を平熱に保つために汗をかき，体内の水分や塩分(ナトリウムなど)の減少や血液の流れが滞るなどして重要な臓器が高温にさらされたりすることにより発症する障害の総称である。

(3) 暑さ指数(WBGT)に応じた注意事項等によると，暑さ指数(WBGT)31以上では運動は原則中止と示されている。

(4) 高温，多湿，風が弱い，輻射源(熱を発生するもの)がある等の環境では，体から外気への熱放散が減少し，汗の蒸発も不十分となり，熱中症が発生しやすくなる。

解答：(1)

本自治体の出題例：始めにチャレンジ！⑤ (2024年度実施問題)

次のア～オは，健康を支える社会的対策に関して述べたものです。その内容として誤っているものの組合せを，以下の(1)～(4)の中から1つ選びなさい。

ア 健康寿命とは，健康日本21(第二次)の中で，「健康上の問題で日常生活が制限されることなく生活できる期間」と定義している。

イ ヘルスプロモーションとは，オタワ憲章の中で「人々が自らの健康をコントロールし，改善できるようにするプロセスである」と定義されている。

ウ がん対策推進基本計画は，2040年までに3年以上の平均寿命の延伸，年齢調整死亡率の減少を目指している。

エ 地域包括ケアシステムとは，地域住民に対する医療・介護・福祉などのサービスを関係者が連携・協力して一体的・体系的に提供す

る体制のことである。

オ　セカンド・オピニオンとは，医療関係者が患者に対して十分な説明を行い，患者がそれを正しく理解した上で，患者が治療の方針などに同意を示して，治療を行っていくことである。

(1)　ウ・オ　　(2)　イ・エ　　(3)　ア・オ　　(4)　ウ・エ

解答：(1)

過去3カ年の出題傾向分析

　ここでは，過去3カ年で出題された分類と主な出題事項を表にまとめている。学習する前に，大まかな傾向をつかんでおこう。

年度	分類	主な出題事項
2024年度	中学学習指導要領	総説，保健体育科の目標及び内容，指導計画の作成と内容の取扱い
	高校学習指導要領	総説，保健体育科の目標及び内容，各科目にわたる指導計画の作成と内容の取扱い
	運動種目	体つくり運動，器械運動，陸上競技，水泳，球技，武道，ダンス，その他(スキー・スケート・パラスポーツ)，体育理論
	中学保健	健康な生活と疾病の予防，心身の機能の発達と心の健康，傷害の防止，健康と環境
	高校保健	現代社会と健康，安全な社会生活，生涯を通じる健康，健康を支える環境づくり
	その他	地域問題
2023年度	中学学習指導要領	保健体育科の目標及び内容，指導計画の作成と内容の取扱い
	高校学習指導要領	
	運動種目	器械運動，陸上競技，水泳，球技，武道，その他(スキー・スケート・パラスポーツ)，体育理論

13

年度	分類	主な出題事項
	中学保健	健康な生活と疾病の予防，心身の機能の発達と心の健康，傷害の防止，健康と環境
	高校保健	現代社会と健康，安全な社会生活，健康を支える環境づくり
	その他	体力テスト
2022年度	中学学習指導要領	総説，保健体育科の目標及び内容
	高校学習指導要領	総説，保健体育科の目標及び内容，各科目にわたる指導計画の作成と内容の取扱い
	運動種目	器械運動，陸上競技，水泳，球技，武道，ダンス，体育理論
	中学保健	健康な生活と疾病の予防，心身の機能の発達と心の健康，傷害の防止，健康と環境
	高校保健	現代社会と健康，安全な社会生活，生涯を通じる健康，健康を支える環境づくり
	その他	地域問題

※「分類」「主な出題事項」は，過去問シリーズに掲載されている出題傾向分析に該当する。

　次に，ここで紹介した分類の類題を掲載しておくので，学習の第一歩としてほしい。

類題を解いてみよう！

類題で問題演習の幅を広げよう！①

　「球技」について，次の各問いに答えなさい。

問1　バスケットボールに関する次のa〜cについて，ファウルの名称の組合せとして正しいものを，以下の1〜4のうちから1つ選びなさい。

　a　ただちに失格・退場が命ぜられるような特に悪質なファウルをした。

　b　失礼な態度で審判に話しかけたり触れたりした。

c　わざと体の触れ合いを起こすような悪質なファウルをした。

	a	b	c
1	ディスクォリファイングファウル	テクニカルファウル	アンスポーツマンライクファウル
2	ディスクォリファイングファウル	アンスポーツマンライクファウル	テクニカルファウル
3	アンスポーツマンライクファウル	テクニカルファウル	ディスクォリファイングファウル
4	アンスポーツマンライクファウル	ディスクォリファイングファウル	テクニカルファウル

問2　サッカーの歴史と発展に関する次のa〜dについて，正誤の組合せとして正しいものを，以下の1〜4のうちから1つ選びなさい。

a　日本へは，1873年にイギリスのダグラス少佐によって紹介され，全国に普及した。

b　日本は，1968年の第19回オリンピック・ベルリン大会で銅メダルを獲得した。

c　18世紀には，パブリックスクールで盛んに行われていたが，ルールは学校ごとに異なっていた。

d　サッカーの直接の起源は，12世紀頃にフランス各地で祭りとして行われていたフットボールである。

	a	b	c	d
1	正	正	誤	誤
2	正	誤	正	誤
3	誤	正	誤	正
4	誤	誤	正	正

問3　バドミントンについて，次の文が説明している技術の名称として最も適切なものを，以下の1〜4のうちから1つ選びなさい。

> 体から離れたところのシャトルを打ち返すストロークで，ネットに背を向け，肘を先行させてスイングする。背中側ではなく体の前側の空間で打つ。

1　プッシュ　　2　ハイバック　　3　ヘアピン　　4　サービス

解答：問1　1　　問2　2　　問3　2

類題で問題演習の幅を広げよう！②

「武道」について，問1，問2に答えなさい。

問1　次の文は，高等学校学習指導要領解説(保健体育編)(平成30年7月)における「武道」の入学年次の次の年次以降の知識について述べたものである。空欄に当てはまる語句として，正しいものを選びなさい。

　　伝統的な考え方では，対戦相手を敵として考えるのではなく，同じ「[　　]」を追求する大切な仲間であるといった考え方があることや，我が国固有の文化である武道を学習することは，これからの国際社会を生きていく上で有意義であることを理解できるようにする。

　　ア　師　　イ　心　　ウ　礼　　エ　技　　オ　道

問2　次の表は，「柔道指導の手引(三訂版)」(文部科学省)における講道館柔道の技名称を示したものである。技の組合せとして，正しいものを選びなさい。

	手技	腰技	足技
ア	背負投	釣込腰	内股
イ	背負投	内股	膝車
ウ	体落	釣込腰	背負投
エ	体落	背負投	大外刈
オ	大腰	背負投	大内刈

解答：問1　オ　　問2　ア

類題で問題演習の幅を広げよう！③

次の1，2の問いに答えなさい。

1 次の ▢ の中の文は，「スポーツ基本法(平成23年法律第78号)
 第一章　総則(基本理念)第二条」の一部を抜粋したものである。文
 中(①)〜(⑤)に当てはまる語句の組み合わせとして適切な
 ものを，以下のa〜eの中から一つ選びなさい。

(基本理念)
 第2条　スポーツは，これを通じて(①)で豊かな生活を営む
　ことが人々の権利であることに鑑み，(②)が生涯にわたり
　あらゆる機会とあらゆる場所において，(③)かつ(④)
　にその(⑤)及び健康状態に応じて行うことができるように
　することを旨として，推進されなければならない。
　＜以下略＞

---

	①	②	③	④	⑤
a	幸福	国民	自主的	自律的	適性
b	健康	国民	主体的	自立的	志向
c	幸福	全ての人々	自主的	自律的	適性
d	幸福	国民	主体的	自律的	志向
e	健康	全ての人々	主体的	自立的	適性

2 「スポーツ基本計画」(令和4年3月25日　文部科学省)の「第2部
 今後取り組むべきスポーツ施策と目標　第3章　今後5年間に総合
 的かつ計画的に取り組む施策」において示された12の施策群のうち，
 「スポーツの振興を図るための施策」として適切なものを，次のa〜e
 の中から一つ選びなさい。

 a 「スポーツの成長産業化」
 b 「スポーツを通じた共生社会の実現」
 c 「スポーツによる健康増進」
 d 「スポーツ界におけるDXの推進」
 e 「スポーツによる地方創生，まちづくり」

解答：1　a　　2　d

17

類題で問題演習の幅を広げよう！④

「熱中症環境保健マニュアル2022(環境省)に記載されている，熱中症に関する次の文章を読んで，以下の問いに答えなさい。

近年，気候変動等による影響により，一般環境における熱ストレスが増大しています。この過酷な暑熱環境により，近年，熱中症による死亡リスクも高まっているところです。

(①)が低下している高齢者や，(①)がまだ十分に発達していない小児・幼児は，成人よりも熱中症のリスクが高く，更に注意が必要です。

近年，熱中症による救急搬送人員，死亡者数は高い水準で推移しており，国民生活に深刻な影響を及ぼしています。

こうした状況を踏まえ，令和3年3月25日に開催した政府の「熱中症対策推進会議」において策定した「(②)」に基づき，令和2年度まで実施してきた熱中症予防強化月間を，令和3年度から「熱中症予防強化キャンペーン」と改め，関係府省庁の連携を強化して広報を実施しています。また，令和3年度から全国で運用を開始した「(③)」について，関係府省庁が連携して多様な媒体や手段で国民に対して情報発信し，熱中症予防行動を促しています。

_A熱中症の症状は一様ではなく，症状が重くなると生命へ危険が及びます。しかし，_B適切な予防法を知っていれば，熱中症を防ぐことができます。

1 文中の(①)〜(③)にあてはまる適切な語句を，語群のア〜ケから1つ選んで，その符号を書きなさい。

【語群】
ア 暑熱順化　　　　　イ ナウキャスト
ウ 熱中症警戒アラート　エ 熱中症対策行動計画
オ 熱中症対策基本計画　カ 体温調節機能
キ 熱中症予防システム　ク 運動能力
ケ 熱線被害

2 文中の下線部Aに関して，次の問いに答えなさい。

(1) 熱中症の重症度分類・症状・臨床症状からの分類の組み合わせ
として不適切なものを，次のア～ウから1つ選んでその符号を書
きなさい。また，その組み合わせの中で誤っている語句を抜き出
し，正しい語句を書きなさい。

	重症度分類	症状	臨床症状からの分類
ア	Ⅰ度	めまい	熱けいれん
イ	Ⅱ度	頭痛	熱失神
ウ	Ⅲ度	意識障害	熱射病

(2) 熱中症の重症度分類のⅠ度に分類される症状を，語群のア～ク
から全て選んでその符号を答えなさい。

【語群】

ア	生あくび	イ	嘔吐	ウ	倦怠感
エ	立ちくらみ	オ	筋肉の硬直	カ	体温の低下
キ	大量の発汗	ク	痙攣発作		

解答：1 ① カ ② エ ③ ウ 2 (1) 符号…イ
誤…熱失神 正…熱疲労 (2) ア，エ，オ，キ

類題で問題演習の幅を広げよう！⑤

「健康を支える環境づくり」について，問1，問2に答えなさい。

問1 高等学校学習指導要領解説(保健体育編)(平成30年7月)におけ
る「健康を支える環境づくり」の思考力，判断力，表現力等の例示
として，誤っているものを選びなさい。

ア 交通安全について，習得した知識を基に，事故につながる危険
を予測し回避するための自他や社会の取組を評価すること。

イ 医薬品の制度とその活用について，医薬品には承認制度があり，
販売に規制が設けられていることと関連付けながら，生活の質の
向上のために利用の仕方を整理すること。

ウ 食品の安全性と食品衛生に関わる活動について，習得した知識
を自他の日常生活に適用して，健康被害の防止と健康を保持増進

するための計画を立てること。

エ　ヘルスプロモーションの考え方に基づいた，健康に関する環境づくりへ積極的に参加していくために，適切な情報を選択・収集して，分析・評価し計画を立てること。

オ　人間の生活や産業活動などによって引き起こされる自然環境汚染について，事例を通して整理し，疾病等のリスクを軽減するために，環境汚染の防止や改善の方策に応用すること。

問2　次の文は，大気汚染の発生源について述べたものである。空欄に当てはまる語句の組合せとして，正しいものを選びなさい。

大気汚染の発生源としては，[　①　]，固定発生源，[　②　]があり，それらから気体や粒子状の汚染物質が放出されている。固定発生源，[　②　]で問題となるのは，石油，石炭，天然ガスなどの[　③　]の燃焼によって排出される二酸化窒素などの窒素酸化物や炭化水素と，浮遊粒子状物質(SPM)などである。

	①	②	③
ア	移動発生源	自然発生源	合成燃料
イ	移動発生源	自然発生源	化石燃料
ウ	自然発生源	移動発生源	バイオマス燃料
エ	自然発生源	移動発生源	合成燃料
オ	自然発生源	移動発生源	化石燃料

解答：問1　ア　　問2　オ

第 1 章

体つくり運動

保健体育科 体つくり運動

ポイント

　体つくり運動は，体ほぐしの運動と体の動きを高める運動，および実生活に生かす運動の計画で構成され，自他の心と体に向き合って，体を動かす楽しさや心地よさを味わい，心と体をほぐしたり，体の動きを高める方法を学んだりすることができる領域である。

　中学校では，より具体的なねらいをもった運動を行い，学校の教育活動全体や実生活で生かすことをねらいとして，第1学年及び第2学年は，「体を動かす楽しさや心地よさを味わい，目的に適した運動を身に付け，組み合わせる」ことができるようにすることを，第3学年は，「体を動かす楽しさや心地よさを味わい，健康の保持増進や体力の向上を目指し，目的に適した運動の計画を立て取り組む」ことを学習する。

　高等学校では，これまでの学習を踏まえて，体を動かす楽しさや心地よさを味わい，「自己の体力や生活に応じた継続的な運動の計画を立て，実生活に役立てること」などが求められる。入学年次では，体を動かす楽しさや心地よさを味わい，運動を継続する意義，体の構造，運動の原則などを理解するとともに，健康の保持増進や体力の向上を目指し，目的に適した運動の計画を立て，取り組むことができるようにすること，入学年次の次の年次以降では，体を動かす楽しさや心地よさを味わい，体つくり運動の行い方などを理解するとともに，実生活に役立てること，生涯にわたって運動を豊かに継続するための課題に取り組むこと等をねらいとしている。

体つくり運動の特性

体つくり運動の指導に際しては，中学・高等学校ともに「知識及び運動」「思考力，判断力，表現力等」「学びに向かう力，人間性等」の内容をバランスよく学習させることとしている。具体例として，「知識及び運動」について学習指導要領では，次のように示されている。

[中学校　第1学年及び第2学年]

> ア　体ほぐしの運動では，手軽な運動を行い，心と体との関係や心身の状態に気付き，仲間と積極的に関わり合うこと。
>
> イ　体の動きを高める運動では，ねらいに応じて，体の柔らかさ，巧みな動き，力強い動き，動きを持続する能力を高めるための運動を行うとともに，それらを組み合わせること。

[中学校　第3学年]

> ア　体ほぐしの運動では，手軽な運動を行い，心と体は互いに影響し変化することや心身の状態に気付き，仲間と自主的に関わり合うこと。
>
> イ　実生活に生かす運動の計画では，ねらいに応じて，健康の保持増進や調和のとれた体力の向上を図るための運動の計画を立て取り組むこと。

[高等学校]

> ア　体ほぐしの運動では，手軽な運動を行い，心と体は互いに影響し変化することや心身の状態に気付き，仲間と主体的に関わり合うこと。
>
> イ　実生活に生かす運動の計画では，自己のねらいに応じて，健康の保持増進や調和のとれた体力の向上を図るための継続的な運動の計画を立て取り組むこと。

23

体つくり運動における指導の概要

　体つくり運動ではそれぞれの運動の目的をよく理解して，自分にあった行い方を工夫し，安全に注意しながら楽しく運動することが大切である。基本的な考え方は下図のとおり。

```
体つくり運動
心と体の関係や心身の状態に気付くこと，仲間と積極的に関わり合うことをね
らいとして行われる運動

体ほぐしの運動                    体の動きを高める運動
体の柔らかさ，巧みな動き，力強      体の柔軟性や巧緻性，力強さ，
い動き，動きを持続する能力を高      持続力を高める運動により，調和
める運動                          のとれた体力を高める

                                 実生活に生かす運動の計画
                                 ねらいに応じて，健康の保持増
                                 進や調和のとれた体力の向上を
                                 図るための運動の計画
```

　中学校・高等学校の段階は，心身の発達が最も旺盛な時期である。このことを踏まえ，「体つくり運動」の学習を通して，体を動かす楽しさや心地よさを味わわせるとともに，健康や体力の状況に応じて体力を高める必要性を認識させ，「体つくり運動」以外の運動に関する領域においても，学習した結果としてより一層の体力の向上を図ることができるようにすることが大切である。

　さらに，学習した成果を実生活や実社会に生かすこと及び運動やスポーツの習慣化を促す観点から，体育理論や保健との関連，教科外活動や学校生活全体を見通した教育課程の工夫を図るようにすることが求められる。

　また，体育分野と保健分野の相互の関連を図るため，中学校では「ストレスへの対処」，高等学校では「精神疾患の予防と回復」など保健分野の指導との関連を図った指導を行うものとしている。

　なお授業時数については，従前の学習指導要領に引き続き，中学校では各学年で7単位時間以上を，高等学校では各年次で7〜10単位時間程度を配当する。

━━━━━━━━━━━━━━ **例題 1** ━━━━━━━━━━━━━━

高等学校における「体つくり運動」の内容について，次のa～dの正誤の組合せとして正しいものを，以下の1～4のうちから1つ選べ。

a 「体つくり運動」の運動に関する領域については，「知識及び技能」に「思考力・判断力・表現力等」「学びに向かう力・人間性等」を内容として示している。

b 高等学校では中学校までの学習を踏まえて，「体を動かす楽しさや心地よさを味わい，自己の体力や生活に応じた継続的な運動の計画を立て，実生活に役立てること」などが求められている。

c 体の構造については，入学年次で関節や筋肉の働きを中心に取り上げるようにする。

d 「体ほぐしの運動」については，全ての学年で取り扱うこととしている。また，「保健」における精神疾患の予防と回復などの内容と関連を図ることとしている。

	a	b	c	d
1	誤	正	正	正
2	誤	誤	誤	正
3	正	正	誤	誤
4	正	誤	正	誤

解答 1

解説 体つくり運動は，従前は「体ほぐしの運動」と「体力を高める運動」としていたものを，今回の高等学校学習指導要領(平成30年告示)では，「体ほぐしの運動」と「実生活に生かす運動の計画」として新たに示された。中学校及び小学校の「体つくり運動」の内容についても確認しておくこと。aに記述された3つの要素は，育成を目指す資質・能力である。

▰▰▰▰▰▰▰▰▰▰▰▰▰▰ 例題 2 ▰▰▰▰▰▰▰▰▰▰▰▰▰▰

次は，中学校学習指導要領の保健体育の［第1学年及び第2学年］「(1)　知識及び運動」の一部である。空欄①，②に当てはまる語句の組合せとして，正しいものを選べ。

---

(1)　知識及び運動

体つくり運動について，次の事項を身に付けることができるよう指導する。

(略)

ア　体ほぐしの運動では，手軽な運動を行い，心と体との関係や心身の状態に気付き，[　①　]こと。

イ　体の動きを高める運動では，ねらいに応じて，体の柔らかさ，[　②　]，力強い動き，動きを持続する能力を高めるための運動を行うとともに，それらを組み合わせること。

ア　①　仲間と自主的に関わり合う　　②　巧みな動き
イ　①　仲間と積極的に関わり合う　　②　巧みな動き
ウ　①　仲間と主体的に関わり合う　　②　バランスをとる動き
エ　①　仲間と自主的に関わり合う　　②　バランスをとる動き
オ　①　仲間と積極的に関わり合う　　②　バランスをとる動き

解答　イ

解説　体つくり運動の「知識及び運動」に関する出題である。「仲間と積極的に関わり合う」とは，共に運動する仲間と進んで協力したり助け合ったりすることで，楽しさや心地よさが増すように関わりをもつことである。「巧みな動き」を高めるための運動とは，自分自身で，あるいは人や物の動きに対応してタイミングよく動くこと，力を調整して動くこと，バランスをとって動くこと，リズミカルに動くこと，素早く動くことができる能力を高めることをねらいとして行われる運動である。指導に際しては，ゆっくりした動きから素早い動き，小さい動きから大きい動き，弱い動きから強い動き，易しい動きから難しい動きへと運動を発展させるようにすることが大切である。

━━━━━━━━━ **例題 3** ━━━━━━━━━

中学校学習指導要領(平成29年3月告示)「保健体育」の〔体育分野〕の第1学年及び第2学年における「体つくり運動」の内容に関する記述として適切なものは，次の1～4のうちのどれか。

1　体ほぐしの運動では，手軽な運動を行い，心と体は互いに影響し変化することや心身の状態に気付き，仲間と主体的に関わり合うこと。

2　体ほぐしの運動では，手軽な運動を行い，心と体との関係に気付いたり，仲間と関わり合ったりすること。

3　体ほぐしの運動では，手軽な運動を行い，心と体との関係や心身の状態に気付き，仲間と積極的に関わり合うこと。

4　体ほぐしの運動では，手軽な運動を行い，心と体は互いに影響し変化することや心身の状態に気付き，仲間と自主的に関わり合うこと。

解答　3

解説　1は高等学校の「体つくり運動」の運動の内容，2は小学校第5学年及び第6学年の「体つくり運動」の運動の内容，4は中学校第3学年の「体つくり運動」の運動の内容である。

━━━━━━━━━ **例題 4** ━━━━━━━━━

次の文章は,高等学校学習指導要領(平成30年3月告示)「保健体育」の「第2款　各科目」の「第1　体育」の一部である。

2　内容
A　体つくり運動
　体つくり運動について，次の事項を身に付けることができるよう指導する。
(1)　次の運動を通して，体を動かす楽しさや心地よさを味わい，体つくり運動の行い方，体力の構成要素，(　①　)への取り入れ方などを理解するとともに，自己の体力や生活に応じた(　②　)の計画を立て，実生活に役立てること。

27

　　ア　体ほぐしの運動では，手軽な運動を行い，（　③　）は互いに
　　　影響し変化することや心身の状態に気付き，仲間と主体的に関
　　　わり合うこと。
　　イ　実生活に生かす運動の計画では，自己のねらいに応じて，健
　　　康の保持増進や調和のとれた体力の向上を図るための（　②　）
　　　の計画を立て取り組むこと。
　(2)　生涯にわたって運動を豊かに継続するための自己や仲間の課題
　　を発見し，合理的，計画的な解決に向けて取り組み方を工夫する
　　とともに，自己や仲間の考えたことを（　④　）に伝えること。
　(3)　体つくり運動に主体的に取り組むとともに，互いに助け合い高
　　め合おうとすること，一人一人の違いに応じた動きなどを大切に
　　しようとすること，合意形成に貢献しようとすることなどや，健
　　康・安全を確保すること。

(1)　（　①　）～（　④　）の各空欄に適する語句を答えよ。
(2)　下線部はどのようなことを意味しているか，答えよ。

解答　(1)　①　実生活　　②　継続的な運動　　③　心と体　　④　他
　　者　　(2)　チームや自己の課題の解決に向けた練習方法や作戦につ
　　いて話し合う場面で，対立意見が出た場合でも，仲間を尊重し相手
　　の感情に配慮しながら発言したり，提案者の発言に同意を示したり
　　して建設的な話合いを進めようとすること。
解説　(1)　体つくり運動は，各領域の主運動の前に実施される準備運動や
　　補強運動として扱うのではなく，体つくり運動のねらいに適した取
　　扱いに配慮するとともに，運動の原則や体の構造等の知識を確実に
　　習得できるよう一定のまとまりの時間を確保することとする。
　　(2)　合意形成に貢献しようとすることは，相互の信頼関係を深める
　　ことにつながるとともに，自己形成に役立つことを理解し，取り組
　　めるようにする。

━━━━━━━━━━━ **例題 5** ━━━━━━━━━━━

　次の文章は，中学校学習指導要領解説(平成29年7月)「保健体育編」における「体つくり運動」の記述をまとめたものである。文中の(①)～(④)に適する語句を以下のア～クから1つずつ選び，記号で答えよ。ただし，同じ番号の空欄には，同じ解答が入るものとする。

　「体つくり運動」については，体を動かす楽しさや心地よさを味わわせるとともに，健康や体力の状況に応じて体力を高める必要性を認識させ，学校の教育活動全体や(①)で生かすことができるよう改善を図ることとした。

　具体的には，「体ほぐしの運動」において，第1学年及び第2学年では，「心と体の関係に気付き，体の調子を整え，仲間と交流するための手軽な運動や律動的な運動を行うこと」を改め，「(②)を行い，心と体との関係や心身の状態に気付き，仲間と(③)に関わり合うこと」とした。第3学年では，「心と体は互いに影響し変化することに気付き，体の状態に応じて体の調子を整え，仲間と積極的に交流するための手軽な運動や律動的な運動を行うこと」を改め，「(②)を行い，心と体は互いに影響し変化することや心身の状態に気付き，仲間と(④)に関わり合うこと」を内容として示した。

　また，従前，「体力を高める運動」として示していたものを，第1学年及び第2学年で「体の動きを高める運動」，第3学年で「(①)に生かす運動の計画」として新たに示した。

| ア　主体的 | イ　積極的 | ウ　実生活 | エ　準備運動 |
| オ　協働的 | カ　手軽な運動 | キ　授業の中 | ク　自主的 |

解答　① ウ　② カ　③ イ　④ ク

解説　体育分野の内容の「体つくり運動」の授業時数については，従前どおり，各学年で7単位時間以上を，「体育理論」の授業時数については，各学年で3単位時間以上を配当することとした。

━━━━━━━━━━━━━━━━━━━━━━━ 例題 6 ━━━━━━━━━━━━━━━━━━━━━━━

次の文章は，高等学校学習指導要領解説(平成30年7月)「保健体育編・体育編」における「体つくり運動」の入学年次に関するものである。文中の(①)～(⑤)に適する語句を答えよ。

体つくり運動は，体ほぐしの運動と実生活に生かす運動の計画で構成され，自他の心と体に向き合って，体を動かす楽しさや心地よさを味わい，心と体をほぐしたり，体の動きを高める方法を学んだりすることができる領域である。

…(中略)…

高等学校では，これまでの学習を踏まえて，「体を動かす楽しさや(①)を味わい，自己の体力や生活に応じた継続的な運動の計画を立て，実生活に役立てること」などが求められる。

したがって，入学年次では，体を動かす楽しさや心地よさを味わい，運動を継続する意義，(②)，運動の原則などを理解するとともに，健康の保持増進や体力の向上を目指し，(③)に適した運動の計画を立て取り組むことができるようにする。その際，自己や仲間の課題を発見し，(④)な解決に向けて運動の取り組み方を工夫するとともに，自己や仲間の考えたことを他者に伝えることができるようにする。また，体つくり運動の学習に自主的に取り組み，互いに助け合い教え合うことや一人一人の違いに応じた動きなどを大切にすることなどに意欲をもち，(⑤)を確保することができるようにする。

解答 ① 心地よさ　② 体の構造　③ 目的　④ 合理的
⑤ 健康や安全

解説 指導に際しては，知識の理解を基に運動の計画を立てたり，運動の計画を立てて取り組むことで一層知識を深めたりするなど，知識と運動を関連させて学習させることや，「知識及び運動」，「思考力，判断力，表現力等」，「学びに向かう力，人間性等」の内容をバランスよく学習させるようにすることが大切である。

体ほぐしの運動

　体ほぐしの運動は，手軽な運動を行い，心と体は互いに影響し変化することや心身の状態に気付き，仲間と自主的に関わり合うことをねらいとして行われる運動である。1つの運動例において，複数のねらいが関連している場合があるので，指導に際しては，これらのねらいを関わり合わせながら，運動を経験するだけでなく，心や体の状態を軽やかにし，ストレスの軽減にも役立つなど，自他の心と体の関係や心身の状態を確かめながら学ぶことができるように留意することが大切である。

　中学校学習指導要領解説によると，体ほぐしの運動として次の6つが例示されている。

・のびのびとした動作で用具などを用いた運動を行うこと

・リズムに乗って心が弾むような運動を行うこと

・緊張したり緊張を解いて脱力したりする運動を行うこと

・いろいろな条件で，歩いたり走ったり跳びはねたりする運動を行うこと

・仲間と動きを合わせたり，対応したりする運動を行うこと

・仲間と協力して課題を達成するなど，集団で挑戦するような運動を行うこと

　なお最後の「仲間と協力して課題を達成するなど，集団で挑戦するような運動を行うこと」は，平成29年の改訂時に追加された項目である。

▼体ほぐしの運動の構造

手軽な運動を行う

心と体は互いに影響し変化することに気付く　心身の状態に気付く

仲間と自主的に関わり合う

31

運動の実践例として，次のようなものがあげられる。

1. 柔軟運動

　ストレッチングのような手軽な準備運動などを行う。感じたことを言葉で表現し，仲間の心や体の状態に気付くようにする。

〈例〉背のばし，ひっぱり伸脚，背負い等

2. 律動的な運動

　音楽にあわせてリズミカルな運動を行う。運動感覚を呼び起こすとともに，心と体をリラックスさせることで，心身のバランスの調和を図る。

〈例〉ラインステップ，体じゃんけん，ミラーリング等

3. チャレンジ運動

　仲間と協力することで達成できる運動。仲間同士で課題解決を話し合い，成功したらお互いのことを評価する。

〈例〉ラインアップ，ジャンプ・アンド・パス・ゲーム，グランドキャニオン等

━━━━━━━━ **例題 1** ━━━━━━━━

　次の文は，中学校学習指導要領解説　保健体育編(平成29年7月)「第2章　保健体育科の目標及び内容　A体つくり運動　[第1学年及び第2学年]」に示されている内容の一部である。下線部について，解説では3つの運動が示されている。3つの組み合わせとして正しいものをア〜カから1つ選び，その記号を書け。

---

(1)　知識及び運動

　　体つくり運動について，次の事項を身に付けることができるよう指導する。

> (1)　次の運動を通して，体を動かす楽しさや心地よさを味わい，体つくり運動の意義と行い方，体の動きを高める方法などを理解し，目的に適した運動を身に付け，組み合わせること。
>
> 　ア　体ほぐしの運動では，手軽な運動を行い，心と体との関係や心身の状態に気付き，仲間と積極的に関わり合うこと。

> イ　体の動きを高める運動では，ねらいに応じて，体の柔ら
> かさ，巧みな動き，力強い動き，動きを持続する能力を高
> めるための運動を行うとともに，それらを組み合わせること。

記号	3つの運動		
ア	誰もが簡単に取り組むことができる運動	仲間と協力して勝敗を競う運動	心や体が弾むような軽快な運動
イ	定期的・計画的に行う体力増進のための運動	一人きりで自分の心と体に向き合って取り組む運動	心や体が弾むような軽快な運動
ウ	誰もが簡単に取り組むことができる運動	一人きりで自分の心と体に向き合って取り組む運動	心や体を鍛える強度の高い運動
エ	誰もが簡単に取り組むことができる運動	仲間と協力して楽しくできる運動	心や体が弾むような軽快な運動
オ	定期的・計画的に行う体力増進のための運動	仲間と協力して楽しくできる運動	心や体を鍛える強度の高い運動
カ	定期的・計画的に行う体力増進のための運動	仲間と協力して勝敗を競う運動	心や体を鍛える強度の高い運動

解答　エ

解説　手軽な運動により心や体の状態を軽やかにすることでストレスの軽減にも役に立つ。

■■■■■■■■ 例題 2 ■■■■■■■■

　次は，中学校学習指導要領(平成29年告示)解説　保健体育編「第2章
保健体育科の目標及び内容　第2節　各分野の目標及び内容　〔体育分野〕
2　内容　A　体つくり運動　[第1学年及び第2学年]　(1)　知識及び運動
○　運動」に示されている〈行い方の例〉の一部である。「体ほぐしの運動」
として最も適切なものを，次の1～4の中から1つ選べ。

1　床やグラウンドに設定した様々な空間をリズミカルに歩いたり，走った
　り，跳んだり，素早く移動したりすること。

2　ステップやジャンプなど複数の異なる運動を組み合わせて，エアロビク
　スなどの有酸素運動を時間や回数を決めて持続して行うこと。

3　大きくリズミカルに全身や体の各部位を振ったり，回したり，ねじった

り，曲げ伸ばしたりすること。

4　いろいろな条件で，歩いたり走ったり跳びはねたりする運動を行うこと
を通して，気付いたり関わり合ったりすること。

解答　4

解説　1は「巧みな動き」を高めるための運動，2は「動きを持続する能力」
を高めるための運動，3は「体の柔らかさ」を高めるための運動の例
示である。

━━━━━━━ **例題 3** ━━━━━━━

　体ほぐしの運動は，「手軽な運動を行い，心と体との関係や心身の状態に
気付き，仲間と積極的に関わり合うこと。」が内容であるが，下線部の「手
軽な運動」について，具体的な運動例を3つ答えよ。

解答　音楽にあわせて走ったり，縄跳びをする　／　ストレッチやペアス
トレッチをする　／　仲間と一緒に音楽にあわせ，エクササイズを
行う　等

解説　「手軽な運動」とは，誰もが簡単に取り組むことができる運動，仲間
と協力して楽しくできる運動，心や体が弾むような軽快な運動を示
している。中学校及び高等学校学習指導要領解説体育編には，〈行
い方の例〉として以下のような運動例が示されている。「のびのびと
した動作で用具などを用いた運動を行うこと」「リズムに乗って心が
弾むような運動を行うこと」「緊張したり緊張を解いて脱力したりす
る運動を行うこと」「いろいろな条件で，歩いたり走ったり跳びはね
たりする運動を行うこと」「仲間と動きを合わせたり，対応したりす
る運動を行うこと」「仲間と協力して課題を達成するなど，集団で挑
戦するような運動を行うこと」。この中から具体的な運動例を3つ答
えるようにする。

体の動きを高める運動

　「体の動きを高める運動」は，従前「体力を高める運動」であったものを新たに示したもので，中学校第1学年及び第2学年で指導する。ねらいや体力の程度に応じて，適切な強度，時間，回数，頻度などを考慮した運動の組合せが大切であることを理解できるようにする。内容は，次のようになっている。

> 　体の動きを高める運動では，ねらいに応じて，体の柔らかさ，巧みな動き，力強い動き，動きを持続する能力を高めるための運動を行うとともに，それらを組み合わせること。

　なお上記能力のうち，必要に応じて，「動きを持続する能力を高めるための運動」に重点を置いて指導することができるが，総合的に体の動きを高めることで調和のとれた体力を高めることに留意することとされている。
　上記それぞれの能力を高めるための運動について，学習指導要領解説では以下のように示している。

体の柔らかさを高めるための運動
【運動】
　・全身や体の各部位を振ったり回したりすることや，曲げたり伸ばしたりすること
【ねらい】
　・体の各部位の可動範囲を広げること
【指導のポイント】
　・体のどの部位が伸展や収縮をしているのかを意識できるようにすること
　・可動範囲を徐々に広げたり，負荷の少ない動的な運動から始めたりして行うようにすること
【行い方の例】
　・大きくリズミカルに全身や体の各部位を振ったり，回したり，ねじったり，曲げ伸ばしたりすること

・体の各部位をゆっくり伸展し，そのままの状態で約10秒間維持すること

巧みな動きを高めるための運動
【運動】
・自分自身で，あるいは人や物の動きに対応してタイミングよく動くこと，力を調整して動くこと，バランスをとって動くこと，リズミカルに動くこと，素早く動くこと

【ねらい】
・上記【運動】ができる能力を高めること

【指導のポイント】
・ゆっくりした動きから素早い動き，小さい動きから大きい動き，弱い動きから強い動き，易しい動きから難しい動きへと運動を発展させるようにすること

【行い方の例】
・いろいろなフォームで様々な用具を用いて，タイミングよく跳んだり転がしたりすること
・大きな動作で，ボールなどの用具を，力を調整して投げたり受けたりすること
・人と組んだり，用具を利用したりしてバランスを保持すること
・床やグラウンドに設定した様々な空間をリズミカルに歩いたり，走ったり，跳んだり，素早く移動したりすること

力強い動きを高めるための運動
【運動】
・自己の体重，人や物などの抵抗を負荷として，それらを動かしたり，移動したりすること

【ねらい】
・力強い動きを高めること

【指導のポイント】
・繰り返すことのできる最大の回数などを手掛かりにして，無理のない

運動の強度と回数を選んで行うようにすること

【行い方の例】

・自己の体重を利用して腕や脚を屈伸したり，腕や脚を上げたり下ろしたり，同じ姿勢を維持したりすること

・二人組で上体を起こしたり，脚を上げたり，背負って移動したりすること

・重い物を押したり，引いたり，投げたり，受けたり，振ったり，回したりすること

動きを持続する能力を高めるための運動

【運動】

・1つの運動又は複数の運動を組み合わせて一定の時間に連続して行ったり，あるいは，一定の回数を反復して行ったりすること

【ねらい】

・動きを持続する能力を高めること

【指導のポイント】

・心拍数や疲労感などを手掛かりにして，無理のない運動の強度と時間を選んで行うようにすること

【行い方の例】

・走や縄跳びなどを，一定の時間や回数，又は，自己で決めた時間や回数を持続して行うこと

・ステップやジャンプなど複数の異なる運動を組み合わせて，エアロビクスなどの有酸素運動を時間や回数を決めて持続して行うこと

　また上記の運動を組み合わせて行うことについても指導する。組合せの考え方には，効率のよい組合せとバランスのよい組合せの2通りがある。

　効率のよい組合せとは，高めたい体の動きのねらいを1つ決め，それを高めるための運動を組み合わせることである。効率のよい運動の組合せの指導に際しては，体の柔らかさや巧みな動きを高める運動では，1つの運動を反復してから次の運動を行うこと，力強い動きや動きを持続する能力を高める運動では，体力やねらいに応じて回数や運動時間を設定して行うこ

とが大切である。

　バランスのよい組合せとは，ねらいが異なる運動を組み合わせることである。バランスのよい運動の組合せの指導に際しては，総合的に体の動きを高めるように組み合わせることが大切である。

【運動の組合せ方の例】

・体の柔らかさ，巧みな動き，力強い動き，動きを持続する能力を高めるための運動の中から，1つのねらいを取り上げ，それを高めるための運動を効率よく組み合わせて行うこと

・体の柔らかさ，巧みな動き，力強い動き，動きを持続する能力を高めるための運動の中から，ねらいが異なる運動をバランスよく組み合わせて行うこと

例題 1

　次の文章は，中学校学習指導要領(平成29年3月告示)「保健体育」の一部である。以下の各問いに答えよ。

　体つくり運動について，次の事項を身に付けることができるよう指導する。

> (1)　次の運動を通して，体を動かす楽しさや心地よさを味わい，体つくり運動の意義と行い方，体の動きを高める方法などを理解し，目的に適した運動を身に付け，組み合わせること。
> 　ア　(略)
> 　イ　体の動きを高める運動では，ねらいに応じて，体の柔らかさ，（　①　）動き，（　②　）動き，動きを持続する能力を高めるための運動を行うとともに，それらを組み合わせること。

(1)　（　①　），（　②　）の各空欄に適する語句を答えよ。

(2)　下線部の「動きを持続する能力を高めるための運動」の指導に際して，中学校学習指導要領解説ではどのようにすることが大切とされているか，答えよ。

解答 (1) ① 巧みな ② 力強い (2) 心拍数や疲労感などを手掛かりにして，無理のない運動の強度と時間を選んで行うようにする。

解説 (1) ① 巧みな動きを高めるための運動は，自分自身で，あるいは人や物の動きに対応してタイミングよく動くこと，力を調整して動くこと，バランスをとって動くこと，リズミカルに動くこと，素早く動くことができる能力を高めることをねらいとして行われる運動である。 ② 力強い動きを高めるための運動とは，自己の体重，人や物などの抵抗を負荷として，それらを動かしたり，移動したりすることによって，力強い動きを高めることをねらいとして行われる運動である。 (2) 動きを持続する能力を高めるための運動とは，1つの運動又は複数の運動を組み合わせて一定の時間に連続して行ったり，あるいは，一定の回数を反復して行ったりすることによって，動きを持続する能力を高めることをねらいとして行われる運動である。

■■■■ **例題 2** ■■■■

体つくり運動について，「中学校学習指導要領解説 保健体育編」(平成29年7月 文部科学省)第2章「第2節 各分野の目標及び内容」に即して答えよ。

(1) 以下の枠内の下線部を説明している文の(a)～(c)に当てはまる語句をそれぞれ書け。なお，順番は問わない。

> (1) 知識及び運動
>
>   体つくり運動について，次の事項を身に付けることができるよう指導する。
>
> > (1) 次の運動を通して，体を動かす楽しさや心地よさを味わい，体つくり運動の意義と行い方，体の動きを高める方法などを理解し，目的に適した運動を身に付け，組み合わせること。

・ 体の動きを高める方法では，ねらいや体力の程度に応じて，適切な強度，(a)，(b)，(c)などを考慮した運動の組合せが大切

であることを理解できるようにする。

(2)　体の動きを高める運動のねらいについて説明している①～④の文で，正しいものには○，正しくないものには×を書け。

①　体の柔らかさを高めるための運動とは，全身や体の各部位を振ったり回したりすることや，曲げたり伸ばしたりすることによって全身の筋肉を柔らかくすることをねらいとして行われる運動である。

②　巧みな動きを高めるための運動とは，自分自身で，あるいは人や物の動きに対応してタイミングよく動くこと，力いっぱいに動くこと，バランスをとって動くこと，リズミカルに動くこと，ゆっくりと動くことができる能力を高めることをねらいとして行われる運動である。

③　力強い動きを高めるための運動とは，自己の体重，人や物などの抵抗を負荷として，それらを動かしたり，移動したりすることによって，力強い動きを高めることをねらいとして行われる運動である。

④　動きを持続する能力を高めるための運動とは，1つの運動又は複数の運動を組み合わせて一定の時間に連続して行ったり，あるいは，一定の回数を反復して行ったりすることによって，動きを持続する能力を高めることをねらいとして行われる運動である。

解答　(1) a　時間　　b　回数　　c　頻度　　(2) ①　×　　②　×
③　○　　④　○

解説　(1)　体の動きを高める運動は，中学校第1学年及び第2学年の内容であり，「体の動きを高める方法など」の「など」の例としては，運動の組み合わせ方がある。自己の健康や体力の状態に応じて，体の柔らかさ，巧みな動き，力強い動き，動きを持続する能力を，それぞれ効率よく高めることができる組み合わせ方や，これらの体の動きをバランスよく高めることができる組み合わせ方である。
(2)　①　体の柔らかさを高めるための運動では「全身の筋肉を柔らかくすること」ではなく「体の各部位の可動範囲を広げること」である。　②　巧みな動きを高めるための運動では，「力いっぱいに動くこと」ではなく「力を調整して動くこと」であり，「ゆっくりと動くこと」ではなく「素早く動くこと」である。

実生活に生かす運動の計画

「実生活に生かす運動の計画」は，従前「体力を高める運動」であったもので，中学校第3学年以降で示されている。この構成の変更について，中教審答申(平成28年12月)では「体を動かす楽しさや心地よさを味わうとともに，健康や体力の状況に応じて体力を高める必要性を認識し，運動やスポーツの習慣化につなげる観点から，体つくり運動の内容等について改善を図る」を踏まえて行われたとされる。

この項目は運動の計画を立てて取り組むことを主なねらいとしており，自己の日常生活を振り返り，健康の保持増進や調和のとれた体力の向上を図るために，体の動きを高める運動の計画を立てて取り組むことを指導する。中学校第1学年及び第2学年で学習した「体の動きを高める運動」を踏まえて，運動不足を解消する，体調を維持するなどの健康に生活するための体力や運動を行うための調和のとれた体力を高めていく運動の計画を立てて取り組む。

【指導内容】

[中学校第3学年]

> 実生活に生かす運動の計画では，ねらいに応じて，健康の保持増進や調和のとれた体力の向上を図るための運動の計画を立て取り組むこと。

[高等学校]

> 実生活に生かす運動の計画では，自己のねらいに応じて，健康の保持増進や調和のとれた体力の向上を図るための継続的な運動の計画を立て取り組むこと。

【指導のポイント】

・①ねらいは何か，②いつ，どこで運動するのか，③どのような運動を選ぶのか，④どの程度の運動強度，時間，回数で行うかなどに着目して運動を組み合わせ，計画を立てて取り組めるようにすること

41

・一部の能力のみの向上を図るのではなく，総合的に体の動きを高めることで調和のとれた体力の向上が図られるよう配慮すること
・新体力テストなどの測定結果を利用する際には，例えば，測定項目の長座体前屈は体の柔らかさの一部を測定するものではあるが，これ以外にも体の柔らかさを高める必要があることや，成長の段階によって発達に差があることなどを理解させ，測定項目の運動のみを行ったり，測定値の向上のために過度な競争をあおったりすることのないよう留意すること

【実生活に生かす運動の計画の行い方の例】
　○健康に生活するための体力の向上を図る運動の計画と実践
　　運動不足の解消や体調維持のために，食事や睡眠などの生活習慣の改善も含め，休憩時間や家庭などで日常的に行うことができるよう効率のよい組合せやバランスのよい組合せで運動の計画を立てて取り組むこと。
　○運動を行うための体力の向上を図る運動の計画と実践
　　調和のとれた体力の向上を図ったり，選択した運動やスポーツの場面で必要とされる体の動きを高めたりするために，効率のよい組合せやバランスのよい組合せで運動の計画を立てて取り組むこと。

■■■■■■■■■■■■■■■■■■■ 例題 1 ■■■■■■■■■■■■■■■■■■■

　中学校学習指導要領(平成29年3月告示)「保健体育」の一部に，「実生活に生かす運動の計画では，ねらいに応じて，健康の保持増進や調和のとれた体力の向上を図るための運動の計画を立て取り組むこと。」とある。また中学校学習指導要領解説「保健体育編」(平成29年7月)では，効率のよい組合せやバランスのよい組合せで運動の計画を立てて取り組むことの理由が示されている。どのようなことか。2つ答えよ。

解答　①　運動不足の解消や体調維持のために，食事や睡眠などの生活習

慣の改善も含め，休憩時間や家庭などで日常的に行うことができる
ようにするため。　②　調和のとれた体力の向上を図ったり，選択
した運動やスポーツの場面で必要とされる体の動きを高めたりする
ため。

解説　実生活に生かす運動の計画では，一部の能力のみの向上を図るので
はなく，総合的に体の動きを高めることで調和のとれた体力の向上
が図られるよう配慮する必要がある。その上で，新体力テストなど
の測定結果を利用する際には，例えば，測定項目の長座体前屈は体
の柔らかさの一部を測定するものではあるが，これ以外にも体の柔
らかさを高める必要があることや，成長の段階によって発達に差が
あることなどを理解させ，測定項目の運動のみを行ったり，測定値
の向上のために過度な競争をあおったりすることのないよう留意す
ることなどが大切である。

例題 2

　「体つくり運動」における高等学校入学年次の「実生活に生かす運動の計
画」に関する記述として，高等学校学習指導要領解説保健体育編(文部科
学省　平成30年7月)に照らして適切なものは，次の1～4のうちのどれか。

1　体調の維持などの健康の保持増進をねらいとして，各種の有酸素運動
　や体操などの施設や器具を用いず手軽に行う運動例や適切な食事や睡眠
　の管理の仕方を取り入れて，卒業後も継続可能な手軽な運動の計画を立
　てて取り組むこと。

2　生活習慣病の予防をねらいとして，「健康づくりのための身体活動基準
　2013」(厚生労働省　運動基準の改定に関する検討会　平成25年3月)な
　どを参考に，卒業後も継続可能な手軽な運動の計画を立てて取り組むこ
　と。

3　運動不足の解消や体調維持のために，食事や睡眠などの生活習慣の改
　善も含め，休憩時間や家庭などで日常的に行うことができるよう効率の
　よい組合せやバランスのよい組合せで運動の計画を立てて取り組むこと。

4　競技力の向上及び競技で起こりやすいけがや疾病の予防をねらいとし

て，体力の構成要素を重点的に高めたり，特に大きな負荷のかかりやすい部位のけがを予防したりする運動の組合せ例を取り入れて，定期的に運動の計画を見直して取り組むこと。

解答 3

解説 体つくり運動は,「体ほぐしの運動」と「実生活に生かす運動の計画」で構成される。選択肢1，2，4は，入学年次の次の年次以降における実生活に生かす運動の計画の行い方の例である。

体力とトレーニング

●体力

　日常生活を送る上で身体に必要な能力を**体力**という。体力には，生きていく上で最低限必要な**抵抗力**と，環境に応じて積極的によりよくして生きていこうとする**行動力**がある。抵抗力が高くなるほど疲れにくく，病気やけがになりにくくなる。また行動力が高いほど，スポーツなどの身体能力が高く，日常生活における行動も活発になる。

●トレーニング

　運動や環境に対する適応性を利用して，体力を高めようとすることを**トレーニング**という。適切なトレーニングにより行動力や抵抗力が高まれば，行動はより活発になり，病気や怪我などを防ぐことができるようになる。

　筋力を高めるには，最大筋力(全力)あるいはそれに近い筋力を発揮する運動を行い，筋力が増大するにしたがって，**負荷**をしだいに増していく。これは筋力を高める運動(トレーニング)の基本原則(漸進性の原則)

である。筋力を高める運動には，負荷のかけ方のちがいから，2種類の方法がある。1つは，筋肉の等張性収縮を利用する方法で，バーベル，ダンベル，鉄アレイなどの重量物やエキスパンダーなどの抵抗物を用いる動的トレーニング(アイソトニックトレーニング)，またはウエイトトレーニングが代表的である。

もう1つは，筋肉の等尺性収縮を利用する方法で，負荷してある筋力を，全力を出して動かそうとする静的トレーニングまたはアイソメトリックトレーニングである。

▼各トレーニングの具体的方法

動的トレーニング(アイソトニックトレーニング)	①筋力を高めようとする筋肉を主に使う運動，全力の$\frac{2}{3}$(続けて約10回できる程)を発揮 ②正確な動きで，1回ごとに1呼吸し，10回連続して行う，これを1セットという ③1〜3分間，疲れた部分をほぐすようにして休む
静的トレーニング(アイソメトリックトレーニング)	①各運動とも，固定したものを動かそうとして，全力か全力に近い力を出す ②5〜10秒間全力を出し，各運動とも1〜3回行う ③関節角度を深い，中位，浅いの3つの関節角度を用いる ④3つの角度を一度に続けて用いるときは3秒程度にする

① 持久力を高める運動

持久力は筋持久力と全身持久力とに大別される。筋持久力は，筋がどれだけ長時間にわたって，収縮または収縮・弛緩をくり返すことができるかを筋肉の機能として捉え，全身持久力は呼吸循環機能の問題として考える必要がある。筋持久力は，筋力を高める運動の中で，全力の$\frac{1}{3}$程度の力を出し連続して運動をくり返す方法が一般的である。全身持久力を高めるには，特に呼吸循環機能を高めることに目を向けて，最大酸素摂取能力などを高めなければならない。この方法にはインターバルトレーニングがある。

② 瞬発力を高める運動

瞬間的に力を発揮し仕事を遂行しうる能力のことで，ただ筋力が強いだけでなく，力を集中的に発揮できる能力，すなわち力×スピードで「パ

ワー」と呼ぶ。パワーを高めるには，筋肉の迅速な**収縮**と**弛緩**の能力を高め，靱帯や関節包が急激なひっぱりに慣れるようにする運動が必要である。

③　**柔軟性を高める運動**

　柔軟性を高める運動は，通常，関節を大きく動かして筋肉や腱，靱帯などを伸展させる方法(ストレッチング)によって行われる。ストレッチングには，ゆっくり弾みや反動をつけて行う**動的ストレッチング**と，反動をつけずに静かにゆっくり行う**静的ストレッチング**とがあるが，近年，より安全であることから後者のほうが用いられている。

　静的ストレッチングでは，自然な呼吸をしながら，ここちよい痛み(ストレッチ感)を感じるところまで**筋肉をゆっくり伸ばし**，伸ばした位置で10～30秒間静止状態を保つ。このようにして身体各部の筋肉や腱，靱帯などをいろいろな方向にストレッチングする。

　柔軟性のトレーニングの効用は，関節の**可動範囲(可動域)**が大きくなることから，動作が無理なくスムーズにできるようになることである。また，筋肉痛や筋断裂などの障害予防にも役立つ。

④　**調整力のトレーニング**

　調整力とは，神経の働きによって，運動中の姿勢を調節したり，動作を機敏に，巧みに行ったりする能力である。

　この能力には，敏捷性，平衡性，巧緻性の要素が含まれているので，それぞれを重点的に強化する必要がある。

　敏捷性は音や光の刺激にすばやく**反応**したり，合図に合わせてすばやく動いたりすることによって高めることができる。短距離走のスタートダッシュ，サイドステップなどの運動が効果的である。平衡性はバランス能力である。平衡性を高めるには，平均台運動，マットの回転運動，一輪車などの運動が効果的である。巧緻性は動作を巧みにできる能力である。巧緻性は多種目の運動を経験することによって高めることができる。

⑤　**体力を全面的に高める運動**

　体力を全面的に高める方法としては，一般的には**サーキットトレーニング**が用いられる。このトレーニングは，休息をおかずに種々の運動を

循環(サーキット)して行うことによって，筋力，瞬発力，筋持久力，全身持久力を高めることができる。

▼トレーニングの種類

静的トレーニング(アイソメトリックトレーニング)	筋肉の等尺性収縮を利用し，力を拮抗させ，関節の動きのない状態で行う。また，動かないものを全力で押すとか，伸び縮みしないものを引っ張ることによっても行うことができる。
動的トレーニング(アイソトニックトレーニング)	筋肉の等張性収縮を利用し，抵抗に対抗し，ダンベルやバーベルなどの重量物を用いて行う。
アイソキネティックトレーニング	筋肉の等速性収縮を利用し，筋肉が最大力を発揮できるよう油圧式機器などを使って行う。
インターバルトレーニング	あらかじめ設定された強度での運動をし，疲労が十分に回復するまで休息をとり，再び前回と同じレベルの強さの運動を反復するトレーニング方法。
レペティショントレーニング	スピード，スピード持久力，筋力などを高めることをねらいとして，運動と完全休息とを繰り返す方式のトレーニング方法。
ウエイトトレーニング	筋力やパワーを高めるため，重量物などを用いて行う抵抗運動。
サーキットトレーニング	基礎体力(筋力および持久力)の総合訓練法で，ウエイトトレーニングに似るが，比較的小さい負荷の運動を何種類か組み合わせてワンセットとして，休息をとることなく繰り返して練習するトレーニング方法。
イメージトレーニング	実際に体を動かすことなく，自分あるいは他者の運動技能のイメージを想起することによって技能を向上させようとするトレーニング方法。
SAQトレーニング	Sはスピード(走る時の最高速度の能力)，Aはアジリティ(敏捷性:左右の速い移動)，Qはクイックネス(すばやさ:静止からの速い反応と動作)のことで，スピード，すばやさ，敏捷性の向上を目的としたトレーニング方法。

●トレーニングの原則

　　体力の高め方については，各種の運動の技能や能力及び健康の基盤と
して捉え，トレーニング効果をあげるための基本原則を示して論述する。
各人のトレーニングの目的，体力水準，健康状態，日常の生活環境など
を検討した上で，適切な運動種目を選択し，その運動の強度，時間，頻
度を決めることを「運動処方」あるいは「トレーニング処方」という。トレー
ニングプログラムの作成と実施にあたっては「トレーニングの5原則」を
よく理解し，守る必要がある。

　　▼トレーニングの5原則

意識性の原則	トレーニングの意義をよく理解し，目的をもって積極的に行う。
全面性の原則	心身の機能が調和を保って，全面的に高められるようにする。
個別性の原則	個人差をよく理解し，個人の特徴に応じたトレーニングを行う。
反復性の原則	運動はくり返して行うことによって効果があらわれる。
漸進性の原則	体力の向上とともに，しだいに運動の強さや量，頻度を高める。

●オーバーロード(過負荷)の原理

　　トレーニングに用いる運動は，日常生活で普通行っている運動よりも
強いものでなければならないという原理をいう。または，トレーニング
の負荷を徐々に増やすことにより効果があがるという原理をいう。

● デッドポイント

　　呼吸循環機能や身体の諸条件がまだその運動に適応せず，酸素受容量
と酸素摂取のバランスのとれていない状態が最高に達した時点をいう。
これは，運動を開始してまもなく，呼吸が促進し，心拍数増加，呼吸困
難を自覚し非常に苦しい時期である。しかし，デッドポイントを通過す

ると呼吸循環機能が促進され，激しい発汗とともに呼吸困難が改善し，円滑な運動が継続できるようになる(セカンド・ウィンド)。

例題 1

次の文を読んで，あとの問いに答えよ。

体力は，あとの図のような構成要素からなっている。

筋力の強さは，多くの(a)筋線維で構成されている(b)筋肉と密接な関係があり，筋力は筋肉の太さに(　①　)すると言われている。筋力を高める方法には，筋収縮を(c)静的に行うトレーニングと動的に行うトレーニングがある。

(　②　)は，体の組成や機能，恒常性を働かせて(　③　)機能など，生存のために必要な能力や機能からなっている。

問1　(　①　)～(　⑥　)に適語を入れよ。

問2　下線部(a)は速筋と遅筋の2種類に分けられるが，それぞれを別の名称で答えよ。

問3　下線部(b)のうち，横紋筋で不随意筋でもある筋肉名を答えよ。

問4　下線部(c)は何を変えずに力を発揮するトレーニングであるか答えよ。

問5　(　④　)を高めるためのトレーニングは，運動強度，運動時間の観

点から，どのように実施することが効果的であるか答えよ。

解答 問1 ① 比例 ② 抵抗力 ③ 体温調節 ④ 瞬発力 ⑤ 筋持久力 ⑥ 調整 問2 速筋：白筋 遅筋：赤筋 問3 心筋 問4 筋肉の長さ 問5 負荷を軽くして，素早く行う。(短時間で行う等)

解説 問1 ① 筋力と筋量は比例する。 ② 体力には一般的な行動体力と病気などに対する抵抗力の2種類がある。 ③〜⑥ 体力の種類の分布は必ず覚えておく。 問2 遅筋には，持久運動で酸素が必要となるため，その運搬機能の役割を持つミオグロビンが存在する。そして，このミオグロビンの色が赤いため，遅筋は赤く，赤筋と呼ばれる。速筋にはミオグロビンがないため，白く，白筋と呼ばれる。 問3 心筋は，骨格筋と同じ横紋筋であるが，骨格筋は随意筋で多核の細胞でできているのに対して，心筋は単核(稀に2核)の細胞でできており，不随意筋である。また，ミトコンドリアが非常に多く存在しており，心筋が要求するエネルギーの大部分をまかなっている。 問4 筋の収縮には3種類ある。等張性収縮，等尺性収縮，伸張性収縮である。 問5 速度の観点から言えば，負荷を軽く，素早く反復させることが大事であるが，瞬間的に大きな力を出せるようにするトレーニングとしては，強い負荷を短時間でするというのが正しい。ただ，正確に言えば，瞬発力のトレーニングは負荷が強いため，短時間で行うのではなく，短時間しか持たないというのが正しい表現である。トレーニングをより効果的にするためには，短時間ではなく，自身の体力が続く限り続けた方がいい。

例題 2

体力について，次の(1)〜(4)の各問いに答えよ。
(1) 運動やスポーツを行うために必要な体力を何というか答えよ。
(2) ストレスや環境に適応したり，病原体に抵抗したりするための体力を何というか答えよ。

(3)　体力を高めるためには，日常行っている運動よりもやや強い運動をする必要があるという原則を何というか答えよ。

(4)　ウォーキングやジョギングなど，比較的低い強度で酸素をとり入れながら長時間行い，最大酸素摂取量を高めるのに有効なトレーニング法を答えよ。

解答　(1)　行動体力　　(2)　防衛体力　　(3)　オーバーロード(過負荷)の原則　　(4)　有酸素トレーニング

解説　(1)　人間の体力で積極的な要素としての体力のこと。　(2)　一般に抵抗力として考えられているものに近く，体外，体内からのストレスに対して耐える能力をいう。温度調節，免疫，適応など。(3)　トレーニングによって，新しい適応を身体にもたらそうとするのであれば，日常生活でふつう行っている運動より強い運動負荷を身体に加えなければならない。また，体力の向上に伴い過負荷の程度は小さくなるので，体力をさらに高めるには運動の強さを増す必要がある。　(4)　体に取り込んだ酸素を利用して運動に必要なエネルギーをつくりだし，全身持久力や酸素摂取能力を高めるトレーニングで，ウォーキング，ジョギング，ランニング，水泳，サイクリング，エアロビック・ダンスなどの全身的な運動が適している。

■■■■■ **例題 3** ■■■■■

次の①～③の文が説明している語句を以下のア～シから1つずつ選び，その記号を書け。

> ①　メンタルトレーニングの方法で，興奮が低い場合に動機づけを高くしたり，体に刺激を与えるなど，興奮水準を上げること。
> ②　腕で物を保持している状態のように，筋肉が長さを変えずに力を発揮する筋収縮のこと。
> ③　今まで一生懸命に練習やトレーニングに取り組んできたにもかかわらず，突然運動する意欲が無くなってしまう状態のこと。

ア　プラトー　　　　　　イ　コンセントリック収縮
ウ　オーバーロード　　　エ　プライオメトリック収縮
オ　サイキングアップ　　カ　ゾーン
キ　ハイプレッシャー　　ク　アイソメトリック収縮
ケ　スランプ　　　　　　コ　エクセントリック収縮
サ　バーンアウト　　　　シ　モチベーション

解答　①　オ　　②　ク　　③　サ

解説　①　リラックスして興奮状態を収めることもメンタルコントロール
だが，逆に精神的緊張や興奮水準を高めるためのコントロールの技
法である。　②　アイソメトリックトレーニング(静的トレーニング)
は安全性が高く，誰でも手軽に行える方法である。ウエイトなどを
用いて行う動的トレーニングはアイソトニックトレーニングである。
③　「燃え尽き症候群」とも言われる。スランプと類似しているので，
使い分けについて説明できるようにしておくとよい。

新体力テスト

　新体力テストとは国民の体力・運動能力の現状を明らかにするとともに，体育・スポーツの指導と行政上の基礎資料を得るために実施されているテストのことである。従来の体力テストに比べ，より実施しやすいテストにするために測定方法の簡素化やテスト項目数の精選がされている。また，小学生から高齢者までを対象に同一方法で実施される項目数が多いことから，評価は個人でも容易に，かつ時系列的変化を把握しやすくなるように作られている。

　このテストの目的は，測定結果を何らかの基準に照らし，体力水準やその特性を評価するための資料を提供することにある。調査結果から，以下のようなことが分析できる。

　①全国平均値，県平均値や集団の平均値と比較することで，テストの結果が優れているのか劣っているのかがわかる。②前年の結果と比較することで，体力の発達や低下傾向がわかる。

▼要因と測定項目（12歳〜19歳）

要因	測定項目	
筋力	握力	
筋力・筋持久力	上体起こし	
柔軟性	長座体前屈	
敏捷性	反復横とび (1m 幅に統一)	
全身持久力	1500m走 (男子)・1000m走 (女子) 20m シャトルラン	選択
走能力　スピード	50m走	
投能力　巧緻性・筋パワー	ハンドボール投げ	
跳能力　筋パワー	立ち幅とび	

▼実施要項(12歳〜19歳)

【握力】

　1　準備

　　スメドレー式握力計

2　方法

(1)　握力計の指針が外側になるように持ち，握る。この場合，人差し指の第2関節が，ほぼ直角になるように握りの幅を調節する。

(2)　直立の姿勢で両足を左右に自然に開き腕を自然に下げ，握力計を身体や衣服に触れないようにして力いっぱい握りしめる。この際，握力計を振り回さないようにする。

3　記録

(1)　右左交互に2回ずつ実施する。

(2)　記録はキログラム単位とし，キログラム未満は切り捨てる。

(3)　左右おのおののよい方の記録を平均し，キログラム未満は四捨五入する。

4　実施上の注意

(1)　このテストは，右左の順に行う。

(2)　このテストは，同一被測定者に対して2回続けて行わない。

【上体起こし】

1　準備

ストップウォッチ，マット

2　方法

(1)　マット上で仰臥姿勢をとり，両手を軽く握り，両腕を胸の前で組む。両膝の角度を90°に保つ。

(2)　補助者は，被測定者の両膝をおさえ，固定する。

(3)　「始め」の合図で，仰臥姿勢から，両肘と両大腿部がつくまで上体を起こす。

(4)　すばやく開始時の仰臥姿勢に戻す。

(5)　30秒間，前述の上体起こしを出来るだけ多く繰り返す。

3　記録

(1)　30秒間の上体起こし(両肘と両大腿部がついた)回数を記録する。ただし，仰臥姿勢に戻したとき，背中がマットにつかない場合は，回数としない。

(2)　実施は1回とする。

4 実施上の注意

(1) 両腕を組み，両脇をしめる。仰臥姿勢の際は，背中(肩甲骨)が
マットにつくまで上体を倒す。

(2) 補助者は被測定者の下肢が動かないように両腕で両膝をしっか
り固定する。しっかり固定するために，補助者は被測定者より体
格が大きい者が望ましい。

(3) 被測定者と補助者の頭がぶつからないように注意する。

(4) 被測定者のメガネは，はずすようにする。

【長座体前屈】

1 準備

幅約22cm・高さ約24cm・奥行き約31cmの箱2個(A4コピー用
紙の箱など)，段ボール厚紙1枚(横75〜80cm×縦約31cm)，ガムテー
プ，スケール(1m巻き尺または1mものさし)。

高さ約24cmの箱を，左右約40cm離して平行に置く。その上に段
ボール厚紙をのせ，ガムテープで厚紙と箱を固定する(段ボール厚紙
が弱い場合は，板などで補強してもよい)。床から段ボール厚紙の上
面までの高さは，25cm(±1cm)とする。右または左の箱の横にス
ケールを置く。

2 方法

(1) 初期姿勢：被測定者は，両脚を両箱の間に入れ，長座姿勢をと
る。壁に背・尻をぴったりとつける。ただし，足首の角度は固定
しない。肩幅の広さで両手のひらを下にして，手のひらの中央付
近が，厚紙の手前端にかかるように置き，胸を張って，両肘を伸
ばしたまま両手で箱を手前に十分引きつけ，背筋を伸ばす。

(2) 初期姿勢時のスケールの位置：初期姿勢をとったときの箱の手
前右または左の角に零点を合わせる。

(3) 前屈動作：被測定者は，両手を厚紙から離さずにゆっくりと前
屈して，箱全体を真っ直ぐ前方にできるだけ遠くまで滑らせる。
このとき，膝が曲がらないように注意する。最大に前屈した後に
厚紙から手を離す。

56

3　記録

(1)　初期姿勢から最大前屈時の箱の移動距離をスケールから読み取る。

(2)　記録はセンチメートル単位とし，センチメートル未満は切り捨てる。

(3)　2回実施してよい方の記録をとる。

4　実施上の注意

(1)　前屈姿勢をとったとき，膝が曲がらないように気をつける。

(2)　箱が真っ直ぐ前方に移動するように注意する(ガイドレールを設けてもよい)。

(3)　箱がスムーズに滑るように床面の状態に気をつける。

(4)　靴を脱いで実施する。

【反復横とび】

1　準備

ストップウォッチ

床の上に中央ラインをひき，その両側100cmのところに2本の平行ラインをひく。

2　方法

中央ラインをまたいで立ち，「始め」の合図で右側のラインを越すか，または，踏むまでサイドステップし(ジャンプしてはいけない)，次に中央ラインにもどり，さらに左側のラインを越すかまたは触れるまでサイドステップする。

3　記録

(1)　上記の運動を20秒間繰り返し，それぞれのラインを通過するごとに1点を与える(右，中央，左，中央で4点になる)。

(2)　テストを2回実施してよい方の記録をとる。

4　実施上の注意

(1)　屋内，屋外のいずれで実施してもよいが，屋外で行う場合は，よく整地された安全で滑りにくい場所で実施すること(コンクリート等の上では実施しない)。

(2)　このテストは，同一の被測定者に対して続けて行わない。

(3)　次の場合は点数としない。

　ア　外側のラインを踏まなかったり越えなかったとき。

　イ　中央ラインをまたがなかったとき。

【持久走(男子1500m，女子1000m)】

1　準備

歩走路(トラック)，スタート合図用旗，ストップウォッチ

2　方法

(1)　スタートはスタンディングスタートの要領で行う。

(2)　スタートの合図は，「位置について」，「用意」の後，音または声を発すると同時に旗を上から下に振り下ろすことによって行う。

3　記録

(1)　スタートの合図からゴールライン上に胴(頭，肩，手，足ではない)が到達するまでに要した時間を計測する。

(2)　1人に1個の時計を用いることが望ましいが，ストップウォッチが不足する場合は，計時員が時間を読み上げ，測定員が到着時間を記録してもよい。

(3)　記録は秒単位とし，秒未満は切り上げる。

(4)　実施は1回とする。

4　実施上の注意

(1)　被測定者の健康状態に十分注意し，疾病及び傷害の有無を確かめ，医師の治療を受けている者や実施が困難と認められる者については，このテストを実施しない。

(2)　トラックを使用して行うことを原則とする。

(3)　いたずらに競争したり，無理なペースで走らないように注意し，各自の能力なども考えて走るよう指導する。

(4)　テスト前後に，ゆっくりとした運動等によるウォーミングアップ及びクーリングダウンをする。

【20mシャトルラン(往復持久走)】

1　準備

テスト用CDまたはテープ及び再生用プレーヤー

20m間隔の2本の平行線をひき，ポール4本を平行線の両端に立

てる。

2　方法

(1)　プレーヤーにより CD(テープ)再生を開始する。

(2)　一方の線上に立ち，テストの開始を告げる5秒間のカウントダウンの後の電子音によりスタートする。

(3)　一定の間隔で1音ずつ電子音が鳴る。電子音が次に鳴るまでに20m先の線に達し，足が線を越えるか，触れたら，その場で向きを変える。この動作を繰り返す。電子音の前に線に達してしまった場合は，向きを変え，電子音を待ち，電子音が鳴った後に走り始める。

(4)　CD(テープ)によって設定された電子音の間隔は，初めはゆっくりであるが，約1分ごとに電子音の間隔は短くなる。すなわち，走速度は約1分ごとに増加していくので，できる限り電子音の間隔についていくようにする。

(5)　CD(テープ)によって設定された速度を維持できなくなり走るのをやめたとき，または，2回続けてどちらかの足で線に触れることができなくなったときに，テストを終了する。なお，**電子音からの遅れが1回の場合，次の電子音に間に合い，遅れを解消できれば，テストを継続することができる。**

3　記録

(1)　テスト終了時(電子音についていけなくなった直前)の折り返しの総回数を記録とする。ただし，2回続けてどちらかの足で線に触れることができなかったときは，最後に触れることができた折り返しの総回数を記録とする。

(2)　折り返しの総回数から最大酸素摂取量を推定する場合は，参考「20mシャトルラン(往復持久走)最大酸素摂取量推定表」を参照すること。

4　実施上の注意

(1)　ランニングスピードのコントロールに十分注意し，電子音の鳴る時には，必ずどちらかの線上にいるようにする。CD(テープ)によって設定された速度で走り続けるようにし，走り続けることが

できなくなった場合は，自発的に退くことを指導しておく。

(2) テスト実施前のウォーミングアップでは，足首，アキレス腱，膝などの柔軟運動(ストレッチングなどを含む)を十分に行う。

(3) テスト終了後は，ゆっくりとした運動等によるクーリングダウンをする。

(4) 被測定者に対し，最初のランニングスピードがどの程度か知らせる。

(5) CDプレーヤー使用時は，音がとんでしまうおそれがあるので，走行場所から離して置く。

(6) 被測定者の健康状態に十分注意し，疾病及び傷害の有無を確かめ，医師の治療を受けている者や実施が困難と認められる者については，このテストを実施しない。

【50m走】

1 準備

50m直走路，スタート合図用旗，ストップウォッチ

2 方法

(1) スタートは，**クラウチングスタート**の要領で行う。

(2) スタートの合図は，「位置について」，「用意」の後，音または声を発すると同時に旗を下から上へ振り上げることによって行う。

3 記録

(1) スタートの合図からゴールライン上に胴(頭，肩，手，足ではない)が到達するまでに要した時間を計測する。

(2) 記録は$\frac{1}{10}$秒単位とし，$\frac{1}{10}$秒未満は切り上げる。

(3) 実施は1回とする。

4 実施上の注意

(1) 走路は，セパレートの直走路とし，曲走路や折り返し走路は使わない。

(2) 走者は，スパイクやスターティングブロックなどを使用しない。

(3) ゴールライン前方5mのラインまで走らせるようにする。

【ハンドボール投げ】
 1 準備
  ハンドボール2号(外周54cm～56cm，重さ325g～400g)，巻き尺
  平坦な地面上に直径2mの円を描き，円の中心から投球方向に向
  かって，中心角30度になるように直線を2本引き，その間に同心
  円弧を1m間隔に描く。
 2 方法
  (1) 投球は地面に描かれた円内から行う。
  (2) 投球中または投球後，円を踏んだり，越したりして円外に出て
   はならない。
  (3) 投げ終わったときは，静止してから，円外に出る。
 3 記録
  (1) ボールが落下した地点までの距離を，あらかじめ1m間隔に描
   かれた円弧によって計測する。
  (2) 記録はメートル単位とし，メートル未満は切り捨てる。
  (3) 2回実施してよい方の記録をとる。
 4 実施上の注意
  (1) ボールは規格に合っていれば，ゴム製のものでもよい。
  (2) 投球のフォームは自由であるが，できるだけ「下手投げ」をし
   ない方がよい。また，ステップして投げたほうがよい。
【立ち幅とび】
 1 準備
  屋外で行う場合
   砂場，巻き尺，ほうき，砂ならし
   砂場の手前(30cm～1m)に踏み切り線を引く。
  屋内で行う場合
   マット(6m程度)，巻き尺，ラインテープ
   マットを壁に付けて敷く。マットの手前(30cm～1m)の床にライ
  ンテープを張り踏み切り線とする。
 2 方法
  (1) 両足を軽く開いて，つま先が踏み切り線の前端にそろうように

61

立つ。

(2) 両足で同時に踏み切って前方へとぶ。

3 記録

(1) 身体が砂場(マット)に触れた位置のうち，最も踏み切り線に近い位置と，踏み切り前の両足の中央の位置(踏み切り線の前端)とを結ぶ直線の距離を計測する。

(2) 記録はセンチメートル単位とし，センチメートル未満は切り捨てる。

(3) 2回実施してよい方の記録をとる。

4 実施上の注意

(1) 踏み切り線から砂場(マット)までの距離は，被測定者の実態によって加減する。

(2) 踏み切りの際には，二重踏み切りにならないようにする。

(3) 屋外で行う場合，踏み切り線周辺及び砂場の砂面は，できるだけ整地する。

(4) 屋内で行う場合，着地の際にマットがずれないように，テープ等で固定するとともに，片側を壁につける。滑りにくい(ずれにくい)マットを用意する。

(5) 踏み切り前の両足の中央の位置を任意に決めておくと計測が容易になる。

━━━━━ 例題 1 ━━━━━

次の文章は，「体力の高め方」について述べたものである。問1〜問4に答えよ。

人が生き生きとした生活を送るために必要な体の基礎的な能力を体力という。体力には，運動やスポーツを行うために必要な[①]と，ストレスや環境に適応したり，病原個体に抵抗したりするための防衛体力とがある。運動は，骨，筋，神経の三つの器官系の働きで発現する。長時間続く運動では，筋にエネルギーを供給するために，肺や心臓など呼吸器系及び[②]系の働きが大切になる。運動を巧みに行うためには，

どの筋を，どのようなタイミングで，そして，どの程度の強さで動かすかという[③]系の働きが必要になる。

　体力を高めるためには，A 新体力テストなどにより自分の体力の状況を知るとともに，体力を高める[④]，健康状態，運動習慣等を検討した上で，適切な運動種目を選択し，そのB 運動の強度，時間，頻度等を決めることが必要である。

　C 体力を高めるトレーニングには，様々な方法があり，安全で効果的に行うための計画を立てて実践することが大切である。

問1　文中の[①]～[④]に当てはまる語句を次からそれぞれ選べ。

　　ア　循環器　　　イ　目的　　ウ　内分泌　　　エ　神経
　　オ　基礎体力　　カ　意志　　キ　行動体力　　ク　骨格

問2　次の表は，下線部Aの種目と測定される体力の要素を表したものである。(a)，(b)に当てはまる語句を書け。

種　　目	測定される体力の要素
握力	筋力
(a)	筋力・筋持久力
長座体前屈	柔軟性
反復横とび	(b)・筋持久力
持久走又は20mシャトルラン	全身持久力
50m走	走力・スピード
立ち幅とび	瞬発力
ハンドボール投げ	巧緻性・瞬発力

問3　次の(1)，(2)の文は，下線部Bについて指導する際の留意点を述べたものである。文中の[a]に当てはまる数字をⅠ群から，[b]に当てはまる数字をⅡ群からそれぞれ選べ。

　(1)　筋力を高めるためには，最大反復回数が[a]回の比較的重い負荷を用いると効果的である。

　(2)　スピード主体の瞬発力を高めるためには，最大筋力の[b]%程度の運動強度で，数秒間，全速力で反復すると効果的である。

　　Ⅰ群

　　　ア　1～3　　イ　10～20　　ウ　20～40　　エ　60～80

63

Ⅱ群

　　ア　30　　イ　60　　ウ　90　　エ　100

問4　下線部Cについて指導する際，全身持久力を高める目的で行うトレーニングとして適したものを次から1つ選び，その行い方を簡単に説明せよ。

　a　アイソトニックトレーニング　　b　インターバルトレーニング

　c　オーバートレーニング　　　　　d　アイソメトリックトレーニング

解答　問1　①　キ　②　ア　③　エ　④　イ　　問2　a　上体起こし　　b　敏捷性　　問3　(1)　イ　　(2)　ア　　問4　b：もともとは陸上競技の中・長距離の練習方法として始められたトレーニングで，ランニングや水泳等の運動と不完全休息(歩行やジョギング)を交互に繰り返すトレーニング方法である。

解説　問1，問2　トレーニングとは，運動に対する身体の適応性を利用し，身体の行動力と抵抗力を望ましい水準に高めようとする過程のこと。体力トレーニングの効果を確かなものにするためには，その目的に応じた適切な運動を行わなければならない。そのために，正しいトレーニング処方を理解することが重要となる。

　　問3　(1)　筋力トレーニングの方法は，オーバーロードの原則に則っている。トレーニング負荷そのものは，筋肉に対し抵抗を与えるという共通点があることから，最近ではレジスタンストレーニングと総称することが多い。　(2)　瞬発力は体全体を使って発揮されるため，俊敏に動くことのできないくらい重い負荷ではよい効果は得られない。ある程度軽い負荷で体全体を素早く動かした方が，より大きな効果が期待できる。　　問4　このトレーニングは，有酸素的な運動能力を高めるトレーニング手段として知られているが，運動時間と休息時間の比や休息の状態などによって，無酸素的な能力の向上にも役立つ。　a，d：筋力を高めるトレーニング方法のこと。c：過剰なトレーニングによりパフォーマンスが低下し，簡単に回復しない慢性的な疲労状態のこと。

■■■■■ 例題 2 ■■■■■

次の(1)～(5)は，12歳～19歳を対象とした新体力テスト(文部科学省)に関する記述である。文中の空欄(①)～(⑤)に入る最も適切な語句・数字を答えよ。

(1) テスト項目は「握力」，「上体起こし」，「(①)」，「反復横とび」，「持久走又は20mシャトルラン」，「50m走」，「立ち幅とび」，「ハンドボール投げ」の8項目である。

(2) 握力の測定では，握力計を握る際，(②)の第2関節がほぼ直角になるように握りの幅を調節する。

(3) 上体起こしの測定では，(③)秒間における上体起こしの回数を記録する。

(4) 反復横とびの測定では，運動を(④)秒間繰り返し，それぞれのラインを通過するごとに1点を与える。

(5) 50m走の測定における記録は$\frac{1}{10}$秒単位とし，$\frac{1}{10}$秒未満は(⑤)。

解答 ① 長座体前屈 ② 人差し指 ③ 30 ④ 20
⑤ 切り上げる

解説 この問題は，新体力テスト(文部科学省)の実施要項を参考にする。
① 解答の長座体前屈を含め，全8項目をおさえておく。
②～⑤ 用いる器具の名前，方法，記録の仕方，注意点をそれぞれ確認しておく。これらは他の項目についても同様に確認しておく。

■■■■■ 例題 3 ■■■■■

次の文は，「新体力テスト実施要項(12歳～19歳対象)」(文部科学省)に示されている4つのテスト項目の説明内容の一部である。文中の(①)～(⑥)にあてはまる数値をそれぞれ書け。

<反復横とび>
・床の上に中央ラインを引き，その両側(①)cm のところに2本の平行ラインを引く。
・テストは(②)秒間行い，2回実施してよい方の記録をとる。

<上体起こし>
- マット上で仰臥姿勢をとり，両膝の角度を（　③　）度に保つ。
- テストは（　④　）秒間行い，両肘と両大腿部がついた回数を記録する。

<ハンドボール投げ>
- 平坦な地面上に直径2mの円を描き，円の中心から投球方向に向かって，中心角（　⑤　）度になるように直線を2本引き，その間に同心円弧を1m間隔に描く。

<50m走>
- 記録は（　⑥　）秒単位とし，（　⑥　）秒未満は切り上げる。

解答　①　100　　②　20　　③　90　　④　30　　⑤　30
　　　　⑥　$\frac{1}{10}$(0.1)

解説　①・②　「反復横とび」は中央ラインをまたいで立ち，「始め」の合図で右側のラインを越すか，または踏むまでサイドステップし(ジャンプしてはいけない)，次に中央ラインにもどり，さらに左側のラインを越すかまたは触れるまでサイドステップする。　③・④　「上体起こし」は「始め」の合図で仰臥姿勢から両肘と両大腿部がつくまで上体を起こし，すばやく開始時の仰臥姿勢に戻す。30秒間，前述の上体起こしを出来るだけ多く繰り返す。　⑤　「ハンドボール投げ」での投球は地面に描かれた円内から行う。投球中または投球後，円を踏んだり，越したりして円外に出てはならない。投げ終わったときは，静止してから，円外に出る。記録はメートル単位とし，メートル未満は切り捨てる。　⑥　「50m走」のスタートは，クラウチングスタートの要領で行う。走者はスパイクやスターティングブロックなどを使用しない。

第 2 章

器械運動

保健体育科 器械運動

ポイント

　器械運動は，マット運動，鉄棒運動，平均台運動及び跳び箱運動で構成され，器械の特性に応じて多くの「技」がある。これらの技に挑戦し，その技ができる楽しさや喜びを味わうことのできる運動である。

　小学校では，技ができることや技を繰り返したり組み合わせたりすることを学習しており，中学校では，これらの学習を受けて，技がよりよくできることや自己に適した技で演技することが求められる。したがって，第1学年及び第2学年では，技ができる楽しさや喜びを味わい，器械運動の特性や成り立ち，技の名称や行い方，その運動に関連して高まる体力などを理解するとともに，技がよりよくできるようにする。その際，技などの自己の課題を発見し，合理的な解決に向けて運動の取り組み方を工夫するとともに，自己の考えたことを他者に伝えることができるようにすることが大切である。

　高等学校では，中学校までの学習を踏まえて，技がよりよくできたり自己や仲間の課題を解決したりするなどの多様な楽しさや喜びを味わい，「自己に適した技で演技する」ことなどが求められている。したがって，入学年次では，技ができる楽しさや喜びを味わい，運動観察の方法や体力の高め方などを理解するとともに，自己に適した技で演技することができるようにする。その際，技などの自己や仲間の課題を発見し，合理的な解決に向けて運動の取り組み方を工夫するとともに，自己の考えたことを他者に伝えることができるようにすることが大切である。また，器械運動の学習に自主的に取り組み，よい演技を讃えることや一人一人の違いに応じた課題や挑戦を大切にすることなどに意欲をもち，健康や安全を確保することができるようにすることが大切である。

器械運動の特性

●器械運動の内容

　器械運動には，マット，鉄棒，平均台，跳び箱などの器械・器具を使った運動種目があり，それぞれの運動種目は器械・器具の特徴を生かした「技」で構成されている。この運動領域では，自己の能力に応じた各種の技に挑戦し，「技を習得する」，「技がよりよくできる」，「技が円滑にできる」ことを主なねらいとし，様々な運動課題に取り組み，体の動かし方や練習の仕方を工夫することによって，ねらいの達成やできばえに楽しさや喜びを味わうことのできる運動である。

●器械運動のねらい

　器械運動では，自己に合った運動種目や技の選択をしたり，技の習得や向上を図ったり，演技の構成や発表をしたりするための課題を見つけ，その解決にあたっては，自ら考え，工夫できるようにするとともに，技の達成や演技のできばえに楽しさや喜びを味わうことができるようにすることが大切である。

●技能の内容

　技がよりよくできる楽しさや喜びを味わい，自己に適した技を高めて，演技することができるようにする。

①　マット運動

　　回転系や巧技系の基本的な技を滑らかに安定して行うこと，条件を変えた技，発展技を滑らかに行うこと，それらを構成し演技すること。

②　鉄棒運動

　　支持系や懸垂系の基本的な技を滑らかに安定して行うこと，条件を変えた技，発展技を滑らかに行うこと，それらを構成し演技すること。

③　平均台運動

　　体操系やバランス系の基本的な技を滑らかに安定して行うこと，条件を変えた技，発展技を滑らかに行うこと，それらを構成し演技すること。

④　跳び箱運動

切り返し系や回転系の基本的な技を滑らかに安定して行うこと，条件を変えた技，発展技を行うこと。

●技の分類

器械運動の各種目には多くの技があることから，それらの技を系，技群，グループの視点によって分類した。系とは各種目の特性を踏まえて技の**運動課題**の視点から大きく分類したものである。技群とは**類似**の運動課題や運動技術の視点から分類したものである。

━━━━━━━━━━━━ 例題 1 ━━━━━━━━━━━━

次の文(1)，(2)は，「器械運動」に関して述べたものである。文中の（　ア　）～（　エ　）に適する語句を答えよ。

(1)　マット運動は回転系と（　ア　）系に分けられ，さらに回転系は前転・後転などの（　イ　）技群と側方倒立回転などのほん転技群とに分けられる。

(2)　跳び箱運動は開脚跳びなどの（　ウ　）系と頭はね跳びなどの（　エ　）系とに分けられる。

解答　ア　巧技　　イ　接転　　ウ　切り返し　　エ　回転

解説　器械運動の系，技群，グループと基本技，発展技に関する問題は頻出なので，学習指導要領解説などにある，表を参考にして整理してほしい。その際，表は「主に入学年次」と「主に入学年次の次の年次以降」に分かれており，基本技，発展技が異なること，平均台と跳び箱については技群がないこと等に注意しながら学習すること。

━━━━━━━━━━━━ 例題 2 ━━━━━━━━━━━━

次の文章は，器械運動指導の手引(平成27年3月　文部科学省)の内容の一部である。文中の各空欄に適する語句をあとのa～fから1つずつ選び，記号で答えよ。

(1)　マット運動の技は，大きく回転系と巧技系に分けられ，学校体育で

は回転系では(ア)技群とほん転技群，巧技系では平均立ち技群が取り上げられる。

(2) 平均台運動の技は，「体操系」と「(イ)系」に大別される。

(3) 跳び箱運動の技は，(ウ)系と回転系に大別される。

a 跳躍　　　　b 支持回転　　　c 切り返し　　　d 接転
e バランス　　f 倒立

解答　ア d　イ e　ウ c

解説　「学校体育実技指導資料　第10集　器械運動指導の手引(平成27年3月　文部科学省)　第3章　技の指導の要点」からの出題である。器械運動の技は，系，技群，グループという視点によって分類されている。系とは各種目の特性を踏まえて技の運動課題の視点から大きく分類したものである。技群とは，類似の運動課題や運動技術の視点から，そしてグループとは，運動の方向や経過，更には技の系統性や発展性も考慮して分類したものである。マット運動の技は，大きく回転系と巧技系に分けられ，学校体育では回転系では接転技群とほん転技群，巧技系では平均立ち技群が取り上げられる。平均台運動の技は，「体操系」と「バランス系」に大別される。体操系には，移動形式として運動を主とする「歩走グループ」と，台上で飛び上がって着台する，またフロアから台上へ飛び上がったり，台上から跳び下りたりする技を含む「跳躍グループ」がある。一方，「バランス系」には，台上で様々なポーズを示して安定を保ったり静止したりする「ポーズグループ」，そして台上で両足，あるいは片足上で体の向きを変える「ターングループ」がある。跳び箱運動の技は，切り返し系と回転系に大別される。切り返し系の技では，足で踏み切って着手するまでの回転方向が，着手後に逆方向に切り返し安全に着地する。回転系の技では，足で踏み切った後，着地するまで同じ方向に回転して着地する。

■■■■■■■■ 例題 3 ■■■■■■■■

器械運動が不得意な生徒に対する指導上の留意点を2つあげよ。

解答 ・「できる」「できない」という個人差の顕著に現れる種目であるために，個人に応じた指導を心がけること。 ・個々の技がある程度できるようになったら，その技の繰り返しや組み合わせに進むようにすること。 ・練習は恐怖感・危険性を感じさせないように段階的に指導すること。 ・器械器具の安全に十分留意させること。 ・補助の仕方も指導し，お互いに協力しながら練習させること。などから2つ

解説 器械運動の特性を理解し，自分の能力に応じた技を練習し，できる喜びを味わうことをねらいとし，技能については基本的な運動を行ない体を慣らし，できる技を練習するようにする。

■■■■■■■■ 例題 4 ■■■■■■■■

中学校学習指導要領解説保健体育編の第3学年の内容を踏まえ，自己観察や他者観察のねらいを1つ書け。

解答 自己の取り組むべき技術的な課題が明確になり，学習の成果を高められること

解説 自己観察や他者観察では，仲間の演技からよい動き方を見つけたり，ICT機器を活用し映像を通して自己の演技と仲間の演技の違いを比較したりすることで，自己の取り組むべき技術的な課題が明確になり，学習の成果を高められる。

マット運動

●マット運動の内容

① 中学校

マット運動では，自己の能力に応じて技を選択，習得し，それらの技を組み合わせて「はじめ－なか－おわり」という連続した技がよりよくできるようにするとともに，演技を発表できるようにする。また，技を改善したり，新たに技を加えたりして，演技の内容を豊かにすることができるようにする。

② 高等学校

マット運動では，基本的な技，条件を変えた技，発展技の中から，技の静止や組合せの流れに着目して「はじめ－なか－おわり」に用いる技を構成し，演技できるようにするとともに，演技を発表できるようにする。また，自己に適した技を選び，挑戦するようにすることが大切である。

●マット運動の主な技の例示

マット運動には，回転系と巧技系がある。

① 回転系

〈接転技群(背中をマットに接して回転)〉

　前転グループ：前転，開脚前転，伸膝前転，倒立前転，跳び前転
　　　　　　　　　など

　後転グループ：後転，開脚後転，伸膝後転，後転倒立　など

〈ほん転技群(手や足の支えで回転)〉

　倒立回転・倒立回転跳びグループ：

　　側方倒立回転，側方倒立回転跳び $\frac{1}{4}$ ひねり(ロンダート)・倒立ブリッジ，前方倒立回転，前方倒立回転跳び　など

　はねおきグループ：首はねおき，頭はねおき　など

② 巧技系

〈平均立ち技群(バランスをとりながら静止する技)〉

　片足平均立ちグループ：片足正面水平立ち，片足側面水平立ち，Ｙ字
　　　　　　　　　　　　　バランス　など

　倒立グループ：頭倒立，倒立，倒立ひねり　など

マット運動の主な技の例(高等学校・入学年次の次の年次以降)

系	技群	グループ	基本的な技 (主に中3までに例示)	発展技
回転系	接転	前転	開脚前転 ―――――――――――――→ ―――――→ 倒立前転 ―――→ ―――――――――→ 跳び前転	伸膝前転 ―→ 倒立伸膝前転
		後転	開脚後転 ―――→ 伸膝後転 ―――→	後転倒立
	ほん転	倒立回転・ 倒立回転跳び	側方倒立回転 ―→ 側方倒立回転跳び 　　　　　　　　$\frac{1}{4}$ ひねり（ロンダート） 倒立ブリッジ ―→ 前方倒立回転 ―――→	前方倒立回転跳び
		はねおき	頭はねおき	
巧技系	平均立ち	片足平均立ち	片足正面水平立ち ―――――――――→ 　　　　　 ↘ Ｙ字バランス	片足側面水平立ち
		倒立	倒立 ―――――――――――――――→	倒立ひねり

●マット運動の学習の要点

　マット運動の指導においては，各種の回転運動や姿勢保持の運動の技能を高め，跳躍力，支持力，身体支配の能力の向上を図ることが大切である。技能の向上は，すでに習得している運動をベースに段階的・系統的に発展させ，それらの連続を工夫することによって図ることができる。また，効果的に学習活動を展開するためには，補助や幇助を積極的に取り入れたり，学習者が相互に観察や助言をし合うこと，組み合わせを工夫させることなど，自己や仲間の安全に留意して運動ができるようにすることが必要である。

■■■■■ **例題 1** ■■■■■

次の文章は，器械運動の「マット運動」における技を実施するときの注意点を説明したものである。(①)〜(③)について当てはまる語句を語群a〜fから1つずつ選び，記号で答えよ。

(1) 伸膝前転

 ア　マットに(①)が触れる瞬間に(②)を一気に前屈して手を着く。

 イ　手は腰と(③)の中間くらいに着き，強くマットを押しながら前屈をする。

(2) 倒立前転

 ア　倒立で，(①)を前にゆっくりはずし，前転に入るタイミングをつかむ。

 イ　(②)が着くまで(③)と膝に力を入れ，(②)からスムーズに転がる。

(3) 前方倒立回転跳び

 ア　ホップして体の前傾を作り着手の準備をする。

 イ　着手は肩角を十分に開いたままで，(①)を前に倒して行う。

 ウ　着手と同時に振り上げ足を一気に振り上げる。

 エ　(②)の前方への回転スピードを止めないで，(③)の突き放しとともに体を反らす。

語群

　a　手　　b　足　　c　膝　　d　後頭部　　e　腰　　f　上体

解答 (1) ① b　② f　③ c　(2) ① b　② d　③ e
　　　 (3) ① f　② b　③ a

解説 (1)　前方に足を投げ出し，マットに足が触れる瞬間に上体を一気に前屈して手を着く。手は腰と膝の中間くらいに着き，強くマットを押しながら前屈する。　(2)　倒立で，足を前にゆっくりはずし，前転に入るタイミングをつかむ。後頭部が着くまで腰と膝に力を入れ，後頭部からスムーズに転がる。　(3)　ホップして体の前傾を作り着

手の準備をする。着手は肩角を十分に開いたままで，上体を前に倒して行う。着手と同時に振り上げ足を一気に振り上げる。足の前方への回転スピードを止めないで，手の突き放しとともに体を反らす。

例題 2

体育分野の領域「器械運動」の「マット運動」について，次の1〜3に答えよ。

1　マット運動の技を構成し演技させるためには，どのようなことに留意する必要があるか。簡潔に書け。

2　次の図は，前方倒立回転跳びの連続する動作を，①〜⑤の5つに分けて示したものである。一連の動きを滑らかにして回転するための技能の要点を，①〜⑤について，それぞれ簡潔に書け。

3　マット運動における補助を活用した学習の意義を，簡潔に3つ書け。

解答　1　同じグループや異なるグループの基本的な技，条件を変えた技，発展技の中から，技の組み合わせの流れや技の静止に着目して「はじめ−なか−おわり」に構成し演技させること。　2　①　両腕を振り上げながらホップする(はずむ)。　②　振り上げ足を勢いよく振り上げながら両手をマットに着手する。　③　倒立の姿勢から手でマットを突き放して体を反らす。　④　両足を揃えながら空中で体を反らして伸身の姿勢をとる。　⑤　膝を伸ばして柔らかく着地する。　3　・運動経過を安全に経験させることができる。　・正しい技のイメージを早くつかませることができる。　・技の癖をなくし，技術内容を改善向上させることができる。　・動きの感じや動きのコツをつかませることができる。　・補助者にも技の性質や

コツをつかませることができる。 ・好ましい信頼関係で，仲間との教え合いを理解させることができる。 などから3つ

解説 器械運動は，マット運動，鉄棒運動，平均台運動，跳び箱運動で構成され，器械の特性に応じて多くの「技」がある。これらの技に挑戦し，その技ができる楽しさや喜びを味わい，その技がよりよくできるようにする(1・2年)・自己に適した技で演技することができるようにする(3年)。マット運動では，回転系や巧技系の基本的な技を滑らかに安定して行うこと，条件を変えた技，発展技を行うこと，それらを構成し演技したりすることが求められている。なお，解答は内容を正しく捉えていれば，表現は異なってもよい。

■■■■ 例題 3 ■■■■

次の文章は，『中学校学習指導要領(平成29年告示)解説　第2章　第2節　各分野の目標及び内容』からの一部抜枠である。(A)～(E)に適する語句を以下の語群から選び，記号で答えよ。

2	内容	B. 器械運動　[第3学年]　ア　マット運動

系	技群	グループ	基本的な技 (主に中1・2で例示)	発展技
回転系	接転	前転	開脚前転 ———→ 倒立前転	伸膝前転 跳び前転
		後転	開脚後転	伸膝後転 ————————→ 後転倒立
	ほん転	倒立回転・倒立回転跳び	側方倒立回転 倒立ブリッジ	側方倒立回転跳び$\frac{1}{4}$ひねり（ロンダート） 前方倒立回転 ——→ 前方倒立回転跳び
		はねおき	頭はねおき	
（ A ）系	平均立ち	片足平均立ち	片足正面水平立ち ————→	片足側面水平立ち，(B)バランス
	倒立	倒立	倒立 ————————→	倒立ひねり

＜回転系の例示＞

○　接転技群(背中をマットに接して回転する)

・体をマットに順々に(C)させて回転するための動き方，回転力を高めるための動き方で，基本的な技の一連の動きを(D)に安定させて回ること。

・開始姿勢や終末姿勢，組合せの動きや支持の仕方などの条件を変えて回ること。

・学習した基本的な技を発展させて，一連の動きで回ること。

○ ほん転技群(手や足の支えで回転する)

・(E)を支えたり，突き放したりするための着手の仕方，回転力を高めるための動き方，起き上がりやすくするための動き方で，基本的な技の一連の動きを(D)に安定させて回転すること。

・開始姿勢や終末姿勢，支持の仕方や組合せの動きなどの条件を変えて回転すること。

・学習した基本約な技を発展させて，一連の動きで回転すること。

《語群》

ア 体操　イ 屈伸　　　ウ 巧技　　　エ 支持　　オ Y字
カ V字　キ リズミカル　ク 滑らか　　ケ 姿勢　　コ 維持
サ 接触　シ 静止　　　ス 全身　　　セ 確実
ソ 伸身跳び

解答　A ウ　B オ　C サ　D ク　E ス

解説　A　マット運動の技は，大きく回転系と巧技系に分けられ，回転系には接転技群とほん転技群，巧技系には平均立ち技群がある。
B　片足で立ち，もう一方の足を持ち上げて，上げた足と同じ側の手で足首をつかみ，空いている腕は上方に伸ばし，体全体がYの字の形になるポーズ。　C　接点技は，背中をマットに接して回転する技で，体をマットに順々に接触させて回転することが求められる。
D　「滑らかに行う」とは，その技に求められる動きが途切れずに続けてできること。　E　ほん転技は，手や足の支えで回転する技で，着手の仕方には技によって全身を支える着手と，手でジャンプするように突き放す着手がある。

──── 例題 4 ────

器械運動のマット運動について，次の(1)～(3)の各問いに答えよ。

(1) マット運動の回転系の「接転技」と「ほん転技」の違いについて説明せよ。

(2) 次のア〜エは倒立前転の一連の流れにおける指導上の留意点である。誤っているものを2つ選び，記号で答えよ。

　ア　足を前後に開いて，後ろ足を大きく振り上げるとともに，前足で蹴って倒立する。

　イ　倒立時には，ほぼ肩幅に手を開いてつき，あごを引き体を反らす。

　ウ　倒立後，肘を曲げ，重心を徐々に背面側に移動し，頭部がマットに触れないように，肩・背中・腰の順にマットにつきながら転がる。

　エ　回転の後半にひざを曲げて足を引きつけ，そのスピードを利用して立つ。

(3) 前方倒立回転跳びにおいて，ダイナミックな回転となるための指導上の留意点を，足，手・肩，頭の3点について述べよ。

解答 (1) 体をマットに順々に接触させて回転する技が接転技である。一方，ほん転技は手や足で全身を支えたり，突き放したりして回転する技である。　(2) イ，ウ　(3) 足：着手と同時に足を勢いよく振り上げて回転力をつくる。　手・肩：上体の前倒しに合わせて素早く着手する。着手時に肩が前に出ないようにし，手を突き放す。頭：空中で頭を背屈させ，体の反りによる回転力をつくり出す。

解説 (1) 接転技群：マットに体の部分を順番に接触させながら回転する運動で，前方に頭→首→背→腰の順に接触させて回転する場合を前転(前方回転)，その逆が後転になる。基本技術には，スムーズに回転する順次接触技術と回転力を生み出す回転加速技術が求められる。　　ほん転技群：手(頭・首)と足の支えによって回転する運動で，回転経過中に体の曲げ伸ばしの動作が見られるが，伸身体勢が特徴になる。はねおきは，屈伸動作と手の押し放しで回転力を生み出す。回転倒立は，手足のどちらかが床を支えて回転する運動で，側方を除いては後屈の柔軟性によって回転する。倒立回転跳びは足での踏み切りと手での突き放しによって，空中に浮く局面をもっている。　(2) ・倒立で，足を前にゆっくりはずし，前転に入るタイミングをつかませる。・後頭部が着くまで腰と膝に力を入れ，後頭部からスムーズに転がる。　(3) ・ホップして体の前傾を作り着手

の準備をする。　・着手は角度を十分に開いたままで，上体を前に倒して行う。

・着手と同時に振り上げ足を一気に振り上げる。　・足の前方への回転スピードを止めないで，手の突き放しとともに体を反らす。

■■■■■■■■■■■■■■■■■■■■■■■■ **例題 5** ■■■■■■■■■■

中学校第1学年の「マット運動」の学習について，次の(1)～(3)の各問いに答えよ。

(1) 「伸膝後転」で起き上がれない生徒に対して，起き上がる感覚を実感させるためのマットを使った場の設定を，設定理由を含め，具体的に書け。

(2) 「倒立」の練習において，二人組をつくり，一人が壁を利用して倒立を行い，もう一人が教師の用意したポイントを示した資料と比較して，倒立の形をアドバイスする時間を設定した。生徒に示す体の使い方に着目したアドバイスを，具体的に書け。

(3) 「側方倒立回転」において，腰や脚が上がらない生徒に対して，腰や脚が上がっていくことを実感させるような用具を用いた練習の工夫を，具体的に書け。

解答 (1)　マットを重ねて段差をつけ，着地を低くすることで，重心が下がり起き上がりやすくなる。　(2)　肘や膝の関節をしっかり伸ばそう。　(3)　脚を伸ばすと届く位置にゴムひもや風船などを準備し，蹴る意識をもち，脚を上げる練習。

解説 (1)　回転のスピードを速くすることで勢いが出る。マットの下に踏切板を敷いて傾斜をつくってもよい。　(2)　他には，肩の上に重心が来るようにする。また，手先は指を開いて前に向け，指をやや曲げて，指先でマットをおさえるように力を入れて前に倒れないようにする，なども有効である。　(3)　壁倒立から側方に下りる練習や，目印のライン上に手足をついて回転する練習もあげられる。

鉄棒運動

●鉄棒運動の内容

　鉄棒運動では，自己の能力に応じて技を選択，習得し，個々の技ができるようにするとともに，それらの技を組み合わせて「上がる―回る―下りる」といった連続した技がよりよくできるようにするとともに，**技能**を高め，演技を発表できるようにする。

　特に，できない技を習得しようとするときには，その技の**基礎的な運動**や動きが類似した運動を経験したり，**補助や補助用具の用い方**を工夫したりする。また，1つの技がある程度できるようになったら，正しい振動や**支持の仕方**，回転の仕方や力を入れるタイミングなどを工夫して技がよりよく繰り返しできるようにする。

　なお，技の組み合わせを考える場合には，「上がる―回る―下りる」をどんな技で組み合わせれば円滑な技になるかを考え，はじめは既習の技で工夫し，さらに**新しい技**を加えながら組み合わせを発展できるようにする。また，上がりの部分は「足かけ上がり」，「逆上がり」，「け上がり」などから自己の能力に適した運動を選んだり，下りる部分では安全な**着地体勢**がとれるようにする。

●鉄棒運動の主な技の例示

　鉄棒運動には，支持系と懸垂系がある。

① 支持系

〈前方支持回転技群〉(支持体勢から前方に回転する)

　　前転グループ：前方かかえ込み回り，前方支持回転，前方伸膝支持回転，転向前下り，踏み越し下り，支持跳び越し下りなど

　　前方足掛け回転グループ：膝掛け振り上がり，前方膝掛け回転，前方もも掛け回転，膝掛け上がり，もも掛け上がり，け上がり　など

〈後方支持回転技群〉(支持体勢から後方に回転する)

　　後転グループ：逆上がり，後方支持回転，後方伸膝支持回転，後方

　　　　　浮き支持回転，棒下振り出し下り，後ろ振り跳びひね

　　　　　り下り　など

　　後方足掛け回転グループ：膝掛け振り逆上がり，後方膝掛け回転，後

　　　　　　　　方もも掛け回転　など

② 　懸垂系

〈懸垂技群〉(懸垂体勢で行う)

　　懸垂グループ：懸垂振動(順手・片逆手)，後ろ振り跳び下り，懸垂振

　　　　　　動ひねり，前振り跳び下り　など

鉄棒運動の主な技の例(高等学校・入学年次の次の年次以降)

系	技群	グループ	基本的な技 (主に中3までに例示)	発展技
支持系	前方支持回転	前転	前方支持回転 ────────→ 踏み越し下り ───→ 支持跳び越し下り ───→	前方伸膝支持回転 → 伸膝支持跳び越し下り
		前方足掛け回転	前方膝掛け回転 ───→ 前方もも掛け回転 膝掛け上がり ───────→ もも掛け上がり ───→	前方両膝掛け回転 → け上がり
	後方支持回転	後転	後方支持回転 ＼──→ 後方伸膝支持回転 　　　　　　　＼→ 棒下振り出し下り 後ろ振り跳びひねり下り	後方浮き支持回転 足裏支持棒下振り出し下り
		後方足掛け回転	後方膝掛け回転 ───→ 後方もも掛け回転 ＼ 　　　　　　　　　　　　　　　　　　＼→ 背面後方け上がり	後方両膝掛け回転
懸垂系	懸垂	懸垂	懸垂振動 ＼──→ 後ろ振り跳び下り (順手・片逆手) ＼→ 懸垂振動ひねり 　　　　　　　　＼→ 前振り跳び下り	後方後ろ振り上がり

●**鉄棒運動の学習の要点**

　鉄棒運動は，鉄棒を軸として支持や懸垂の運動因子からなる各種の回
転や振動の運動であるので，支持や懸垂の能力を高めるとともに，支持
回転や懸垂振動の技能を養い，空間での身体支配の能力を高めるよう指
導する。

　さらに，鉄棒運動では，落下や手の損傷などに対する対策として，補
助や滑り止め，手の保護手段などを講じること，あるいは生徒自身，自
己や仲間の安全に留意して学習する態度を形成するよう指導することが
望まれる。

━━━━━━━ 例題 1 ━━━━━━━

鉄棒運動の技を次の図のように分類した。以下の各問いに答えよ。

(1) ①〜③に当てはまる語句を書け。

(2) 前方支持回転技群の技を3つ書け。

解答 (1) ① 支持　　② 懸垂(または懸垂振動)　　③ 後方支持回転
(2) 前方支持回転，け上がり，転向前下り，踏み越し下り，前方膝
掛け回転，前方もも掛け回転，膝掛け上がり，もも掛け上がり，な
どから3つ

解説 器械運動は，マット，鉄棒，平均台，跳び箱を使った「技」によっ
て構成されている運動で，各運動種目には多くの技があることから，
それらの技を系，技群，グループの視点によって分類されている。
なお，平均台運動と跳び箱運動については，技の数が少ないこと
から技群とグループの視点をまとめてグループのみで分類している。
学習指導要領解説—保健体育編—に，自己の能力に適した(応じた)
技を習得したり，技の組み合わせ(演技)を構成したりする際に技を
選ぶための目安として，技能の内容に技が例示されているので，各
運動種目ごとにまとめて正しく理解しておきたい。

━━━━━━━ 例題 2 ━━━━━━━

鉄棒運動について，次の(1)，(2)に答えよ。

(1) 転向前下りで，軸腕の鉄棒の握り方は，どのようになるか，書け。

(2) 前方支持回転の回り始めと起き上がりがうまくできない生徒に対
し，どのように指導するか，書け。

解答 (1)　逆手　　(2)　回り始め：腕を伸ばし，胸を起こして，前方に上体を投げ出すように回る。　起き上がり：手首を返して，肘を伸ばし，背を丸めるようにして起き上がる。

解説 (2)　①　両腕を伸ばし，腰角を広げながら，肩を遠くにまわすように上体を前方に倒す。　②　回転の後半でバーを腰で挟むように鋭く前屈する。　③　手でバーを下に押さえながら手を握り替える。

━━━━━━━━━━━━ **例題 3** ━━━━━━━━━━━━

鉄棒運動の後方支持回転の指導について，次の各問いに答えよ。

(1)　段階的に指導するため，まず後方膝掛け回転の練習を行わせた。その意図を書け。

(2)　後方支持回転の初歩の段階では，身近な用具を活用することで，生徒の練習の補助をすることができる。その用具と活用例を書け。

(3)　後方支持回転を指導する際の足の振り込み方に関わる技術的なポイントを書け。

解答 (1)　回転軸が固定しやすいため，後方支持回転に類似した感覚を味わうことができる。　(2)　用具…チューブ　　活用例…鉄棒と体が離れないように腰のあたりを鉄棒と結びつける。　(3)　鉄棒に腰を巻きつけるように，足を振り込む。

解説 (1)　後方膝掛け回転は，鉄棒にももを掛けた状態から膝裏に移して，上体を一気に倒して回転に勢いを付け，体を起こす際には手首の返しが重要となる。　(2)　柔道着の帯なども活用できる。　(3)　鉄棒に足を巻き込むようにして足を振り込み，その後，膝を曲げて鉄棒を引き寄せ回転し，腰を伸ばして手首を返す。

平均台運動

●平均台運動の内容

平均台運動には，歩走・跳躍などの**体操系**の技，ポーズ，ターンなどの**バランス系**の技がある。

平均台運動では，自己の能力に応じて技を選択，習得し，個々の技ができるようにするとともに，それらの技を組み合わせて，「上がる―移動・バランス・ターン―下りる」といった連続した技がよりよくできるようにするとともに，技能を高め，演技を発表できるようにする。

1つの技を習得するためには，床の上や**低い台**など工夫した場で動き方ができるようにし，次に平均台でバランスを崩さないようにバランスを高めてできるようにする。

なお，組み合わせを工夫する場合には，いろいろな形態で**移動・バランス・ターン**などを組み合わせることができるようにし，さらに「上がる―移動・バランス・ターン―下りる」という連続した技ができるようにするとともに，演技を発表できるようにする。また，技を改善したり，新たに技を加えたりして，演技の内容を豊かにすることができるようにする。

●平均台運動の主な技の例示

平均台運動には，歩走，跳躍などの体操系，ポーズ，ターンなどのバランス系などの技がある。

① 体操系

歩走グループ：前方歩，前方ツーステップ，前方走，後方歩，後方ツーステップ　など

跳躍グループ：伸身跳び(両足踏切)，かかえ込み跳び，開脚跳び下り，かかえ込み跳び下り，開脚跳び(片足踏切)，前後開脚跳び，片足踏み切り跳び上がり　など

② バランス系

ポーズグループ：立ちポーズ(両足・片足)，片足水平バランス，座臥・支持ポーズ，V字ポーズ，片膝立ち水平支持ポーズ

　　　　　　　　　　など
　　ターングループ：両足ターン，片足ターン(振り上げ型，回し型)
　　　　　　　　　　など

平均台運動の主な技の例(高等学校・入学年次の次の年次以降)

系	グループ	基本的な技 (主に中3までに例示)		発展技
体操系	歩走	前方歩 ――――→ 前方ツーステップ，前方走 ――――→ 後方歩 ――――――――――――――――→		ギャロップ，スキップ 後方ツーステップ
	跳躍	伸身跳び（両足踏切）→ かかえ込み跳び 　　　　　　　　　→ 開脚跳び下り，かかえ込み跳び下り 　　　　　　　　　→ 支持跳び上がりしゃがみ立ち ――→ 開脚跳び（片足踏切）――――→ 前後開脚跳び ――→ 　　　↓ 片足踏み切り 　　　跳び上がり		→ 伸身跳び $\frac{1}{2}$ ひねり 支持跳び上がり開脚立ち 交差跳び
バランス系	ポーズ	片足水平バランス V字ポーズ，片膝立ち水平支持ポーズ ――――――→		Y字バランス 脚前挙支持（開脚・閉脚）
	ターン	両足ターン　片足ターン（振り上げ型，回し型）――→		片足1回ひねりターン

●平均台運動の学習の要点

　　平均台運動は，幅の狭い，高さのある場所的に限定された局限面での巧ち性の運動で，歩走や回転，跳躍や支持の運動因子で構成される平均や姿勢保持の運動である。そのため，台上ではより多くの移動方法，バランス，柔軟性を必要とし，それらの能力の向上を図るとともに，高さに対する適応を図ることである。

　　したがって，平均台運動では，各種の移動方法，バランスなどの技能を養い，いろいろな運動の連続を工夫して台上を往復することができるよう指導する必要がある。

■■■■■■■■■■■ **例題 1** ■■■■■■■■■■■

「平均台運動」について，次の各問いに答えよ。

問1　平均台運動の技の分類を示した次の　①　～　③　に当てはまる
　　語句をそれぞれ書け。

【技の分類】

```
体 操 系 ┬─ 歩走グループ（前方,後方への歩,走とその発展技）
　　　　 └─ ② グループ（片足踏み切り跳び上がり,かかえ込み跳び　など）

　① 系 ┬─ ③ グループ（片足立ち　など）
　　　　 └─ ターングループ（片足ターン　など）
```

問2　平均台上の歩行をスムーズに行うための指導のポイントを1つ書け。

問3　平均台の高さに対する不安感や恐怖心を取り除くための練習方法
　　の工夫を1つ書け。

解答　問1　①　バランス　　②　跳躍　　③　ポーズ　　問2　足の内
　　側で平均台の側面に触れながら振り出し，足先から台上に重心を移
　　すようにして歩く。この時，支持足は小指・薬指で平均台の縁を押
　　さえる。　問3　平均台の上にロングマットをかぶせ，平均台の下
　　には安全マットを置く。

解説　問2・問3　平均台運動は，支持面が局限化された場所で行うという
　　運動特性があるので，段階的な指導が非常に大切になる。少しずつ
　　支持面に幅の制限を加えたり，また少しずつ高さを作り出したりな
　　ど，不安感を少しずつなくしていく配慮が必要である。

▰▰▰ **例題 2** ▰▰▰

平均台運動について，次の各問いに答えよ。

1 次の表は，平均台運動の主な技の例示である。表中の（ ① ）（ ② ）に当てはまる語句を書け。

系	グループ	基本的な技	発展技
（ ① ）系	歩走	前方歩 ——→	前方ツーステップ，前方走
		後方歩 ——→	後方ツーステップ
	跳躍	伸身跳び（両足踏切）	かかえ込み跳び
			開脚跳び下り，かかえ込み跳び下り
		開脚跳び（片足踏切）	（ ③ ）
			片手支持跳び上がり
（ ② ）系	ポーズ	立ちポーズ ——→（両足・片足）	（ ④ ）
		座臥・支持ポーズ ——→	V字ポーズ，片膝立ち水平支持ポーズ
	ターン	両足ターン ——→	片足ターン（振り上げ型，回し型）

2 次の図は，上の表中の（ ③ ）（ ④ ）に該当する技である。それぞれの技の名称を書け。

（ ③ ）

（ ④ ）

3 次の文の（ A ）（ B ）に当てはまる語句を書け。
学習した技の中から，いくつかの技を，「（ A ）－（ B ）－下りる」に構成して演技できるようにする。

解答 1 ① 体操 ② バランス 2 ③ 前後開脚跳び
④ 片足水平バランス 3 A 上がる B なかの技

解説 ①・② 平均台運動の技は，「体操系」と「バランス系」に大別される。体操系には，台上を歩いたり走ったりして移動する「歩走グループ」と，台上で跳び上がって着台する，フロアから台上へ跳び上がったり，台上から跳び下りたりする「跳躍グループ」がある。「バラン

ス系」には，台上でポーズを示して安定を保ったり静止したりする「ポーズグループ」と，台上で両足，あるいは片足で体の向きを変える「ターングループ」がある。　2　③「前後開脚跳び」は，前方歩から膝を伸ばして脚を上げながら大きく振り出し，もう片方の足で上方向に踏み切って空中で前後開脚姿勢を示し，振り出した足で安定した着台を行う技である。　④「片足水平バランス」は，直立位から片足を後ろに上げ，上体を前に傾けていき，上げた脚と上体が水平になるようにして，バランスが崩れないように姿勢を保持し，両腕は横か後ろに上げる技である。　3　A・B　平均台運動の「いくつかの技を，構成して演技する」とは，同じグループや異なるグループの基本的な技，条件を変えた技，発展技の中から，技の組合せの流れや技の静止に着目して「上がる―なかの技―下りる」に構成し演技すること。

跳び箱運動

　跳び箱は足による跳躍と腕の支えによるジャンプ(腕のジャンプ運動)とからなる**支持跳躍運動**である。各種の跳び方は共通して次のような経過をとる。

　跳び方の種類は，第1局面(助走→踏切り・空中局面・着手)で前方へ回転したものが，第2局面(着手・空中局面・着地)では反対方向にきりかえられる，**切り返し系**の跳び方と，同じ方向に回転していく**回転系**の運動に大別できる。

　跳び箱運動とは，言い換えれば支持跳躍運動であることから，その技のできばえは，着手後の**第2空中局面**で雄大に飛躍し，しかも安定した動作で跳び，安定した姿勢で着地することに着目する必要がある。そのため，できない跳び方を習得しようとするときには，代替できる器具(例えばロールマットなど)を用いる，場を工夫する，友達同士で**補助の仕方**を工夫するなどしてできるようにする。また，ある程度跳べるようになったら，手の突き放しや空中フォームに意識をもたせ，安定して跳べるようにしたり，演技を発表できるようにする。その際には，跳び箱を踏切板との距離，助走・着手・着地の仕方などを考え，工夫することができるようにする。

●跳び箱運動の主な技の例示
　跳び箱運動には，切り返し系と回転系がある。
　① 　切り返し系
　　　切り返し跳びグループ：開脚跳び，開脚伸身跳び，かかえ込み跳び，
　　　　　　　　　　　　　　屈身跳び　など
　② 　回転系
　　　回転跳びグループ：頭はね跳び，前方屈腕倒立回転跳び，前方倒立回
　　　　　　　　　　　　転跳び，側方倒立回転跳び　など

跳び箱運動の主な技の例(高等学校・入学年次の次の年次以降)

系	グループ	基本的な技 (主に中3までに例示)		発展技
切り返し系	切り返し跳び	開脚跳び ──→ 開脚伸身跳び ──────→		開脚伸身跳び(手前着手)
		かかえ込み跳び ──────────────→		屈身跳び
回転系	回転跳び	前方屈腕倒立 ─→前方倒立回転跳び──→		前方倒立回転跳び$\frac{1}{2}$ひねり
		回転跳び ↘側方倒立回転跳び──→		側方倒立回転跳び$\frac{1}{4}$ひねり

●跳び箱運動の学習の要点

　助走から着地までの一連の動作が安定して円滑にできるようにすることをねらいに置き，自己の技能の程度に応じて跳び箱の高さを変えたり，踏切りや手の着手位置を変えるなど跳び方を工夫することによって，いろいろな跳び越しの技能を養い，跳躍力を高めるとともに，脚－腕の協応性や身体支配の能力を高めるよう指導することである。

■ 例題 1 ■

「学校体育実技指導資料『器械運動の手引(平成27年3月　文部科学省)』第3章技の指導の要点」に示されている内容について，次の(1)，(2)の問いに答えよ。

(1) 跳び箱運動について，助走距離，踏切板と跳び箱の距離について，技の学習の初期段階に行う内容として適切なものを，次のア～エから全て選び記号で答えよ。

ア　短い助走から両足踏み切りへとスムースに行えるよう注意する。

イ　どちらの足で踏み込む(両足踏み切りの一歩手前)のがやりやすいのかを確認する。

ウ　跳び箱と踏切板の距離が近すぎると，第一空中局面，あるいは運動全体が窮屈になることがある。

エ　跳び箱と踏切板の距離は，近い方が技を実施しやすく感じられる場合が多い。

(2) 跳び箱運動で台上前転を行う際，実施する生徒が恐怖心や痛さを訴える場合の対処法を，場の工夫の視点から1つ答えよ。

91

解答 (1) ア,エ (2) 跳び箱上にマットをかぶせる。 ・跳び箱の下(横)にマットを敷く。 から1つ

解説 (1) イ 初期段階ではなく，学習の進行につれて指導が必要となる内容である。学習が進行するにつれて，助走の開始位置と踏切板までの距離(助走距離)，どちらの足から助走を開始するか，どちらの足で踏み込む(両足踏み切りの一歩手前)のがやりやすいのかを確認する指導が必要となる。 ウ 初期段階ではなく，学習が進行した段階における状況である。学習が進行して，助走や踏み切りの勢いが増してくることで，この距離が近すぎると第一空中局面，あるいは運動全体が窮屈になる。 (2) 落下の心配がある台上前転の指導では，跳び箱の両側にマットを敷いたり，補助の仲間を配置したりする。また，着地に柔らかいマットを準備しておくことも，安心して取り組むことに役立つ。

━━━━ 例題 2 ━━━━

次の①〜⑤は跳び箱運動の技の説明である。当てはまるものを以下のア〜クから選び，その記号を書け。

① 踏み切って，できるだけ前方に着手し，肩が手の真上にきたとき，力強く突き放し，上体を起こして跳びだし，着地体勢に入る。手の突き放しが重要である。

② 片足で踏み切り，からだをV字型にして前に跳び越す。

③ 腰を落とさないようにして踏み切り，腰を高くあげる。肩を後ろに引き，腰をすばやく折る。力強く手を突き放すと同時に，腰を伸ばす。からだを伸ばして着地する。

④ 強く高く踏み切り，腕を伸ばしたまま手をつき，腰を高くして，跳び箱を突き放す。胸を十分に反らせて回転し，着地する。

⑤ 腰を浮かして，両足で踏み切る。両手を肩幅に平行にし，しっかり台上につく。後頭部を両手の間にすばやく入れて，背中を丸める。膝を抱え込むように前に回転して下りる。

ア 頭はね跳び イ 開脚跳び

ウ　台上前転　　　　エ　仰向け跳び
オ　屈身跳び　　　　カ　前方倒立回転跳び
キ　側方倒立回転跳び　　ク　かかえ込み跳び

解答　① イ　② エ　③ オ　④ カ　⑤ ウ

解説　前方倒立回転跳び　1．強くロイター板を踏み切り，腕を振り上げて高くジャンプする。　2．着手位置をよく見ながら，腰を曲げないようにして，脚を強く振り上げる。　3．着手位置を見ながら，身体を伸ばしたまま強く手で跳び箱を突き放す。　4．マットを見て着地までの距離を確認し，着地準備を行う。　屈身跳び　1．脚をあまり振り上げない。　2．腰と背中を上に引き上げ，強く手で跳び箱を突き放す。　3．手で掻き込むように突き放し，前を見ながら脚を前に振り込んで屈身する。　4．着地位置付近を見ながら身体を伸ばして上体を起こし，着地準備を行う。

━━━━■ **例題 3** ■━━━━

跳び箱運動について，次の問いに答えよ。

問1　跳び箱運動の技の運動経過を「助走から踏み切り → 第1空中局面 → 着手 → 第2空中局面 → 着地」と捉えた場合に，次の(1)～(3)に答えよ。

(1)　「助走から踏み切り」について，基本となる動きとして，最初の段階の指導において考えられる手立てを記せ。

(2)　切り返し系の技の「着手」については，手で突き放すような動き方のベースとなる能力が大切である。そのための基本となる動きとして，考えられる手立てを記せ。

(3)　「着地」を怖がる生徒に対して，考えられる手立てを記せ。

問2　跳び箱運動の回転系の技の指導について，次の(1)，(2)に答えよ。

(1)　台上前転の動き方のポイントを記せ。

(2)　台上前転でのつまずきへの対応や安全確保の方法を記せ。

解答 問1 (1) 助走距離を長くしないで，2〜3歩踏み出して，踏切板を両足で踏み切り，踏切板の前に置いたマットに着地する。

(2) 腕立て伏臥姿勢でジャンプする。(両手両足を同時に地面から離し，同時に着地する。) (3) 肋木などからセーフティマット上に自由に，かつ安全に跳び下りる経験を積ませる。その後，跳び箱からいろいろなポーズで，または，ねらった所へ，あるいは遠くに，安全に柔らかく両足着地できるようにする。 問2 (1) 両足で踏み切って腰を引き上げ，しっかり手で支えて頭(後頭部)を着く。

(2) 踏み切りや腰の引き上げが不十分な場合，跳び箱を少し低くして，踏み切り後にしっかりと腰を引き上げてスムーズに前転できるようにする。(補助者をつけてもよい。)

解説 学校体育実技指導資料第10集「器械運動指導の手引」(平成27年3月)からの出題である。 (1) 助走から踏切の初期の指導として他には，踏切板を壁の手前に置いて，両足踏み切りから壁に両手を着いてから着地するようにする。助走から両足踏み切りがうまくできない場合には，フープなどをおいて，片足跳びや両足跳びを組み合わせて行うようにすることも考えられる。 (2) 切り返し系の技の着手のための手立てとして他には，腕立て伏臥姿勢で手を突き放して前に移動したり，上体を起こし足だけで着地したりすることも考えられる。切り返し系の技の着手では腕で体を支える支持感覚と突き放す動きが重要となる。 (3) 着地について他には体育館のステージを活用したり，適切な高さの跳び箱や台から跳び降りたりする経験を積ませることで恐怖心を取り除いてあげるところから始めることが大切である。 問2 (1) 台上前転のポイントとして他には，背中を丸くして滑らかに台上を転がること，転がるスペースが確保できるよう，着手する位置を調節することなどがあげられる。 (2) 初期の段階では，着地の際に顔を膝にぶつけないよう，脚を少し開いて着地するなどして，安全に注意して行う。また，恐怖心や痛さを訴える場合は，跳び箱上にマットをかぶせる，跳び箱の下(横)にマットを敷くなどの配慮が必要で，基本となる動きや予備的な動きが安心して十分に行えるようにする。

━━━━━━━━━━━━━━ **例題 4** ━━━━━━━━━━━━━━

　次の図は，跳び箱運動の技の1つを，連続する動作に分けて示したものである。各問いに答えよ。

(1)　この技の正式な名称を書け。

(2)　(1)の技の着手の仕方について，簡潔に述べよ。

(3)　跳び箱運動において，生徒が新しい技に挑戦しようとする際に生じる恐怖感を取り除くために，指導者としてどのような工夫をするか書け。

解答 (1)　側方倒立回転跳び　　(2)　着手の際に，側方回転となるよう手を前後に跳び箱上に着く。　　　(3)　・低い跳び箱で跳ぶ　　・助走路を長くしない　　・補助をつける　　・怖さを感じない高さから始める

解説 (1)　側方倒立回転跳びは，回転系の技であり，前方屈腕倒立回転跳び→前方倒立回転跳び→側方倒立回転跳びと発展していく。

(2),(3)　跳び箱運動とは，言い換えれば支持跳躍運動(腕のジャンプ運動)であることから，その技のできばえは，着手後に大きくしかも安定した動作で跳べることに着目する必要がある。そのため，自己の能力に応じた技を習得したり，演技を発表したりする際には跳び箱の高さ，跳び箱と踏み切り板との距離，助走・着手・着地の仕方などを考え，工夫することができるようにする。

第 3 章

陸上競技

保健体育科 陸上競技

ポイント

　陸上競技は，「走る」「跳ぶ」「投げる」などの運動で構成され，記録に挑戦したり，相手と競争したりする楽しさや喜びを味わうことのできる運動である。

　中学校では，小学校での学習を受けて，陸上競技に求められる基本的な動きや効率のよい動きを発展させて，各種目特有の技能を身に付けることができるようにすることが求められる。したがって，第1学年及び第2学年では，記録の向上や競争の楽しさや喜びを味わい，技術の名称や行い方などを理解し，基本的な動きや効率のよい動きを身に付けること，第3学年では，第1，2学年で学習したことを踏まえ，各種目特有の技能を身に付けることを学習のねらいとしている。その際，動きなどの自己の課題を発見し，合理的な解決に向けて運動の取り組み方を工夫するとともに，自己の考えたことを他者に伝えることができるようにすること等が求められる。また，陸上競技の学習に積極的に取り組み，ルールやマナーを守ることや一人一人の違いに応じた課題や挑戦を認めることなどに意欲をもち，健康や安全に気を配ることができるようにすることも大切である。

　高等学校では，中学校までの学習を踏まえて，記録の向上や競争及び自己や仲間の課題を解決するなどの多様な楽しさや喜びを味わい，「各種目特有の技能を身に付ける」ことなどができるようにすることが求められる。したがって，記録の向上や競争の楽しさや喜びを味わい，体力の高め方や運動観察の方法などを理解するとともに，各種目特有の技能を身に付けること等ができるようにする。その際，動きなどの自己や仲間の課題を発見し，合理的な解決に向けて運動の取り組み方を工夫するとともに，自己の考えたことを他者に伝えることができるようにする。

陸上競技の特性

●陸上競技の内容

　陸上競技は，走，跳，投などの運動で，より速く走る(走る速さ)，より遠くへあるいは高く跳ぶ(跳ぶ高さや距離)，より遠くへ投げる(投げる距離)ことなどをねらいとし，**自己の能力に適した課題の解決に取り組み，自己の記録を高めたり，定められたルールや条件のもとで時間や距離，高さを他人と競争するところに楽しさや喜びを味わうことのできる運動である。**

●陸上競技のねらい

　自己の記録を向上するための各種の技能を高め，**記録の向上や記録に挑戦する喜びや競争の楽しさを味わうことができるようにする。**

① 今の自分の力に合った競技の仕方で，いろいろな人と競争し合ったり，記録やタイムに挑戦したりする。

② 高まった力に合わせて競技の仕方を新しく決めて，競争し合ったり記録やタイムに挑戦したりする。

●技能の内容

　陸上競技は，競走としての短距離走・リレー，長距離走及びハードル走，跳躍としての走り幅跳び，走り高跳び及び三段跳び，投てきとしての砲丸投げ及びやり投げを示している(中学校では，三段跳びと投てきを除いて構成している)。

〈中学校第1学年及び第2学年の技能の内容〉

① 短距離走・リレー

　短距離走・リレーでは，自己の最大スピードを高めたり，バトンの受渡しでタイミングを合わせたりして，個人やチームのタイムを短縮したり，競走したりできるようにする。

② 長距離走

　長距離走では，自己のスピードを維持できるフォームでペースを守りながら，一定の距離を走り通し，タイムを短縮したり競走したりできる

99

ようにする。

③　ハードル走

　ハードル走では，ハードルを越えながらインターバルを**一定のリズム**で走り，タイムを短縮したり，競走したりできるようにする。

④　**走り幅跳び**

　走り幅跳びでは，助走スピードを生かして素早く踏み切り，より遠くへ跳んだり，競争したりできるようにする。

⑤　**走り高跳び**

　走り高跳びは，リズミカルな助走から力強く踏み切り，より高いバーを越えたり，競争したりできるようにする。

●**陸上競技の学習法**

①　記録をつけたり，今までの自分の記録を参考にしたりして，自分の技能を把握し，自分に適した目標を決める。

②　先生や友人に見てもらったり，ビデオを使ったりして，練習の課題を決める。

③　誰もが楽しめるように練習の仕方を工夫する。

④　練習の成果を確かめ，目標を決め直したり，練習の仕方を工夫する。

●**陸上競技の学習の要点**

①　**短距離走**

　スタートダッシュ(スタート後約15〜30mぐらいの間に最高スピードに達し，その後20mから30mぐらいは維持することができる)の方法や疾走のフォームを形式的に身に付けるのではなく，**より速く走る**ための手段として理解し，実践を通してしっかり身に付けることである。

　また，スタートについては，最高に加速することができるように，スタートの構え，合図後の**膝の引き付け，腕の振り**など**疾走フォームへのスムーズな移り方の学習が必要**であり，スタートダッシュと上体の前傾を何回も繰り返し学習するのが効果的である。

　最高スピードに達した後の中間疾走の仕方としては，身体の前傾，力強い腕の振り，膝の引き付けなどにより**ストライドを伸ばし**，最高スピー

ドを少しでも長く維持し続けるための練習が必要であり，**ある程度長い距離を70〜80％の力で走り**，スピードを持続するように学習を進めることが効果的である。

② リレー

走りながらバトンを確実にパスできるように，渡す者のバトンの持ち方や渡し方および受け取る者の**スタートの仕方や受け取り方**を練習し，最高に近いスピードで両者の呼吸がうまく合うようにすることである。

③ 長距離走

生徒が自己の能力に適した距離を走り通すことに学習の重点を置き，次第に速く走れるようにすることである。

④ ハードル走

低めのハードルを2〜3台置き，ハードル間も最初は短めにして**ハードリングとインターバルの走り方**を組み合わせて3歩のリズムで走ることを練習し，次第にハードルの高さや台数あるいは**インターバルの距離**を増やして速く走ることができるようにすることである。なお，ハードルの高さは，生徒の能力に適した60〜100cmを3レーンくらい設定する。

⑤ 走り幅跳び

踏切りでスピードに乗った強い**跳躍力**を生み出せるようにすること。そのためには，はじめから助走距離を長くしたり，助走のスピードを速くしないで助走のスピードを踏切りに生かせる練習に重点を置くことである。また，スピードに乗った跳躍がある程度できるようになったら，その力を遠くへ伸ばすための空間動作や着地の技能を随時加えた練習をすることが大切である。

⑥ 走り高跳び

はじめから高さを競わせるのではなく，楽に跳べる高さで**踏切りとバー**の越し方に学習の重点を置き，助走→踏切り→空間動作→着地の一連のリズムを身に付けるようにする。ある程度この感じがつかめた段階で次第に高さを増して跳べるように学習を進めることである。

⑦ 砲丸投げ

はじめから重い砲丸で距離を競わせるのではなく，各自に合った軽い重さの砲丸で，持ち方，突き出しの構え→グライド(横または後ろ)→突き

　　出し→脚の反動動作→リバースの仕方の学習に重点を置き，この一連の動作(リズム)を身に付けるようにする。ある程度この感じがつかめた段階で次第に重い砲丸で投てきできるように学習を進めることである。

▼陸上運動・陸上競技の動きの例

種目	小学校5・6年生	中学校1・2年生	中学校3年生 高校入学年次	高校 入学年次の次の年次以降
短距離走・リレー	・スタンディングスタートから，素早く走り始める ・体を軽く前傾させて全力で走る ・テークオーバーゾーン内で，減速の少ないバトンの受渡しをする	・クラウチングスタートから徐々に上体を起こしていき加速すること ・自己に合ったピッチとストライドで速く走ること ・リレーでは，次走者がスタートするタイミングやバトンを受け渡すタイミングを合わせること	・スタートダッシュでは地面を力強くキックして，徐々に上体を起こしていき加速すること ・後半でスピードが著しく低下しないよう，力みのないリズミカルな動きで走ること ・リレーでは，次走者はスタートを切った後スムーズに加速して，スピードを十分に高めること	・高いスピードを維持して走る中間走では，体の真下近くに足を接地したり，キックした足を素早く前に運んだりするなどの動きで走ること ・最も速く走ることのできるペース配分に応じて動きを切り替えて走ること ・リレーでは，大きな利得距離を得るために，両走者がスピードにのり，十分に腕を伸ばした状態でバトンを渡すこと
長距離走		・腕に余分な力を入れないで，リラックスして走ること ・自己に合ったピッチとストライドで，上下動の少ない動きで走ること ・ペースを一定にして走ること	・リズミカルに腕を振り，力みのないフォームで軽快に走ること ・呼吸を楽にしたり，走りのリズムを作ったりする呼吸法を取り入れて走ること ・自己の体力や技能の程度に合ったペースを維持して走ること	・自分で設定したペースの変化や仲間のペースに応じて，ストライドやピッチを切り替えて走ること
ハードル走	・第1ハードルを決めた足で踏み切って走り越える ・スタートから最後まで，体のバランスをとりながら真っ直ぐ走る ・インターバルを3歩又は5歩で走る	・遠くから踏み切り，勢いよくハードルを走り越すこと ・抜き脚の膝を折りたたんで前に運ぶなどの動作でハードルを越すこと ・インターバルを3又は5歩でリズミカルに走ること	・スタートダッシュから1台目のハードルを勢いよく走り越すこと ・遠くから踏み切り，振り上げ脚をまっすぐに振り上げ，ハードルを低く走り越すこと ・インターバルでは，3又は5歩のリズムを最後のハードルまで維持して走ること	・ハードリングでは，振り上げ脚を振り下ろしながら，反対の脚(抜き脚)を素早く前に引き出すこと ・インターバルで力強く腕を振って走ること ・インターバルでは，3歩のリズムを最後まで維持して走ること ・ハードリングとインターバルの走りを滑らかにつなぐこと
走り幅跳び	・7～9歩程度のリズミカルな助走をする ・幅30～40cm程度の踏み切りゾーンで力強く踏み切る ・かがみ跳びから両足で着地する	・自己に適した距離，又は歩数の助走をすること ・踏切線に足を合わせて踏み切ること ・かがみ跳びなどの空間動作からの流れの中で着地すること	・踏み切り前3～4歩からリズムアップして踏み切りに移ること ・踏み切りでは上体を起こして，地面を踏みつけるようにキックし，振り上げ脚を素早く引き上げること ・かがみ跳びやそり跳びなどの空間動作からの流れの中で，脚を前に投げ出す着地動作をとること	・加速に十分な距離から，高いスピードで踏み切りに移ること ・タイミングよく腕・肩を引き上げ，力強く踏み切ること
走り高跳び	・5～7歩程度のリズミカルな助走をする ・上体を起こして力強く踏み切る ・はさみ跳びで，足から着地する	・リズミカルな助走から力強い踏み切りに移ること ・跳躍の頂点とバーの位置が合うように，自己に合った踏切位置で踏み切ること ・脚と腕のタイミングを合わせて踏み切り，大きなはさみ動作で跳ぶこと	・リズミカルな助走から真上に伸び上がるように踏み切り，はさみ跳びや背面跳びなどの空間動作で跳ぶこと ・背面跳びでは踏み切り前の3～5歩で弧を描くように走り，体を内側に倒す姿勢を取るようにして踏み切りに移ること	・助走では，リズムを保ちながらスピードを高め踏み切りに移ること ・踏み切りでは，振り上げ脚の引き上げと両腕の引き上げをタイミングよく行うこと ・背面跳びでは，バーの上で上体を反らせるクリアーの姿勢をとった後，腹側に体を曲げて，背中からマットに着地すること

102

■■■■■■■ **例題 1** ■■■■■■■

次の文章は，中学校学習指導要領解説保健体育編(平成29年7月　文部科学省)に示されている，〔体育分野〕「内容C　陸上競技」の一部である。文中の（　①　）～（　⑤　）に当てはまる語句を書け。ただし，同じ問いの空欄には，同じ解答が入るものとする。

[第1学年及び第2学年]
　陸上競技は，「走る」，「跳ぶ」及び「投げる」などの運動で構成され，（　①　）に挑戦したり，相手と（　②　）したりする楽しさや喜びを味わうことのできる運動である。～以下省略～
○　技能
イ　長距離走
　長距離走では，自己の（　③　）を維持できるフォームで（　④　）を守りながら，一定の距離を走り通し，タイムを短縮したり，競走したりできるようにする。
オ　走り高跳び
　走り高跳びは，（　⑤　）な助走から力強く踏み切り，より高いバーを越えたり，（　②　）したりできるようにする。

解答　①　記録　　②　競争　　③　スピード　　④　ペース
　　　　⑤　リズミカル

解説　「陸上競技」領域については，「ア　短距離走・リレー」，「ウ　ハードル走」，「エ　走り幅跳び」の技能内容も学習指導要領解説で学習しておこう。また，第3学年では「各種目特有の技能を身に付ける」ことを学習のねらいとしているので，それぞれの技能内容についても調べておくようにする。

短距離走・リレー

●短距離走・リレーの内容

　短距離走は，ある特定の距離を自分の**最大スピード**を高め，相手より速く走ることや記録を高めることがねらい(課題)である。そのため，20〜40mの距離で必要なスピードに達するための**スタート**とスタートダッシュの技能と，そのスピードを保つための**中間疾走**やフィニッシュの技能を身に付けることが必要である。

　短距離走のスタートには**クラウチングスタート**が用いられる。このスタートの構えは各人の能力と体型に合ったスタートの構え方で，体重を両腕と前脚に70％，後ろ脚に30％の割合で配分する。両腕は肩幅に構え，視線は自然に前方にやる。1歩目の動作は深い前傾を保ちながら，後ろ脚はすばやく着地するとともに，**前脚**は瞬発的に強くブロックを押す。前に振られた腕を前方に大きく振り，一直線上を進む。前に振られた腕は地面と平行になるようにする。**中間疾走**では，上体を15〜20度前傾させ，腕を高く保ってももを高く上げ，足先で地面を強くキックする。肩に力を入れずに，腕を前後に強く振る。

　リレーではバトンパスの技能が重要であり，バトンを渡す者と受け取る者とが共に**スピード**に乗った状態で，受け渡しが確実にできるようにすることが大切である。

　短距離走とリレーは，それぞれ別々に学習することも可能であるが，両種目を関連させて学習できるようにする方が，**短距離走**についての自己の特徴が明確になるとともに，次走者に引き継ぐために最後まで頑張る態度などを身に付けることもできることから，より**効果的**である。また，走る距離は，短距離走は50〜100m，リレーでは一人50〜100mが目安になるが，生徒の能力やトラックの大きさ等に応じて弾力的に取り扱うとよい。

●短距離走の競技規則

① 　400mまでのレースにおいて，各競技者は幅50mmの白色のラインで区切られた，右側のライン幅を含む最大幅1m220(±10mm)のレー

ンを走らなければならない。

②　スタートについては，「位置について (On your marks)」の合図の後，競技者は自分の割り当てられたレーン内のスタートラインの後方の位置につく。両手と少なくとも片膝がグラウンドに，両足はスターティング・ブロックのフットプレートと接触していなければならない。「用意(Set)」の合図で競技者は速やかに最終のスタート体勢に構えなければならない。

　　スターターは，競技者が下記の行為をしたと判断した場合，スタートを中止しなければならない。この場合，当該競技者に対して審判長は警告を与えることができ，同じ競技会の中で2度の規則違反があった場合は失格となる。

(a)「位置について」または「用意」の合図の後，信号器発射の前に正当な理由もなく手を挙げたり，クラウチングの姿勢から立ち上がったりした場合。

(b)　「位置について」または「用意」の合図に従わない，あるいは遅れることなく速やかに最終の用意の位置につかなかったとスターターが判断したとき。

(c)「位置について」または「用意」の合図の後，音声や動作，その他の方法で，他の競技者の妨害をしたとき。

③　競技者は，最終の用意の姿勢をとった後，信号器の発射音を聞くまでスタート動作を開始してはならない。競技者が少しでも早く動作を開始したとスターターが判断したときは不正スタートとなる。ただし，立位(スタンディング・ポジション)でスタートする場合において，競技者が偶発的に動いてしまったと考えられる場合は「ふらつき」と見なされ，不正スタートの対象にはならない。

　　不正スタートは混成競技を除き，1度で失格となる。

④　レーンで行うレースでは，各競技者はスタートからフィニッシュまで，自分に割り当てられたレーンを走らなければならず，違反した場合は失格となる。ただし，以下の場合は失格にならない。

(a)　レース中に，他の競技者や何らかの物によって押されたり，妨害されたりしたために，自分のレーン外，縁石やラインの上あるいは

内側に足が入ったり走ったりした場合。

(b) 直走路で自分のレーン外を踏んだり走ったりした場合。または曲走路で自分のレーンの外側のラインを踏んだり，外側のレーンを走ったりした場合。

⑤ 競技者の順位は，競技者の胴体(トルソー：頭，首，腕，脚，手，足を含まない部分)のいずれかの部分がフィニッシュラインのスタートラインに近い方の端の垂直面に到達したことで決める。

●リレー走でのバトンパス

① バトンは競走中，手で持ち運ばなければならない。競技者は，バトンを受け取りやすくする目的で手袋をはめたり，所定以外のものを手に付けたりすることはできない。もしバトンを落とした場合，その競技者がバトンを拾って継続しなければならない。この場合，競技者は距離が短くならないことを条件にバトンを拾うために自分のレーンから離れてもよい。レーンから離れて拾い上げた後は，競技者はバトンを落とした地点に戻ってレースを再開しなければならない。これらの手続きが適正とみなされ，他の競技者を妨害しない限りは，バトンを落としても失格とはならない。

② バトンは，テイク・オーバー・ゾーン内で受け渡されなければならない。バトンのパスは，受け取る競技者がバトンに触れた時点に始まり，受け取る競技者の手の中に完全に渡り，唯一のバトン保持者となった瞬間に成立する。それはあくまでもテイク・オーバー・ゾーン内でのバトンの位置のみが決定的なものであり，競技者の身体の位置ではない。

バトンパスが開始され，完了していない状態でバトンを落とした場合，バトンは渡し手(前走者)が拾う。バトンパスが完了し，受け手(後走者)が唯一の保持者となった後にバトンを落とした場合，バトンは受け手が拾う。

③ バトンを受ける前の競技者は自分のレーンまたはゾーンにとどまる。バトンを渡し終えた競技者は，他の競技者への妨害を避けるため，走路が空くまで自分のレーンまたはゾーンにとどまる。

▼バトンパスのやり方

28～30cm

リレー競技において
は，30mのテイク・
オーバー・ゾーンの
中で次走者はスター
トを切り，かつバト
ンの受け渡しを完了
しなければならない。

30m

▨ テイク・オーバー・ゾーン

バトンパスはテイク・オーバー・ゾーン内で行う。

テイク・オーバー・ゾーン外でバトンを受け渡した場合	テイク・オーバー・ゾーンに入る前に次走者がバトンに触れたら，そのチームは失格となる。あるいはゾーンを出てから完了する場合，または完了せずにバトンがゾーンを過ぎてしまった場合も，そのチームは失格となる。
バトンが次走者の手に触れることなく，落下し次走者が拾ってそのまま走った場合	この場合は，次走者の手に触れていない，すなわちバトンパスは開始されていない。したがって，次走者が拾ってそのまま競走を継続した場合は失格となる。

●短距離走・リレーの指導の要点

　短距離走・リレーでは，自己の最大スピードを高めたり，バトンの受渡しでタイミングを合わせたりして，個人やチームのタイムを短縮したり，競走したりできるようにする。

　「滑らかな動き」とは，腕振りと脚の動きを調和させた全身の動きである。

　指導に際しては，走る距離は，短距離走では50～200m程度，リレーでは1人50～100m程度を目安とするが，生徒の体力や技能の程度やグラウンドの大きさに応じて弾力的に扱うようにする。

〈中学校例示〉

［第1学年及び第2学年］

・クラウチングスタートから徐々に上体を起こしていき加速すること。

・自己に合ったピッチとストライドで速く走ること。

・リレーでは，次走者がスタートするタイミングやバトンを受け渡すタイミングを合わせること。

［第3学年］（高等学校の［入学年次］に同じ）

〈高等学校例示〉

［入学年次］

・スタートダッシュでは地面を力強くキックして，徐々に上体を起こしていき加速すること。

・後半でスピードが著しく低下しないよう，力みのないリズミカルな動きで走ること。

・リレーでは，次走者はスタートを切った後スムーズに加速して，スピードを十分に高めること。

［入学年次の次の年次以降］

・高いスピードを維持して走る中間走では，体の真下近くに足を接地したり，キックした足を素早く前に運んだりするなどの動きで走ること。

・最も速く走ることのできるペース配分に応じて動きを切り替えて走ること。

・リレーでは，大きな利得距離を得るために，両走者がスピードにのり，十分に腕を伸ばした状態でバトンを渡すこと。

例題 1

次の文章は，陸上競技の短距離走について述べたものである。文中の①・②に当てはまる適当な語を答えよ。ただし，同じ問いの空欄には，同じ解答が入るものとする。

疾走スピードを高めるには，（ ① ）を速くして（ ② ）を大きくすればよい。しかし，（ ① ）を速くしようとすれば，（ ② ）は小さくなり，逆に，（ ② ）を大きくすれば，（ ① ）は遅くなる関係にある。自然な

疾走フォームの中で，両者のバランスを見つけ出すことが大切である。

解答 ① ピッチ（足の回転）　② ストライド（歩幅）

解説 ①，②　自分にあったピッチとストライドで，後半スピードがいちじるしく低下しないよう，力みのないリズミカルな動きで走ることが大切である。

例題 2

陸上競技「リレー」の学習について，次の(1)，(2)の問いに答えよ。

(1)　400mトラックで行う4×100mリレーにおいて，バトンを持ちかえないでバトンパスを行う場合，レーンの特性から第1走者は，どちらの手にバトンを持ってスタートすることがよいか。また，このような方法がよいとされる理由を書け。

(2)　バトンパスを行う場所を何と言うか。また，スピードにのった状態で上から渡すバトンパスを行う際のバトンを渡す者と受け取る者に対する指導のポイントをそれぞれ2つずつ書け。

解答 (1)　第1走者のバトンを持つ手…第1走者は，右手にバトンを持って走る　など　理由…400mトラックでの4×100mリレーでは，第1走者と第3走者は曲走路でバトンパスをするのでレーンの内側を走る方が距離が短くなり有利なため　など　(2)　バトンパスを行う場所…テイク・オーバー・ゾーン（テークオーバーゾーン）
渡す者に対する指導のポイント…・スピードを落とさないでテイク・オーバー・ゾーン（テークオーバーゾーン）に入る　・全力疾走で次走者の手のひらに押しつけるように素早くバトンを渡す　など
受け取る者に対する指導のポイント…・前走者の「ハイ」の合図で受け取る腕を後ろにあげる　・振り向かないで全力疾走でバトンをもらう　など

解説 (2)　リレー競技においては，30mのテイク・オーバー・ゾーンの中でバトンの受け渡しを完了しなければならない。もしバトンを落とした場合，その競技者がバトンを拾って継続してもよい。このとき，

　他の競技者を妨害しなければ，自分のレーンから離れて拾ってもよい。

━━━━━━━━━━ **例題 3** ━━━━━━━━━━

　次の図は，陸上競技「短距離走・リレー」の授業で，あるチームが4×100mリレーを行ったときのスピード曲線を表したものである。下の問いに答えよ。

(1)　このチームは，一人一人がチームに貢献できるように，自分たちのチームの特徴に応じた作戦を考えた。この作戦のねらいを1つ答えよ。

(2)　AさんとBさんはスピードに乗った状態でバトンをもらえるよう，バトンを渡す際に「ハイ」と声をかけてBさんに渡していた。しかし，共にスピードに乗った状態での受け渡しがうまくいかない。この課題を解決するための練習方法を答えよ。

(3)　BさんとCさんのバトンパス練習で，2人が留意しなければならないことをあげよ。

解答　(1)　(例)　走力のあるものがバトンを持ってより長い距離を走るチームの作戦。　(2)　(例)　ダッシュマークを置き，スタートするタイミングをつかませる。　(3)　(例)　テイク・オーバー・ゾーンに気をつける。走力に違いがあるため，2人がぶつからないように気をつける。

解説 (1)　図より，チーム内ではCさんの走力があまり高くないことが分かる。Bさんがテイク・オーバー・ゾーンの終盤でCさんにバトンパスをし，Dさんはテイク・オーバー・ゾーンの前半でバトンパスを受け，走力の高い2人がCさんの走る距離を短くして補っている。
(2)　Bさんがスタートして加速し，スピードに乗れた時点でAさんとバトンパスができるよう，Bさんのスタートするタイミングをうまく計らせる工夫が必要となる。　(3)　図より，2人の走力に差があることや，Cさんがテイク・オーバー・ゾーン終盤でバトンパスを受けていることから考えられる。

■■■■■ **例題 4** ■■■■■

　陸上競技のリレーを題材とした授業において，生徒に対しバトン受け渡しについて説明をする際，「テイク・オーバー・ゾーン」の効果的な使い方で，特に強調しなければならないことを書け。

解答　次走者のスピードが十分に高まったところでバトンの受け渡しをすること。

解説　テイク・オーバー・ゾーンは30mあり，バトンのパスはこのゾーンの中で行わなければならない。この30mを効果的に使えるよう指導することが求められる。

長距離走・ハードル走

●長距離走の内容

　長距離走は，ある特定の長い距離を速く走り通し，記録の向上をねらったり，競走したりすることがねらいである。長い距離を走るためには，無駄な力を抜いた**軽快な走り方**を身に付けることや，自己に適したペースで走ることができるようにすることが必要である。さらには，**スピード**に変化をつけるなど競走でも自己の能力を発揮できるようにすることも大切である。長距離走の距離については，1000～3000ｍ程度を目安に学習の段階や生徒の実態に応じて弾力的に扱うことが必要である。

●ハードル走の指導の要点

　ハードル走の指導について，中学校・高等学校学習指導要領解説の内容をまとめると，次のようになる。

　ハードル走では，ハードルを越えながらインターバルを一定のリズムで走り，タイムを短縮したり，競走したりできるようにする。

　「リズミカルな走り」とは，インターバルにおける素早いピッチの走りのことである。

　「滑らかにハードルを越す」とは，インターバルで得たスピードで踏み切って，余分なブレーキをかけずそのままのスピードでハードルを走り越えることである。

　指導に際しては，ハードル走の距離は50～80m程度，その間にハードルを5～8台程度置くことを目安とするが，生徒の体力や技能の程度やグラウンドの大きさに応じて弾力的に扱うようにする。

〈中学校例示〉

［第1学年及び第2学年］

・遠くから踏み切り，勢いよくハードルを走り越すこと。

・抜き脚の膝を折りたたんで前に運ぶなどの動作でハードルを越すこと。

・インターバルを3又は5歩でリズミカルに走ること。

［第3学年］（高等学校の［入学年次］に同じ）

〈高等学校例示〉

[入学年次]

・スタートダッシュから1台目のハードルを勢いよく走り越すこと。

・遠くから踏み切り，振り上げ脚をまっすぐに振り上げ，ハードルを低く走り越すこと。

・インターバルでは，3又は5歩のリズムを最後のハードルまで維持して走ること。

[入学年次の次の年次以降]

・ハードリングでは，振り上げ脚を振り下ろしながら，反対の脚(抜き脚)を素早く前に引き出すこと。

・インターバルでは，力強く腕を振って走ること。

・インターバルでは，3歩のリズムを最後まで維持して走ること。

・ハードリングとインターバルの走りを滑らかにつなぐこと。

●ハードル走の競技規則

① ハードル走はレーンを走り，自分に決められたレーンを走りとおす。

② 原則，ハードルを何台倒しても失格にはならない。

③ 次に該当する場合は，失格となる。

  ・ハードルを越える瞬間に，足または脚がハードルをはみ出てバーの高さより低い位置を通ったとき。

  ・手や体，振り上げ脚の前側で，いずれかのハードルを倒すか移動させたとき。

  ・レース中に自分のレーンまたは他のレーンのハードルを倒したり移動させたりして，他の競技者に影響を与えたり妨害したり，他の規則に違反する行為をしたとき。

④ 全部のハードルが日本陸上競技連盟規定のものが使われていなければ，その記録は公認されない。

●ハードルの配置・高さ

男女別のハードルの配置・高さは下表の通りである。

○男女別ハードルの配置

性別等	距離	スタートから第1ハードルまでの距離	ハードル間の距離	最終ハードルからフィニッシュまでの距離
男子(標準・中学)	110m	13.72m	9.14m	14.02m
女子(標準)	100m	13.00m	8.50m	10.50m
女子(中学)	100m	13.00m	8.00m	15.00m

※標準…一般，U20，U18

○男女別ハードルの高さ

性別	距離	一般	U20	U18	中学生
男子	110m	1067mm	991mm	914mm	914mm
女子	100m	838mm	838mm	762mm	762mm

●ハードル走の内容

ハードル走では，ある特定の距離を，その間に置かれたハードルを素早く走り越しながら，より速く走ることがねらいである。

ハードル走は，陸上競技の中のトラック種目では最も技術的なものである。疾走スピードを落とさずに**リズミカル**にハードルを走り越すのがポイントであるため，短距離走の能力を生かし，滑らかなハードリングとインターバルの**リズミカル**な走り方を身に付けることに重点を置いた学習が大切である。

ハードル走は「何台ものハードルを越えて速く走り切る」というところに大きなポイントがあるので，学習にあたっては，インターバルの距離や，高さを個人差(身長，走能力など)に応じて「場」の設定をしてやる必要がある。その場合，いずれも全力で走りながら**3歩のリズム**で正しく走り切れるかどうかということに注意しなければならない。

学習の進め方として，①短い間隔に並べた各種のハードル(障害物として，ボールを置く，ひも・ゴムひもを張ったり，棒をさしだしたりなど)を越えて走る。**不安や恐怖心**を与えないように，ごく低いハードルから

はじめて，少しずつ高さを増していく。これらの障害物を「跳んで－1－2－3，跳んで－1－2－3」というリズムで跳び越えて走り，しだいに3歩のリズムで走り越えるようにしていく。最もうまくいかない者でも，**最高スピード**を出せばどうにか越えられる程度を基準にして，障害物の**間隔(インターバル)**を決める。さらに，左右片脚ずつ踏切って，各自に適した越え方(振り上げ脚とひきつけ脚)を見いだしていくようにする。これらのことが身に付いたら，ハードリングの仕方よりも疾走リズム(3歩のリズム)を崩さないで，いかに速く走り越えられるかに最重点を置いた走り方を身に付けるようにすることが大切である。

●長距離走の指導の要点

　長距離走では，自己のスピードを維持できるフォームでペースを守りながら，一定の距離を走り通し，タイムを短縮したり，競走したりできるようにする。

　「ペースを守って走る」とは，設定した距離をあらかじめ決めたペースで走ることである。

　指導に際しては，「体つくり運動」領域に，「動きを持続する能力を高めるための運動」として長く走り続けることに主眼をおく持久走があるが，ここでは，長距離走の特性を択え，取り扱うようにする。

　また，走る距離は，1000～3000m程度を目安とするが，生徒の体力や技能の程度や気候等に応じて弾力的に扱うようにする。

〈中学校例示〉

［第1学年及び第2学年］

・腕に余分な力を入れないで，リラックスして走ること。

・自己に合ったピッチと**ストライド**で，上下動の少ない動きで走ること。

［第3学年］(高等学校の［入学年次］に同じ)

〈高等学校例示〉

［入学年次］

・リズミカルに腕を振り，力みのないフォームで軽快に走ること。

・呼吸を楽にしたり，走りのリズムを作ったりする呼吸法を取り入れて走ること。

［入学年次の次の年次以降］

・自分で設定したペースの変化や仲間のペースの変化に応じて，**ストライドとピッチを切り替えて走る**こと。

■ 例題 1 ■

ハードル走について，次の(1)〜(3)の問いに答えよ。

(1) ハードル走の授業を行う場合，振り上げ脚やディップなどの「ハードリング」の技術指導の他に，技能面の指導にはどのようなものがあるか，1つ書け。ただし，ハードル走独特の内容に限る。

(2) リズミカルな走り方を身に付けさせるため，どのような工夫をすればよいか，簡潔な文章で1つ書け。

(3) 陸上競技の競技規則に示されている中学生男女それぞれのハードルの高さを次のア〜エから選び，その記号を書け。

ア 62.4cm　　イ 76.2cm　　ウ 81.4cm　　エ 91.4cm

解答 (1) ・第1ハードルまでの走りやアプローチに関する指導。 ・インターバルの走り方に関する指導。 ・最終ハードルからゴールまでの走り方に関する指導。(類答可)などから1つ。 (2) ・ハードルを低くしたり，ゴムなどの代用品を使ったりする用具の工夫。 ・インターバルの距離を選択できるような場の設定。 ・手拍子や太鼓などでリズムをとらせる。(類答可)などから1つ。 (3) 男 エ 女 イ

解説 指導者の立場になり，「この指導ではどのように工夫するか」といった実際の指導法を問う出題が増えている。各種の運動について，そのポイントや手立て，対処の仕方をおさえておく必要がある。ハードル走では，自己の能力に応じたハードリングとインターバルのリズミカルな走り方を身に付けることに重点を置いた学習が大切である。また，ハードル走に関する基本的用語も理解しておく。

・アプローチ…スタートから1台目のハードルまでの距離をいう。アプローチで得られた速度がタイムに大きく影響する。 ・インターバル…ハードルとハードルの間の区間をいう。

■■■■■■■■■■■■■■■■■■ 例題 2 ■■■■■■■■■■■■■■■■■■

陸上競技のハードル走について次の各問いに答えよ。

(1) 一般男子110mハードル走及び一般女子100mハードル走における
　ハードルの台数，標準の高さ，スタートラインから第1ハードルまで
　の距離，ハードルの間の距離，最後のハードルからフィニッシュライ
　ンまでの距離を次の語群から選び記号で答えよ。

語群

ア	8	イ	8.14	ウ	8.50	エ	9.14	オ	10
カ	10.50	キ	13.00	ク	13.72	ケ	14.02	コ	14.72
サ	15.02	シ	9	ス	0.838	セ	0.967	ソ	1.067

(2) ハードリングにおいて，抜き脚が前に出てこない主な原因を3つ記せ。
　また，解決するための指導ポイントを3つ記せ。

解答 (1) ハードルの台数(台)：(一般男子110mH)…オ　(一般女子100mH)
　…オ　　ハードルの標準の高さ(m)：(一般男子110mH)…ソ　(一般
　女子100mH)…ス　　スタートラインから第1ハードルまでの距離
　(m)：(一般男子110mH)…ク　(一般女子100mH)…キ　ハードルの
　間の距離(m)：(一般男子110mH)…エ　(一般女子100mH)…ウ
　最後のハードルからフィニッシュラインまでの距離(m)：(一般男子
　110mH)…ケ　(一般女子100mH)…カ
　(2) 原因：・踏み切りで腰が開いてしまう。　・抜き脚を前方に引
　き出すパワーがない。　・抜き脚の足を高く蹴り上げてしまう。
　指導のポイント：・腰を高く保ちながら，遠くから踏み切り，ハー
　ドルと両肩を平行にするように姿勢を作る。　・ハードルを低く跳
　び越し，上体を起こしながら膝を水平にリードしてひきつけて，抜
　き脚の踵を体側から離さないようにする。　・上体を前傾させなが
　ら，膝から下を振り出し正中線の胸まで引き出す。

解説 (2) 下線の言葉を観点として解答する。

■■■ 例題 3 ■■■

「中・長距離走」について，次の各問いに答えよ。

問1　次の①，②の図は，中・長距離走の走法を表したものである。その走法を何というか，それぞれ書け。

問2　中・長距離走の疾走フォームを指導する際のポイントを2つ書け。

問3　中・長距離走の授業において事故防止のために留意すべき事項を2つ書け。

解答　問1　①　ストライド走法　②　ピッチ走法　　問2 (解答例・以下から2つ)　・重心の上下動があまりないように指導する。
・肩や首の力を抜いてリラックスさせる。　　・腰の位置は高く意識させる。　　・腕振りは走法に合わせて行わせる。　　問3 (解答例)
・準備運動と整理運動をしっかり行う (体ほぐしの運動も入れる)。
・生徒自身が自分の体の健康に関心をもち，体調の認識を行うことができるように，練習と記録とを合わせて体調の記録をつける。

解説　問1　ストライド走法とは，長距離走で，ストライド(歩幅)の幅が大きい走法のことで，全身のバネを使って飛び跳ねるように走るが，負担が大きいと言われる。ピッチ走法とは，長距離走で歩幅をせまくし，脚の回転を速くする走法。負担が少ないと言われ，日本では

この走法が主流である。厳格にストライド走法と区別のできない選手も多い。　問2　長い距離を走るためには，無駄な力を抜いた軽快な走り方を身に付けることや，自己に適したペースで走ることができるようにすることが必要である。これらの技能を身に付けるためには，走り方やペース配分に伴う体の状態に気付き，それに応じた走り方やペースを見つけることができるようにすることが必要である。さらに，生徒の能力などに応じて，スピードに変化をつけるなど競走でも自己の力を出し切ることができるようにすることも大切である。　問3　長距離走の距離については，3000m程度を目安に学習の段階や生徒の実態に応じて弾力的に取り扱うことが必要である。また，長く走り続けることに主眼をおく持久走としての取扱いは，「A体つくり運動」の「動きを持続する能力を高めるための運動」に含め，長距離走とは区別して考える。

走り幅跳び

●走り幅跳びの内容

　走り幅跳びは，**助走のスピードとリズミカルな動きを生かした踏切り**によって前上方へ跳び出し，より遠くへ跳ぶことがねらいである。距離を伸ばすためには，スピードに乗った助走と**踏切り**の技能，加えて，より効果的な着地へとつなぐ**空間動作**と着地の仕方が重要である。

　踏切り地点(踏切板)に足を合わせることは大切な技能であるが，このことにとらわれすぎると，かえって助走のスピードが落ち，力強い踏切りができなくなることがある。したがって，次のような練習を合わせて行う方法が考えられる。

① 足を合わせる練習

　　助走路を用いずに，トラックなどの広い場所でスタート地点と**踏切り地点**を決めて，走り抜けをさせる。この練習では，はじめから踏切板を使って足を合わせる練習であると，足を合わせることばかりに気をとられて，助走のスピードが鈍ってしまうことが多いので，踏切板よりも幅の広い**踏切りゾーン**(50cmくらい)を利用して走り抜けるようにする。これに慣れたら，実際の助走路を用いて踏切板を踏んで走り抜けの練習を行い，踏切板にピタッと足が合うようになったら，どのような跳び方でもよいから実際に跳んでみる。

② 踏切りの練習

　次のような点に留意して，踏切りの練習をしてみる。

　ア　踏切り前の一歩で速い脚の動き，つまり**すばやく踏み込む**という
　　　意識を強調して行う。

　イ　踏切板を**足裏全体**でたたきつける感じで行う。

　ウ　振り上げ脚の膝および足先を高く引き上げることを強調する。

　エ　腕を曲げ，肩を引き上げることを強調する。

　以上のような練習を行い，思い切って踏切ることに集中できるようにすることが効果的である。

　また，**助走距離**は，生徒の走能力や加速の仕方によって異なるので，短助走(10mくらい)から，しだいに助走距離を伸ばしていく。実際に踏

切って跳ぶ段階になったら，短助走，中助走(20mくらい)，全助走(30m
くらい)の記録を比較し，自己に適した助走距離又は歩数を見つけるよう
にすることが大切である。

空間動作は，「そり跳び」，「はさみ跳び」などがあり，生徒が個性に
合った跳び方を身に付けることができるようにする。

●走り幅跳びの競技規則

8人を超える競技者が競技を行う場合は，各競技者は3回の試技が許さ
れる。その中で上位の成績を得た競技者8人は，さらに3回の試技が許
される。第8位が同記録の場合，それぞれ2番目の記録で，それでも決め
られない場合は3番目の記録で決める。ただし競技者が8人以下の場合は，
おのおの6回の試技が許される。

次のような場合は1回の無効試技となる。

① 競技者が踏切る際に，跳躍しないで走り抜ける中で，あるいは跳躍
の動きの中で，踏切足または踏切足の靴のどこかが，踏切板または地
面から離れる前に，踏切線の垂直面より前に出た時。

② 踏切線の延長線より先でも手前でも，踏切板の両端よりも外側から
踏切った時。

③ 助走あるいは跳躍動作中に宙返りのようなフォームを使った時。

④ 踏切後，着地場所への最初の接触前に，助走路あるいは助走路外の
地面あるいは着地場所の外側の部分に触れた場合。

⑤ 着地の際，砂に残った最も近い痕跡よりも踏切板に近い砂場の外の
境界線，または地面に触れた時。(体のバランスを崩したことも含む)。

⑥ 着地場所を離れる際，競技者の足が砂場との境界上または砂場外の
地面へ最初に触れた位置が，踏切線に最も近い痕跡よりも踏切線から
近い場合。

▼踏切りの判定

▼着地の判定

●走り幅跳びの指導の要点

走り幅跳びの指導について，中学校・高等学校学習指導要領解説の内容をまとめると，次のようになる。

走り幅跳びでは，助走スピードを生かして素早く踏み切り，より遠くへ跳んだり，競争したりできるようにする。

「スピードに乗った助走」とは，最大スピードでの助走ではなく，踏み切りに移りやすい範囲でスピードを落とさないように走ることである。

「素早く踏み切って」とは，助走のスピードを維持したまま，走り抜けるように踏み切ることである。

指導に際しては，学習の始めの段階では，踏切線に足を合わせることを強調せずに行うようにし，技能が高まってきた段階で，助走マークを

用いて踏切線に足を合わせるようにすることが大切である。

〈中学校例示〉

[第1学年及び第2学年]

・自己に適した距離，または歩数の助走をすること。

・踏切線に足を合わせて踏み切ること。

・かがみ跳びなどの空間動作からの流れの中で着地すること。

[第3学年]（高等学校の[入学年次]に同じ）

〈高等学校例示〉

[入学年次]

・踏み切り前3～4歩からリズムアップして踏み切りに移ること。

・踏み切りでは上体を起こして，地面を踏みつけるようにキックし，振り上げ脚を素早く引き上げること。

・かがみ跳びやそり跳びなどの空間動作からの流れの中で，脚を前に投げ出す着地動作をとること。

[入学年次の次の年次以降]

・加速に十分な距離から，高いスピードで踏み切りに移ること。

・タイミングよく腕・肩を引き上げ，力強く踏切ること。

■ 例題 1 ■

次の表は，「走り幅跳び」のそれぞれの技能における留意点をまとめたものである。あとの(1)～(3)の各問いに答えよ。

技 能	留 意 点
助 走	自己に適した助走距離から勢いよくスタートして加速しスピードを維持する。踏切板の手前では，①踏切板を見て，素早く踏切りに入る。
踏切り	踏切りは，上体を②倒し，踏切り足のひざは深く曲げず，つま先を起こして③かかとから鋭く踏み込み，同時に振り上げ脚と両腕をすばやく引き上げる。大きな跳躍力を得るには，すばやい踏切り動作が大切である。
空中動作 着 地 (そり跳び)	力強く踏み切った後，④振り上げ足を前方に大きく踏み出し，腕・肩を引き上げる。その後，腕を後方に引き胸を反らす。両腕・両足を前方に振り出し，ひざを持ち上げるようにして⑤曲げて着地に向かう。

123

(1) 表の下線部①〜⑤について，正しいものには○を，誤っているものは適切な語句を記入せよ。

(2) 踏切り後，高く跳び上がるための練習方法を2つ答えよ。

(3) 表中のそり跳び以外にどのような跳び方があるか1つ答えよ。

解答 (1) ① （前方）斜め上(の目標物)　② 起こし　③ ○
④ ○　⑤ 伸ばして　(2) ・踏切り板の30cm程度先の位置にミニハードルを置き，それに触れないように力強く踏み切る練習・前方斜め上にボールを設定し，空中でそれにタッチする練習　など
(3) はさみ跳び

解説 走り幅跳びで大切な要素：1. 前方へのスピード(助走スピード) 2. 垂直方向への体の引き上げ　3. 前のめりを抑える空中動作 4. 有効な着地動作(※水平スピードと垂直スピードの合力によって跳躍角度が決まってくる。　※水平，垂直スピードが決まり着地さえうまくいけば，跳躍距離は決まってくる。)　(2) 空中動作のポイント：1. 肩，腰を思い切り引き上げる。　2. 引き上げ後リード腕を上に伸ばす。　3. リード腕にもう一方の腕を合わせる。　(3) はさみ跳びは，踏み切りの際のリード脚の引き上げを強調し，空中では腕を回すのに合わせて1歩か2歩の走行に似た運動を行う。最後は前方に脚を揃えて，上体をそらした姿勢で着地することも多い。

━━━━━━━━━━━━ **例題 2** ━━━━━━━━━━━━

次の①〜⑤の文は，中学校学習指導要領解説「保健体育編」(平成29年7月)に示されている「陸上競技　第3学年　技能　走り幅跳び　走り高跳び」の例示について述べたものである。正しくないものを1つ選べ。

〈走り幅跳び〉

① 踏み切り前3〜4歩からリズムアップして踏み切りに移ること。

② 踏み切りでは上体を前傾させて地面をキックし，振り上げ脚をゆっくり引き上げること。

③ かがみ跳びやそり跳びなどの空間動作からの流れの中で，脚を前に

投げ出す着地動作をとること。

〈走り高跳び〉

④　リズミカルな助走から真上に伸び上がるように踏み切り，はさみ跳びや背面跳びなどの空間動作で跳ぶこと。

⑤　背面跳びでは踏み切り前の3〜5歩で弧を描くように走り，体を内側に倒す姿勢を取るようにして踏み切りに移ること。

解答　②

解説　「踏み切りでは上体を起こして，地面を踏みつけるようにキックし，振り上げ脚を素早く引き上げること」が正しい。

━━━━━━━━━━ **例題 3** ━━━━━━━━━━

日本陸上競技連盟の定める走幅跳について無効試技とはならないものを，次の1〜4から1つ選べ。

1　助走の途中，助走路を示す白線の外側にはみ出た場合。

2　助走あるいは跳躍動作中に宙返りのようなフォームを使った時。

3　踏切線の延長線より先でも手前でも，踏切板の両端よりも外側から踏切った時。

4　踏切後，着地場所への最初の接触前に助走路あるいは助走路外の地面あるいは着地場所の外側の部分に触れた場合。

解答　1

解説　『陸上競技ルールブック2024』日本陸上競技連盟の「競技規則・第3部フィールド競技，B長さの跳躍，TR 30.走幅跳」において，「助走の途中，助走路を示す白線の外側にはみ出た場合」は，競技者は試技無効とはならないと示されている。

走り高跳び

●走り高跳びの内容

　走り高跳びは，助走のスピードを利用し，**より高く跳ぶ**ことがねらいである。したがって，踏切りと，バーを**越す動作**に重点を置いた学習が大切である。

　踏切りについては，助走のスピードと関連して扱うとともに，助走の角度の取り方や**踏切りの位置**について，適切に身に付けていくことが必要になる。走り高跳びの助走では，ストライドを伸ばす，特に最後の3歩のストライドを伸ばすことが強調されがちであるが，ストライドを伸ばすより，スピードを上げるほうがよいだろう。もっとも，走り高跳びの助走スピードは脚の筋力によって変化するものであるから，その調節は個人的に決定する必要がある。

　空間動作は「はさみ跳び」，「ベリーロール」などがあり，生徒の個性に合った跳び方を身に付けることができるようにする。「ベリーロール」では，着地の場の安全を確保する必要がある。なお，「**背面跳び**」については，すべての生徒を対象とした中学生の学習では，技能レベルや体育施設・器具等の面から危険な場合があるので，生徒の技能や施設・器具等の安全性などの条件が十分に整っており，さらに安全を考慮した段階的な学び方を身に付けている場合に限る。高校生を対象とした場合は，生徒の能力・適性，**指導の順序**や施設・設備，器具等に十分配慮する。

●走り高跳びの競技規則

　3回続けて失敗した場合は失格となる。跳躍後，風によってバーが落下した場合は有効，跳躍の途中の場合はやり直しになる。

　次の場合は無効試技となる。

①　跳躍した後，バーが競技者の跳躍中の動作によってバー止にとどまらなかった時。

②　バーを越える前に，バーの助走路側の垂直面より着地場所側の，またはその垂直面を支柱から左右に延長した着地場所側の，地面あるいは着地場所に身体のいかなる部分でも触れた時。ただし，競技者が跳

躍した時に足が着地場所に触れたが，審判員がなんら有利にならなかっ
たと判断した場合には，無効試技と見なさない。

③　助走して跳躍せずにバーまたは支柱の垂直部分に接触した時。

▼走り高跳びの技術的内容

	はさみ跳び（正面跳び）	ベリーロール
空間動作	振り上げ脚は，バーを越した瞬間，下後方に引き伸ばす。踏切り脚はその反動を利用して半円を描くように胸に近く引き上げてバーを越し，さらに下後方に振り下げて，振り上げ脚に先んじて着地する。	踏切り後，体が上昇するにつれて回転し，振り上げ脚をバーにかぶせるようにして越える。越えると同時に頭，肩，振り上げ脚を下におろすようにする。この動作で踏切り脚を上方にはね上げ，バーを越える。着地は振り上げ脚と両腕で行い，回転の激しいときには着地と同時に横に転がる。ベリーロールは，バーの上で水平移動することが少なく，重心の高さを最大限に利用できる経済的な点に長所があるが，踏切り後，体を回転させるところに難点がある。
助走角度	正面あるいは右側45度から行い，最後の2歩でバーに対して60度の角度で入る。助走の歩数は普通8歩（約11.26〜12.48m）である。	助走角度は45度で，左側から出発する（左脚踏切りの場合）。助走の終末部で助走角度45度から30度に変える場合もある。助走の歩数は，一般に12〜14歩である。
踏切り	バーに対して60度の角度で踏切る（ウエスタンロールでは45度）。踏切り点はバーから約1.2mのところで振り上げ脚のスイングに中心がおかれ，左腕は身体のバランスを保つための働きをする。	最後の一歩の踏込みは，その前の一歩よりもテンポを速くして，身体を後ろに倒して踏切りに移る。振り上げ脚は，助走方向に向かって振り上げるとともに両腕の振り込みを大きくする。

●走り高跳びの順位の決定

①：競技中，最高の高さを跳んだ者から順位を決定する。

②：2名以上の競技者が最後に越えたバーの高さが同じだった時は，最

後に越えた高さで，試技数のもっとも少なかった競技者を勝者とする。

③：②の方法では決められないときは，その試技全体，すなわち最後に越えた高さを含むそれまでのすべての試技のうち**無効試技数**が最も少なかった競技者を勝者とする。

④：③の方法でも決まらない場合，第1位を決めるにはジャンプオフ，第1位以外の順位については同成績の競技者は**同順位**とする。

●走り高跳びの指導の要点

走り高跳びの指導について，中学校・高等学校学習指導要領解説の内容をまとめると，次のようになる。

走り高跳びは，リズミカルな助走から力強く踏み切り，より高いバーを越えたり，競争したりできるようにする。

「リズミカルな助走」とは，スピードよりもリズムを重視した踏み切りに移りやすい助走のことである。

「力強く踏み切って」とは，助走スピードを効率よく上昇する力に変えるために，足裏全体で強く地面を押すようにキックすることである。

「大きな動作」とは，はさみ跳びでバーを越える際の両脚の大きなはさみ動作のことである。

〈中学校例示〉

[第1学年及び第2学年]

・リズミカルな助走から力強い踏み切りに移ること。

・跳躍の頂点とバーの位置が合うように，自己に合った踏切位置で踏み切ること。

・脚と腕のタイミングを合わせて踏み切り，大きなはさみ動作で跳ぶこと。

[第3学年] (高等学校の[入学年次]に同じ)

〈高等学校例示〉

[入学年次]

・リズミカルな助走から真上に伸び上がるように踏み切り，はさみ跳びや背面跳びなどの空間動作で跳ぶこと。

・背面跳びでは，踏み切り前の3〜5歩で弧を描くように走り，体を内側に倒す姿勢をとるようにして踏み切りに移ること。

［入学年次の次の年次以降］

・助走では，リズムを保ちながらスピードを高め踏み切りに移ること。

・踏み切りでは，振り上げ脚の引き上げと両腕の引き上げをタイミングよく行うこと。

・背面跳びでは，バーの上で上体を反らせるクリアーの姿勢をとった後，腹側に体を曲げて，背中でマットに着地すること。

■■■■■■■■■■ **例題 1** ■■■■■■■■■■

下線部(A)〜(E)のうち，「中学校学習指導要領(平成29年告示)解説　保健体育編(平成29年7月　文部科学省)　第2章　保健体育科の目標及び内容　第2節　各分野の目標及び内容〔体育分野〕　2　内容　C　陸上競技〔第1学年及び第2学年〕　オ　走り高跳び」について記載した内容として，言葉が正しいものを○，誤っているものを×としたとき，○×の正しい組合せをあとの①〜⑤の中から1つ選べ。

オ　走り高跳び

　走り高跳びは，リズミカルな助走から(A)力強く踏み切り，より高いバーを越えたり，競争したりできるようにする。

　リズミカルな助走とは，スピードよりもリズムを重視した踏み切りに移りやすい助走のことである。

　(A)力強く踏み切ってとは，助走スピードを効率よく上昇する力に変えるために，(B)足裏全体で強く地面を押すようにキックすることである。

　大きな動作とは，はさみ跳びでバーを越える際の両脚の大きなはさみ動作のことである。

〈例示〉

　（中略）

　・(C)跳躍の頂点とバーの位置が合うように，自己に合った踏切位置で踏み切ること。

　（中略）

129

〈用語の説明〉

(中略)

走り高跳びにおける「はさみ跳び」とは，バーに対して斜め後方や正面から助走し，踏み切った後，振り上げ足から順にバーをまたいで越える (D)またぎ跳びや，両足を交差させて大きく開き，上体を横に倒しながらバーを越える (E)ベリーロールなどの跳び方のことである。

	(A)	(B)	(C)	(D)	(E)
①	○	○	○	○	×
②	×	×	○	×	○
③	○	○	×	×	○
④	×	○	○	×	×
⑤	○	×	×	○	○

解答 ①

解説 (E) 正面跳びが正しい。ベリーロールは両足を交差させて大きく開き，状態を横にしながらバーを越える跳び方のことである。

━━━━━━━━━━ **例題 2** ━━━━━━━━━━

陸上競技の走り高跳びに関する記述として適切なものは，次の1～4から1つ選べ。

1 高く跳ぶためには，スピードに乗った助走が必要なので，助走距離は，長ければ長いほどよいとされている。

2 助走の走り方としては，スタートから全力で走り，なるべく早くスピードに乗った助走ができるようにする。

3 助走の最後の3歩は，スピードを落とし，ストライドを狭くして，最後の踏み込みをスムーズに行えるようにする。

4 踏み切りは，踏み切り脚を前に伸ばすようにして，突っ張る感じで踏み切るようにする。

解答 4

解説 1　助走は6歩程度で6m〜8m程度　　2　リズムよく5〜6歩でおこなう。　　3　最後の3歩はスピードを上げストライドを広くして最後の踏み込みは踵からつくようにする。

<hr>

■■■■■ **例題 3** ■■■■■

「走り高跳び」について，問1〜問4に答えよ。

問1　次の図①，②の跳び方の名称をそれぞれ書け。

① ②

問2　問1の①，②の跳び方の踏み切りについて，指導のポイントをそれぞれ書け。

問3　次の2通りの走り高跳びの練習に共通するねらいは何か，書け。

台（とび箱）を使う　　　　　　　　3〜5歩助走

問4　背面跳びを安全に行わせるための指導上の留意点を2つ書け。

解答　問1　①　ベリーロール　　②　はさみ跳び　　問2　①　上体はたててバーから近い方の脚で踏み切る。　　②　上体を後傾しながらバーに遠い方の脚で踏み切る。　　問3　空中動作の習得　　問4　背中からの正しい着地フォームを習得させるため，その場立ち両足踏切

で後方高くジャンプする練習，少し高い台上からバー越しジャンプする練習と段階を踏んで行う。踏み切り位置が一定になるまでしっかり助走練習をするとともに，跳躍練習は助走の距離を少しずつ伸ばしながら行う。

解説 問1・問2　走り高跳びは，助走のスピードを踏み切りにより上昇スピードに変え，バーを越える競技である。上昇スピードを得るための助走と踏み切り，バーを効率よく越えるための空中フォームが重要になる。それぞれの空中フォームは，1.　両腕・両肩で体を引き上げると同時に振り上げ脚を高く引き上げ，体を回転させながら腹でバーを越す。2.　振り上げ脚を勢いよく振り上げ，踏み切り脚を胸に引きつけながら上体をバーに水平になるほど寝かせる。　問4　背面跳びは，むやみに試みると危険なので，授業では安全に留意して行わせることが重要である。背面跳びの助走では，最初に直線を走り，踏み切り前の4〜5歩は円を描くように走り込む。曲線状を走ることによって遠心力を受けるが，体を内側に傾ける(内傾する)ことによりバランスがとれる。内傾することにより，重心を落とすなどの踏み切り姿勢がとりやすくなる。

第4章

水泳

保健体育科 水 泳

ポイント

　水泳はクロール，平泳ぎ，背泳ぎ，バタフライなどから構成され，浮く，呼吸をする，進むなどのそれぞれの技能の組み合わせによって成立している。それぞれの泳法を身に付けることで，続けて長く泳いだり，速く泳いだり，競い合ったりする楽しさや喜びを味わうことができる。

　中学校では，小学校での学習を受けて，泳法を身に付けること，効率的に泳ぐことができるようにすることが求められる。したがって，第1学年及び第2学年では，記録の向上や競争の楽しさや喜びを味わい，技術の名称や行い方などを理解し，泳法を身に付けることができるようにすることをねらいとしている。第3学年では記録の向上や競争の楽しさや喜びを味わい，体力の高め方や運動観察の方法などを理解するとともに，効率的に泳ぐことを学習のねらいとしている。指導に際しては，泳法などの自己の課題を発見し，合理的な解決に向けて運動の取り組み方を工夫するとともに，自己の考えたことを他者に伝えることができるようにすること，水泳の学習に積極的に取り組み，分担した役割を果たすことや一人一人の違いに応じた課題や挑戦を認めることなどに意欲をもち，健康や水中の安全確保に気を配ることができるようにすることが大切である。

　高等学校では，中学校までの学習を踏まえて，記録の向上や競争及び自己や仲間の課題を解決するなどの多様な楽しさや喜びを味わい，「自己に適した泳法を身に付け，その効率を高めて泳ぐ」ことができるようにすることなどが求められる。入学年次では，記録の向上や競争の楽しさや喜びを味わい，体力の高め方や運動観察の方法などを理解するとともに，効率的に泳ぐことができるようにすること，入学年次の次の年次以降では，多様な楽しさや喜びを味わい，技術の名称や行い方などを理解するとともに，自己に適した泳法で効率を高めて泳ぐこと，生涯にわたって運動を豊かに継続するための課題に取り組み，考えたことを他者

に伝えること及び水泳に主体的に取り組むとともに，公正，協力，共生などの意欲を育み，健康・安全を確保することができるようにすること，と生涯スポーツを意識した学習のねらいとなっている。

水泳の特性

●水泳競技の内容・ねらい

　水泳は，浮く，進む，呼吸をするなどの技能によって成立している運動で，**続けて長く泳ぐことや速く泳ぐこと**をねらいとし，自己の能力に適した課題を達成(解決に取り組む)したり，競技したりする運動である。したがって，水泳では，自己の目標を達成するための技能を高め，記録の向上の喜びや競泳の楽しさなどを味わうことができるようにすることがねらいといえる。

●技能の内容

　泳法は，伏し浮きの姿勢で泳ぐクロール，平泳ぎ，バタフライ及び背浮きの姿勢で泳ぐ背泳ぎの4種目を取り上げている。これらの泳法を身に付けるためには，泳法に応じた手のかき(プル)や足のけり(キック)と呼吸動作を合わせた一連の動き(コンビネーション)ができるようにする。中学校，高等学校の学習指導要領をそれぞれみると，記録の向上と競争の楽しさや喜びを共通事項として，中学校では泳法を身に付けること(第1学年及び第2学年)，効率的に泳ぐこと(第3学年)が，高等学校では自己に適した泳法の効率を高めることがねらいとなっている。例えば，高等学校学習指導要領では各泳法について，次のような内容をねらいとしている。

○　クロール，平泳ぎ

　手と足，呼吸のバランスを保ち，伸びのある動作と安定したペースで長く泳いだり速く泳いだりする。

○　背泳ぎ，バタフライ

　手と足の動き，呼吸のバランスを保ち，安定したペースで長く泳いだり速く泳いだりする。

●水泳の学習法

(1) 最初の段階ですること

① 水に浮いたり，底をけって体を伸ばして進んだりする練習を通じて水に慣れていく。
② 手や足の動き，呼吸のしかた，それらを組み合わせて練習していく。

(2) 進んだ段階ですること

① できる泳法でゆっくりと泳ぐ。
② 時間や距離に挑戦したり，競争をしたりする。
③ 新しい泳法に挑戦する。

(3) 安全を確認すること

① 体調を確かめ，熱がある時は泳がない。
② 準備運動・整理運動を十分に行う。
③ 水泳場の規則を守る。
④ 飛び込みをする時は，プールの深さや，入水角度，周りの人などに注意する。
⑤ 応急手当の仕方を身に付けておく。

●水泳の学習の要点

　生徒の能力に応じて泳法を選択し，クロール，平泳ぎ，背泳ぎについては，スタート，加速やスピードの維持，ターン(折返し)，ゴールタッチなどの技能をさらに高めるとともに，ペース配分についても取扱い，競泳などに生かすようにする。バタフライ，背泳ぎについては，手の動作と呼吸のタイミング，手と足の動作のコンビネーションなど調和のとれた動きができるようにする。

　種目について，第1学年及び第2学年では，クロール，平泳ぎ，背泳ぎ及びバタフライの中からクロール又は平泳ぎを含む2種目を選択，第3学年では，これまでの泳法に加え，それらを活用して楽しむことができ

137

るよう「複数の泳法で泳ぐこと，又はリレーをすること」を示していることから，生徒の体力や技能の程度に応じた学習指導が必要である。

　高等学校では，水泳の運動種目の取扱いは，「ア　クロール」，「イ　平泳ぎ」，「ウ　背泳ぎ」，「エ　バタフライ」及び「オ　複数の泳法で長く泳ぐこと又はリレーをすること」の中からいずれかを選択して履修できるようにすることとしている。，履修できる泳法などの運動種目の数については，特に制限を設けていないが，指導内容の習熟を図ることができるよう，十分な時間を配当することとしている。

● バディシステム

　水泳の授業において，2〜3人1組を作らせ，互いに相手の安全を確かめさせる方法である。事故防止だけでなく，学習効果を高めるための手段としても効果的である。

● 態度の内容

　互いに協力して練習ができるようにするとともに，勝敗に対して公正な態度がとれるようにする。また，**水泳の事故防止**に関する心得を守り，健康・安全に留意して練習や競泳ができるようにする。

　水泳は，**水の中**という環境で行われるので危険を伴うこともあることから，互いに協力し，励まし合いながら事故防止に関する心得や練習上のルール(きまり)を守ったりして，**健康・安全**に留意して練習や競泳ができるような行動の仕方や態度を養うことが大切である。

　水泳の事故防止法として，一般的に次のようなものが考えられる。

①　体の調子を確かめてから泳ぐ。

②　調子の悪い時や**空腹**，満腹時には泳がない。

③　病気の直後や激しい運動の直後には泳がない。

④　身体の清潔に注意し，**準備運動**や整理運動をよく行う。

⑤　プールやその他の水泳場での注意(事項)をよく守って泳ぐ。

⑥　自分の水泳能力に応じて泳ぎ，長時間泳いだり，無理をしない。

⑦　自分が危険な時の**安全の心得**を知っておく。

⑧　溺れている者を見つけたとき，他人に知らせるなど救助の方法を

知っておく。

その他に，事故防止の心得として，①相互の協力の仕方，②水の**温度**と深浅と水泳の関係，③水泳場の**安全確認の方法**，④自己の水泳能力などを知っておく。

●救助法・応急手当

救助法には，泳がないで助ける方法と，泳いで助ける方法とがある。泳がないで助ける方法では，竹竿，ロープ，ブイなどの**器具類**を使用する。泳いで助ける方法では，キャリーの方法や**離脱法**を十分習得していることと，泳力にすぐれていることが条件となる。どちらの方法をとるかは，自分の能力と自然条件(地形，波の程度，水の流れ，気温，水温，風など)を合わせた上で判断する。救助のときは，水難者に外傷性ショックや**精神的**なショックを与えないよう注意する。条件の悪いときは，必ず協力者を探すことが大切である。

救助の後の蘇生法が必要な場合には，気道の確保，**人工呼吸**，AEDなどが実施できるよう，蘇生法の基礎的知識や技能に精通しておくことが望ましい。学習指導要領においても，「内容の取扱い」に水泳の指導に当たっては，保健分野の「応急手当」との関連を図ることを示している。

例題 1

次のア〜カから，高等学校学習指導要領(平成30年告示)解説保健体育編の入学年次の次の年次以降におけるクロールの技能に関する例示をすべて選び，記号で答えよ。

　ア　腕のリカバリーは，力を抜いて水面近くを横から前方に運ぶこと。
　イ　入水した手は，肩のローリングによって手のひらをやや下側に向けて水を捉え，肘を曲げながらかくこと。
　ウ　肘を曲げて腕全体で水を捉え，加速するようにかくこと。
　エ　ストローク動作に合わせて，低い位置で呼吸を保つこと。
　オ　水平姿勢を維持しながら泳ぐこと。
　カ　肩のローリングを使って最小限の頭の動きで呼吸を行うこと。

解答 ウ，カ

解説 他の例示として，「手は遠くの水をつかむように前方に伸ばすこと」，「流線型の姿勢を維持して，しなやかでリズミカルなキックを打つこと」が示されている。なお，ア，エはバタフライの技能，イ，オは背泳ぎの技能に関する例示である。

―――――――――― ■ 例題 2 ■ ――――――――――

水泳の安全指導の観点から，「バディシステム」について説明せよ。

解答 二人一組をつくり，互いに相手の安全を確かめさせる方法

解説 バディシステムは安全を確かめ合うことだけが目的ではなく，互いに進歩の様子を確かめ合ったり，欠点を矯正する手助けとなることもねらいとしている。さらに，互いに助け合ったり，人間関係を深め合うこともねらいとしているので，その組合せには十分な配慮が必要である。指導のねらいに応じて，泳力が同じくらいの者，熟練者と初心者などの組合せを工夫することが大切である。

―――――――――― ■ 例題 3 ■ ――――――――――

水泳指導での安全の確保に関して，次の問いに答えよ。

(1)「水泳の事故防止に関する心得」のうち，中学校第1学年及び第2学年で扱う内容を3つ選び，記号で答えよ。

① 体の調子を確かめてから泳ぐ

② 自己の体力や技能の程度に応じて泳ぐ

③ プールなど水泳場での注意事項を守って泳ぐ

④ 水深が浅い場所での飛び込みは行わない

⑤ 無理な潜水は意識障害の危険があるため行わない

⑥ 溺れている人を見付けたときの対処としての救助の仕方と留意点を確認する

(2) 日差しが強く気温が高い日に水泳指導を行う際，生徒にどのようなけがや症状が予見されるか。また，それを防ぐために，どのような配

慮や手立てが考えられるか。それぞれ1つずつ書け。

解答 (1) ①, ③, ④ (2) けがや症状…熱中症 配慮や手立て…
適宜, 水分補給を行う。

解説 (1) 水泳の事故防止に関する心得として, 第3学年においては, 自
己の体力や技能の程度に応じて泳ぐ, 無理な潜水は意識障害の危険
があるため行わない, 溺れている人を見付けたときの対処としての
救助の仕方と留意点を確認するなどといった心得が示されている。
(2) 水泳授業における熱中症対策については, 「学校屋外プールに
おける熱中症対策」(平成31年 独立行政法人日本スポーツ振興セ
ンター)が参考になる。水泳は運動強度が高い(ゆっくり泳いでも安
静時の4倍以上の代謝量)という特性を考慮する必要がある。また,
水中運動時にはかなりの汗をかくが, 口腔内が水で濡れるため, の
どの渇きを感じにくく, 適切な水分補給が必要となる。水温が中性
水温(33〜34℃)より高い場合は, 水中でじっとしていても体温が上
がるため, 体温を下げる工夫が必要となる。対策としては, プール
外の風通しのよい日陰で休憩する, シャワーを浴びる, 風に当たる
等が有効である。また, 中性水温以下の水温であっても頭部には直
射日光が当たることから, 頭部も定期的に水中で冷やす等の対策が
必要である。

第 5 章

球技

保健体育科 球 技

　球技は，ゴール型，ネット型及びベースボール型で構成され，個人やチームの能力に応じた作戦を立て，集団対集団，個人対個人で勝敗を競うことに楽しさや喜びを味わうことのできる運動である。

　中学校では，小学校までの学習を受けて，基本的な技能や仲間と連携した動きを発展させて，作戦に応じた技能で仲間と連携しゲームが展開できるようにすることが求められる。第1学年及び第2学年では，勝敗を競う楽しさや喜びを味わい，球技の特性や成り立ち，技術の名称や行い方，その運動に関連して高まる体力などを理解するとともに，基本的なボールや用具，バット操作と仲間と連携した動きで攻防を展開できるようにする。また，第3学年では作戦に応じた技能で仲間と連携し，ゲームを展開することを学習のねらいとし，勝敗を競う楽しさや喜びを味わい，体力の高め方や運動観察の方法などを理解するとともに，作戦に応じた技能で仲間と連携しゲームを展開することとしている。

　高等学校では，中学校までの学習を踏まえて，勝敗を競ったりチームや自己の課題を解決したりするなどの多様な楽しさや喜びを味わい，「作戦や状況に応じた技能で仲間と連携しゲームを展開する」ことなどが求められる。入学年次では，勝敗を競う楽しさや喜びを味わい，体力の高め方や運動観察の方法などを理解するとともに，作戦に応じた技能で仲間と連携しゲームを展開することができるようにする。また，入学年次の次の年次以降では多様な楽しさや喜びを味わい，技術の名称や行い方などを理解するとともに，仲間と連携しゲームを展開すること，生涯にわたって運動を豊かに継続するための課題に取り組み，考えたことを他者に伝えること及び球技に主体的に取り組むとともに，公正，協力，責任，参画，共生などに意欲を育み，健康・安全を確保することができるようにすることとしている。

学習指導要領の概要

●球技の分類

　中学校，高等学校学習指導要領における球技は，様々な種目があることから，攻防を展開する際に共通して見られるボールや用具などの操作とボールを持たないときの動きについての学習課題に着目し，その特性や魅力に応じて，相手コートに侵入して攻防を楽しむ「ゴール型」，ネットをはさんで攻防を楽しむ「ネット型」，攻守を交代して楽しむ「ベースボール型」に分類して示している。

```
        ┌─ゴール型…………バスケットボール，ハンドボール，サッカー，
        │                 (ラグビー)
球技 ─┼─ネット型…………バレーボール，卓球，テニス，バドミントン
        └─ベースボール型……ソフトボール
```

※ ラグビーは高等学校のみとりあげられている

●技能の内容の変化

各学年での相違点(下線部)に注意しながら，内容を確認しよう。

	ゴール型	ネット型	ベースボール型
中学校第1学年 第2学年	ボール操作と空間に走り込むなどの動きによってゴール前での攻防をすること。	ボールや用具の操作と定位置に戻るなどの動きによって空いた場所をめぐる攻防をすること。	基本的なバット操作と走塁での攻撃，ボール操作と定位置での守備などによって攻防をすること。
中学校第3学年	安定したボール操作と空間を作りだすなどの動きによって<u>ゴール前への侵入</u>などから攻防をすること。	役割に応じたボール操作や<u>安定した用具の操作</u>と<u>連携した動き</u>によって<u>空いた場所をめぐる攻防</u>をすること。	安定したバット操作と走塁での攻撃，ボール操作と<u>連携した守備</u>などによって攻防をすること。

| 高等学校 | 状況に応じたボール操作と空間を埋めるなどの動きによって空間への侵入などから攻防をすること。 | 状況に応じたボール操作や安定した用具の操作と連携した動きによって空間を作り出すなどの攻防をすること。 | 状況に応じたバット操作と走塁での攻撃,安定したボール操作と状況に応じた守備などによって攻防をすること。 |

●態度の内容の変化

各学年での相違点(下線部)に注意しながら,内容を確認しよう。

中学校第1学年
第2学年

球技に積極的に取り組むとともに,フェアなプレイを守ろうとすること,作戦などについての話合いに参加しようとすること,一人一人の違いに応じたプレイなどを認めようとすること,仲間の学習を援助しようとすることなどや,健康・安全に気を配ること。

中学校第3学年

球技に自主的に取り組むとともに,フェアなプレイを大切にしようとすること,作戦などについての話合いに貢献しようとすること,一人一人の違いに応じたプレイなどを大切にしようとすること,互いに助け合い教え合おうとすることなどや,健康・安全を確保すること。

高等学校

球技に主体的に取り組むとともに,フェアなプレイを大切にしようとすること,合意形成に貢献しようとすること,一人一人の違いに応じたプレイなどを大切にしようとすること,互いに助け合い高め合おうとすることなどや,健康・安全を確保すること。

●知識，思考・判断の内容の変化

各学年での相違点(下線部)に注意しながら，内容を確認しよう。

中学校第1学年
第2学年

<u>球技の特性や成り立ち</u>，技術の名称や行い方，<u>その運動に関連して高まる体力</u>などを理解する

中学校第3学年

技術の名称や行い方，<u>体力の高め方</u>，<u>運動観察の方法</u>などを理解する

高等学校

技術などの名称や行い方，体力の高め方，<u>課題解決の方法，競技会の仕方</u>などを理解するとともに，<u>作戦や状況に応じた技能で仲間と連携しゲームを展開する</u>

■■■■■■■■ **例題 1** ■■■■■■■■

次の文章は，中学校学習指導要領(平成29年3月告示)「保健体育」の「体育分野　第1学年及び第2学年　2　内容　E　球技」の内容についてである。あとの(1)～(3)に答えよ。

> (1)　次の運動について，勝敗を競う楽しさや喜びを味わい，基本的な技能や仲間と(　①　)した動きでゲームが展開できるようにする。
> 　ア　<u>ゴール型</u>では，ボール操作と空間に(　②　)などの動きによってゴール前での攻防を展開すること。
> 　イ　ネット型では，ボールや用具の操作と定位置に戻るなどの動きによって<u>空いた場所をめぐる攻防を展開する</u>こと。
> 　ウ　ベースボール型では，基本的なバット操作と(　③　)での攻撃，ボール操作と定位置での守備などによって攻防を展開すること。

> (2) 球技に積極的に取り組むとともに，フェアなプレイを守ろうとすること，分担した役割を果たそうとすること，（ ④ ）などについての話合いに参加しようとすることなどや，健康・安全に気を配ることができるようにする。
>
> (3) 球技の特性や成り立ち，技術の名称や行い方，関連して高まる（ ⑤ ）などを理解し，課題に応じた運動の取り組み方を工夫できるようにする。

(1) （ ① ）～（ ⑤ ）に当てはまる語句を答えよ。

(2) 第1学年及び第2学年における思考・判断に関する指導内容として示されているものは何か。文中より抜き出せ。

(3) 下線部を行うためには，どのようにゲームを工夫すればよいか。種目を1つ取り上げて具体的に説明せよ。

解答 (1) ① 連携 ② 走り込む ③ 走塁 ④ 作戦 ⑤ 体力 (2) 課題に応じた運動の取り組み方を工夫できるようにする。 (3) バレーボールにおいて，「返球の時の制限としてアタックラインの後ろから相手のコートの空いたところをねらって，素早くオーバースローで投げるといった制限」をし，工夫をすることなど。

解説 学習指導要領からの出題。日頃から学習指導要領をよく読み，各領域の指導内容を正しく理解しておくことが大切である。このように穴埋め式で出題されることも多いが，よく見れば決して特殊な用語を答えさせるわけではなく，注意深く考えれば分かるものも多い。

━━━━━━ **例題 2** ━━━━━━

中学校学習指導要領(平成29年3月告示)「保健体育」に関して，文中の（ ① ）～（ ⑩ ）に適する語句を答えよ。

> 第2 各学年の目標及び内容
> (体育分野第3学年)

2　内容

E　球技

(1)　次の運動について，(　①　)を競う楽しさや喜びを味わい，(　②　)の名称や行い方，体力の高め方，運動観察の方法などを理解するとともに，作戦に応じた技能で仲間と連携しゲームを展開すること。

　　ア　ゴール型では，安定したボール操作と(　③　)を作りだすなどの動きによってゴール前への侵入などから攻防をすること。

　　イ　ネット型では，(　④　)に応じたボール操作や安定した用具の操作と連携した動きによって(　⑤　)をめぐる攻防をすること。

　　ウ　ベースボール型では，安定したバット操作と(　⑥　)での攻撃，ボール操作と連携した守備などによって攻防をすること。

(2)　攻防などの自己やチームの課題を発見し，(　⑦　)な解決に向けて運動の取り組み方を工夫するとともに，自己や仲間の考えたことを他者に伝えること。

(3)　球技に(　⑧　)に取り組むとともに，(　⑨　)なプレイを大切にしようとすること，作戦などについての話合いに(　⑩　)しようとすること，一人一人の違いに応じたプレイなどを大切にしようとすること，互いに助け合い教え合おうとすることなどや，健康・安全を確保すること。

解答　①　勝敗　②　技術　③　空間　④　役割　⑤　空いた場所　⑥　走塁　⑦　合理的　⑧　自主的　⑨　フェア　⑩　貢献

解説　球技の運動種目は，「ゴール型」，「ネット型」，「ベースボール型」で示されている。(1)は技能，(2)は態度，(3)は知識，思考・判断の内容である。また，指導内容は発達の段階のまとまりを踏まえ，目標と同様に，第1学年及び第2学年と第3学年に分けて示されている。学習指導要領に示されている各領域の内容を，正しく理解しておくようにすることが大切である。

▰▰▰▰▰ **例題 3** ▰▰▰▰▰

次の内容は，高等学校学習指導要領解説保健体育編・体育編(平成30年7月　文部科学省)「E　球技」の内容である。下の各問いに答えよ。

次の運動について，勝敗を競ったりチームや自己の(　①　)を解決したりするなどの多様な楽しさや喜びを味わい，技術などの名称や行い方，体力の高め方，課題解決の方法，競技会の仕方などを理解するとともに，(　②　)や状況に応じた技能で仲間と連携しゲームを展開すること。

ア　ゴール型では，状況に応じたボール操作と空間を埋めるなどの動きによって<u>空間への侵入などから攻防をする</u>こと。

イ　ネット型では，状況に応じたボール操作や安定した(　③　)の操作と連携した動きによって空間を作り出すなどの攻防をすること。

ウ　ベースボール型では，状況に応じたバット操作と(　④　)での攻撃，安定したボール操作と<u>状況に応じた守備</u>などによって攻防をすること。

---

(1)　文中の(　①　)～(　④　)に適切な語句を記せ。

(2)　ゴール型における<u>空間への侵入などから攻防をする</u>とはどのようなゲームの様相を示したものか説明せよ。

(3)　<u>ネット型</u>ではサービスについての学習のねらいを入学年次と入学年次の次の年次以降に分けて具体的に例示している。それぞれの内容を記せ。

(4)　<u>ベースボール型</u>の<u>状況に応じた守備</u>とはどのような動きを示したものか説明せよ。

解答　(1)　①　課題　　②　作戦　　③　用具　　④　走塁
　　　(2)　防御の状況に応じたパスやドリブル，ボールを保持したランニングなどのボール操作と仲間と連携して自陣から相手ゴール前へ侵入するなどの攻撃や，その動きに対応して空間を埋めるなどの防御の動きで攻防を展開すること。　　(3)　入学年次：ボールをねらった

場所に打つこと。　入学年次の次の年次以降：ボールに変化をつけて，ねらった場所に打つこと。　(4)　相手チームの打者の特徴に応じた守備位置に立つこと，ヒットを打たれた際に，相手の進塁を最小限に防ぐための効率的な中継プレイができる位置への移動，仲間の送球や捕球が乱れた際にバックアップをするための仲間の後方に回り込む動き。

解説　(1)　球技は，様々な種目があることから，攻防を展開する際に共通して見られるボールや用具などの操作とボールを持たないときの動きについての学習課題に着目し，その特性や魅力に応じて，相手コートに侵入して攻防を楽しむ「ゴール型」，ネットをはさんで攻防を楽しむ「ネット型」，攻守を交代して攻防を楽しむ「ベースボール型」に分類し示されていることを理解する。　(2)　「ゴール型」はドリブルやパスなどのボール操作で相手コートに侵入し，シュートやトライなどをして，一定時間内に相手チームより多くの得点を競い合うゲームであり，バスケットボール，ハンドボール，サッカー，ラグビーを取り上げる。　(3)　「ネット型」は，コート上でネットをはさんで相対し，身体や用具を操作してボールを空いている場所に返球し，一定の得点に早く到達することを競い合うゲームであり，バレーボール，卓球，テニス，バドミントンを取り上げる。

(4)　「ベースボール型」は，身体やバットの操作と走塁での攻撃，ボール操作と定位置での守備などによって攻守を規則的に交代し，一定の回数内で相手チームより多くの得点を競い合うゲームであり，ソフトボールを取り上げる。

バスケットボール

●競技の概要

○1891年にアメリカの体育教師J.ネイスミスが考案。日本には1908年に**大森兵蔵**が紹介，1913年にF.H.ブラウンが広めたといわれる。

○プレイヤーは1チーム5人。相手のバスケットにボールを入れて得点を競うが，状況によって得点が異なることが大きな特徴の1つといえる(スリーポイントライン外からのシュートは3点，フリースローによるシュートは1点，その他は2点)。ボールの移動はドリブル，またはパスによる。

●フィールド等の名称

●パスの技術

パスにはチェストパス，アンダーハンドパス，オーバーヘッドパス，サイドハンドパスなどがある。

●プレイ上の注意点

○試合開始はジャンプボールによる。

○アウトオブバウンズは，ボールが境界線上や境界線の外の床，プレイヤー以外の人などに触れた場合になるため，空中にあるボールはアウ

トオブバウンズにはならない。

○ヘルドボール(ボールの取り合い)のとき，両チームが同時にボールをアウトオブバウンズにしたとき，両チームが同時にバイオレーションを行ったとき等は，オルタネイティング・ポゼッション・ルールにより行われる。

○プレイにおける時間制限ルールには4種類ある。

□3秒ルール…原則，相手陣内でボールをコントロールしているチームのプレイヤーは制限区域内に3秒を超えてとどまってはならない。

□5秒ルール…ボールを持っているプレイヤーが相手に1m以内の至近距離で防御され，パス，ショット，ドリブル，ころがすのいずれもしないで，5秒を超えて持ち続けてはいけない，など。

□8秒ルール…自陣からボールをコントロールしたチームは，8秒以内にボールを相手陣内に入れなければならない。

□24秒ルール…自陣からボールをコントロールしたチームは，24秒以内にショットしなければならない。

●罰則規定

○バイオレーション：体の接触による違反およびスポーツマンらしくない行為を除くすべての規則の違反のことで，バイオレーションがおこった場所に最も近いライン外から，相手チームボールでプレイが再開される。

【主なバイオレーション】

□3秒ルール，24秒ルール等の時間制限違反
□トラベリング，ダブルドリブル，故意に足などでボールを止める等，ボールの扱いに関する違反
□フリースローでフェイクを入れる等，フリースローの規定違反
□ジャンプボールでトスが最高点に到達する前にボールに触る等の違反

○ファウル：プレイ中の不当行為を指し，ファウルの種類によって罰則が異なる。なお，ファウルを5回行ったプレイヤーは失格となり，以

降のゲームに参加できなくなる。

▼主なファウル

パーソナルファウル (主に相手との接触による違反)	テクニカルファウル (主にスポーツマンらしくない違反)
・ブロッキング ・プッシング ・ホールディング ・ハンドチェッキング ・イリーガルユースオブハンズ ・チャージング	・目の前で手を振って視界を妨げる ・ショットをする相手に大声を出したり，手を叩いたりする ・ゴールしたボールを，わざとたたき出す ・審判に不服がある等をジェスチャーなどで示す ・ゲームの進行をわざと遅らせる

■ 例題 1 ■

次の図は，バスケットボールにおける審判の合図(シグナル)を示したものである。(1)～(5)の合図(シグナル)が示すものをあとのア～コから1つずつ選び，その記号を書け。

(1)

体の前方で腕をクルクル回す。

(2)

両手を腰にあてる動作をする。

(3)

手首あたりを切る・叩く動作をする。

(4)

人差し指で"T"の字をつくる。

(5)

(次の攻撃するバスケットを拳で指し示し，)手のひらを拳で叩く動作をする。

語群

ア	3秒バイオレーション	イ	チャージング
ウ	テクニカルファウル	エ	ダブルファウル
オ	メンバーチェンジ	カ	ブロッキング
キ	トラベリング	ク	イリーガルユースオブハンズ
ケ	プッシング	コ	タイムアウト

解答 (1) キ　(2) カ　(3) ク　(4) コ　(5) イ

解説 バスケットボールにおける審判の合図は複雑なので，正しく理解しておく必要がある。なお，3秒バイオレーション……腕を前に伸ばし，指を3本出す。　テクニカルファウル……両手でT型を示す。ダブルファウル……手を握ってあげ左右に振る。　メンバーチェンジ……腕の前で両手を交差させる。　プッシング……ファウルの合図をしてから押すまねをする，である。これらは実際の動作をイメージできるようにしておこう。

━━━━━━ **例題 2** ━━━━━━

バスケットボールについて，次の各問いに答えよ。

1　次の文章は，ルールについて，述べたものである。（　①　）〜（　③　）に当てはまる数字を答えよ。

(1)　コート内でライブのボールをコントロールしたチームは，（　①　）秒以内にシュートしなければならない。

(2)　バックコート内でライブのボールをコントロールしたチームは，（　②　）秒以内にボールをフロントコート内に進めなければならない。

(3)　ボールを持っているプレイヤーは，相手に1m以内の距離で激しく防御されて，パス，シュート，ドリブルのいずれもしないで，（　③　）秒をこえてボールを持ち続けることはできない。

2　次の各問いに答えよ。

(1)　パーソナルファウルを3つ答えよ。

(2) 次のそれぞれのファウルに対する具体的な処置を答えよ。

① シュートの動作中でないプレイヤーへのファウル。

② スリーポイントエリアにおけるシュートの動作中のプレイヤーへのファウル。(シュートが失敗した場合)

3 次の図を見て,(①)〜(③)に当てはまる適切な語句を答えよ。

(1) コートは,Aの(①)ラインとBの(②)ラインの内側の範囲で,ラインは含まない。

(2) 第1ピリオドはCの(③)サークルでのジャンプボールで開始する。

4 次の図Ⅰと図Ⅱの説明を読み,それぞれのプレーの名称を答えよ。

○…攻撃側選手 ▽…守備側選手 人の動き━━▶ ボールの流れ----▶

図Ⅰ

1　AはBにパスをする。

2　AはBの防御者Yの横に壁として立つ。

3　BはA'を壁として利用してドリブルで切り込みシュートする。

図Ⅱ

1　AはBにパスをする。

2　BはAの防御者Xに対して壁として立ち，Aにパスをする。

3　AはB'を壁として利用してドリブルで回り込みシュートする。

解答　1　① 24　　② 8　　③ 5　　2　(1)　ホールディング，プッシング，チャージング，ブロッキング，イリーガルユースオブハンズ，イリーガルスクリーンなどから3つ　　(2)　①　ファウルの起こった場所に最も近いアウトからのスローイン　　②　3本のフリースローが与えられる　　3　①　エンド　　②　サイド　　③　センター　　4　図Ⅰ　インサイドスクリーン　　図Ⅱ　アウトサイドスクリーン

解説　1　5秒ルール，8秒ルール，24秒ルールの他にも，攻撃中に相手コートの制限区域内に3秒以上とどまることができない「3秒ルール」もある。秒数の混同に気をつけよう。　2　(1)　ファウルの種類には，「パーソナルファウル」(体の触れ合いによる違反)と「テクニカルファウル」(スポーツマンらしくない違反)がある。　(2)　パーソナルファウルへの罰則には，ショット中かショット以外か，ショットは成功か失敗かによって異なるので，しっかり確認しておくこと。また，パーソナルファウルの「アンスポーツマンライクファウル」や「ディ

スクォリファイングファウル」の場合は，ショットの動作中でなくとも2本のフリースローが与えられる。さらに，シューター側のスローインから再開される。　3　バスケットボールコートの名称はルールブック等で確認すること。　4　プレーの名称として「スクリーンプレー」以外にも，相手のゴールに向かって，ディフェンスの間をぬって切り込んで攻撃する「カットインプレイ」やボールを奪ってすぐに攻撃する「ファーストブレイク」，パスやドリブルをうまく組み合わせ，防御側のすきをつくって攻撃する「セットオフェンス」等がある。

ハンドボール

●競技の概要

○19世紀末にデンマークのニールセンが考案(7人制)。1922年に大谷武一が11人制を日本に紹介, 後に7人制が広まった。

○プレイヤーは1チーム7人(7人制)。相手のゴールにボールを入れ, 得点を競う。ボールの移動はドリブル, またはパスによる。

●フィールド等の名称

●パス, シュートの技術

パスにはショルダーパス, フックパス, サイドパスなどがある。シュートにはジャンプシュート, ステップシュート, 倒れ込みシュートなどがある。

●プレイ上の注意点

○試合開始はスローオフによる。

○ボールは膝から上で扱えば反則にはならない。

○ボールは3秒持ち続けることができる。また3歩まで持ち歩くことができる。

○コートプレイヤーはゴールエリアに入ることはできず, ゴールエリア

ラインに身体の一部が触れてもいけない。ただし，**空中であればプレイが可能。**

○得点はボールがゴール内のゴールラインを完全に越えた場合のみ認められる。

●罰則規定

罰則には警告，退場，失格があるので，それぞれの取扱いに注意すること。

○**警告(イエローカード)**…相手の動作に対する反則，およびその繰り返し，相手のスローに対する反則，など。

○**退場**…警告されたプレイヤーが，再び警告相当の反則を犯した場合。相手にフリースローが与えられたにもかかわらず，ボールをすぐ下に置かなかった場合，など。

○**失格(レッドカード)**…3回目の退場になった場合。極端なスポーツマンシップ違反行為があった場合，など。

【フリースローになる主な反則】

・オーバーステップ，オーバータイム等ボールの扱いに関する反則 ・ゴールエリアにおける反則 ・ホールディング，プッシング，ハッキングなど相手に関する反則 ・消極的なパスを繰り返すなど，わざと攻撃しない等(パッシブプレイ)

【7mスローになる主な反則】

・明らかな得点機会を反則行為で阻止する ・コートプレイヤーがゴールエリアに入って，相手の得点を妨げる，など

ただし，フリースローや7mスローが反則側に有利になる場合は，判定しないときがある(アドバンテージ)。

■■■■■■■■ **例題 1** ■■■■■■■■

次のア～オの各文は，ハンドボールについて述べたものである。正しいものを○，誤っているものを×としたとき，正しい組み合わせを，以下の①～⑤から1つ選べ。

ア　ジャンプして空中でボールをキャッチした場合，着地した足を0歩とし，次のステップから1歩と数える。オーバーステップの反則にならないためには，4歩目が床に着く前にボールを離せばよい。

イ　7mスローの場合，スロアーはレフリーの笛の合図のあと3秒以内に7mラインからゴールに直接シュートしなければならない。

ウ　レフリーは，7mスローになる反則が起こったとき，笛をピッピーと2回吹く。

エ　スローインやフリースロー，ゴールキーパースローは，直接得点することができる。

オ　警告(イエローカード)は，個人に対しては1回，チームに対しては3回を限度としている。同一プレイヤーは，2回目の警告から3分間の退場となる。チームに対しては，4回目以降の警告を受けたプレイヤーが3分間の退場となる。

	ア	イ	ウ	エ	オ
①	○	×	×	×	○
②	×	○	×	○	×
③	×	○	○	×	×
④	○	○	×	○	×
⑤	○	×	×	○	○

解答　④

解説　ウ　吹笛回数：3回　＜タイムアウト＞・負傷者が出たとき　・失格のとき　・オフィシャルにトラブルがあったとき　・ボールに異常があるときやボールがスタンド等に上がったとき　・チームタイムアウトの請求があったとき　2回・得点の時一笛目…CRの挙手を確認して，二笛目…オフィシャルに対して　1回・スローオフや競技の再開時　・フリースロー　・7mスロー時　・ボールがコート外に

出たとき(必要に応じて)　　オ　「警告」はプレイヤーや役員個人に対しては1回だけ，チームに対しては3回までとし，以後の警告にあたる行為は「退場」(2分間)となる。

━━━━━━━━━━ 例題2 ━━━━━━━━━━

次の文章は，「ハンドボール」に関するものである。間違っているものを，次の1～4から1つ選べ。

1　ゴールキーパーは，ゴールエリア内であれば，からだのどの部分を使ってボールを止めてもよい。ただし一度止めたボールは足でふれてはいけない。

2　コートに同時に出場できるのは，1チームあたり，コートプレイヤー6人，ゴールキーパー1人の7人である。

3　スカイプレイとは，ゴールエリア内にあげられたボールをキャッチし，空中でシュートする攻撃である。

4　オーバータイムは，5秒をこえてボールを持つことである。

解答　4

解説　オーバータイムは5秒ではなく，3秒を超えてボールを持ったときの反則である。

━━━━━━━━━━ 例題3 ━━━━━━━━━━

次の文章は，「ハンドボール」について述べたものである。問1～問5に答えよ。

　[　a　]人制ハンドボールは，1919年に[　①　]の体育教師カール・シランツにより，トアバルの名で行われていた女性用のボールゲームにサッカーのよさを取り入れ，男女ができるボールゲームとして考案された。その後ヨーロッパ各地に広まり，1936年に開催された第11回夏季オリンピック大会で正式種目に加えられた。

　一方，[　b　]人制ハンドボールは，1918年に[　②　]の体育教師フレデリック・クヌッセンにより，冬季の室内用ボールゲームとして考案さ

れた。後に主流となるハンドボールの原型であり，現在では，すべての国際試合はこのルールの下で行われている。

問1　文中の[　a　]，[　b　]に当てはまる数字をそれぞれ書け。

問2　文中の①，②に当てはまる国名をそれぞれ書け。

問3　次のア〜オの文は，ゴールキーパーのプレイについて述べたものである。正しいものをすべて選べ。

　ア　ゴールキーパーは，ゴールスロー又はボールを投げた後，そのボールが他のプレイヤーに触れた後でなければゴールエリア外で再びボールに触れることはできない。

　イ　ゴールキーパーは，ゴールエリア内では制限なく動くことができる。

　ウ　ゴールキーパーは，ボールを持たずにゴールエリア外に出ることはできない。

　エ　ゴールキーパーは，ゴールエリア外にあるボールをゴールエリア内に持ち込んではいけない。

　オ　ゴールキーパーは，ゴールエリア内では体のどの部分でもボールに触れることができる。

問4　ボールの持ち方について，指導する際のポイントを2つ書け。

問5　ディフェンスを行うときの位置取りについて，指導する際のポイントを2つ書け。

解答　問1　a　11　　b　7　　問2　①　ドイツ　　②　デンマーク　問3　ア，イ，エ，オ　　問4　親指と小指で握り，残りの指で支えるように持つ。　手のひらとボールの間に指が1〜2本入るように隙間をあける。　問5　・ボールを持ったオフェンスとキーパー(ゴール)を結ぶライン上に常に位置する。　・相手がボールを持たない場合は，ゴールエリアライン付近で，相手がボールを持った場合は前(相手側)につめ，相手が移動した場合は，プレッシャーをかけながらついていく。

解説　問1・問2　第2次大戦後，国際ハンドボール連盟(IHF)が設立され，7人制が普及発展し，現在ではすべての国際大会は7人制で行われている。日本では1922年，大谷武一が大日本体育学会において11人

制を紹介，1938年に日本ハンドボール協会が創設され，競技として発展する基礎が整えられた。　問3　ア：ゴールキーパースローしたボールに，他のプレイヤーが触れる前にゴールエリアから出て触れると，ボールを持って出たことになる。その場合は，相手チームにフリースローが与えられる。　イ：ゴールエリアライン上とその内側では，ゴールキーパーはボールを持っていても，この中であれば制限なく歩くことができ，脚を使って相手のシュートを防ぐことができる(あくまでも止めるだけであり，ボールを蹴るのは反則)。エ：持ち込むと反則であり，相手チームにフリースローが与えられる。　オ：ゴールキーパーは，ゴールエリア内では全身のどの部分でもボールに触れることができる。　問4　手が小さい場合は，無理に力を入れて握る必要はない。　問5　ハンドボールのディフェンスは，ゾーンディフェンスが主体となっている。ゾーンディフェンスは，自己のゾーン内へボールを持ち込むプレイヤーに対してはつめを行い，他のディフェンスゾーンへの攻めに対してはフォローできる位置をとるのが基本である。

例題 4

　ハンドボール競技において，どのような反則があった場合に相手チームに7mスローが与えられるのか，2つ答えよ。

解答　・明らかなシュートチャンスの時に反則をした時　　・攻撃を止めようとゴールエリアに入った時

解説　他には，ゴールキーパーが，ゴールエリアにボールを持ち込んだ時。あるいは，ゴールエリア内にいるゴールキーパーが，プレイングコート上にあるボールを取り込んだ時。ゴールエリアにいる味方のゴールキーパーに，ボールを故意に返し，ゴールキーパーが，そのボールに触れた時。明らかな得点チャンスに，不当に笛が吹かれた時。明らかな得点チャンスが，コートに入ってはいけない人によって妨害された時。

■■■■ 例題 5 ■■■■

　次に示しているのは，ハンドボールの単元における，初期の段階での特徴とそのゲームの様相をまとめたものである。これらを考慮して，以下の各問いに答えよ。

『特徴』　　　　　　　　　　　　　　　『ゲームの様相』

(a)　ボールがあるところに密集　　　(●と△はプレイヤーを，
　　してしまう。　　　　　　　　　　○はボールを示している。)

(b)　パスミス，キャッチミスが
　　多い。

(c)　ボールを怖がってしまう。

(d)　シュートがキーパーの正面に
　　行くことが多い。

(e)　コンビネーションプレイがで
　　きないので，得点が少ない。

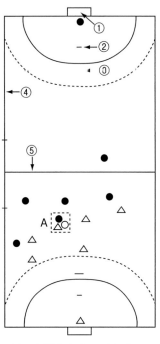

1　特徴(b)についてキャッチミス
　をしてしまう生徒に対して指導
　する際，胸の辺りの高さに来た
　ボールをキャッチする場合の技
　術的な指導のポイントを2つ書
　け。

2　図中①の名称と，②〜⑤のライ
　ンの名称を書け。

3　右図のA ┊┄┄┄┄┄┊ 内では，ディ
　フェンスプレイヤー(●)がパス
　をしようとしたオフェンスプレイヤー(△)の手をたたいてしまい，こ
　のディフェンスプレイヤーに2度目の警告が出された。この反則名と
　反則者への処置及びプレイの再開方法を記せ。なお，プレイの再開
　方法については，再開地点と具体的な再開方法を記せ。

4　上記の特徴(a)〜(e)を考慮し，この単元の初期の段階における学習
　目標(技能のねらい)として，最も適当と思われるものをあとの(ア)

～(エ)から1つ選び，記号で答えよ。

(ア)　集団技能をより多く使ってゲームができるようにする。

(イ)　ポストプレイや，コンビネーションプレイを使ってディフェンスをかわしてシュートが打てるようにする。

(ウ)　個人技能を身につけるとともに，簡易なルールでのゲームができるようにする。

(エ)　チームの特徴を生かした組織的プレイで得点できるようにする。

解答　1　・指を軽く広げ，キャッチする際に肘と手首を柔かく使う　・両手の親指と人差し(指し)指で，逆ハートを描く　2　①　ゴール　②　ゴールキーパーライン　③　7mライン　④　サイドライン　⑤　センターライン　3　(反則名)　ハッキング　(処置)　2分間の退場　(再開方法)　反則のあった地点からのフリースロー　4　(ウ)

解説　中学校で取り扱う球技の運動種目は，「ゴール型」については，バスケットボール，ハンドボール，サッカーの中から，「ネット型」については，バレーボール，卓球，テニス，バドミントンの中から，「ベースボール型」については，ソフトボールを適宜取り上げることとしている。出題については，各種球技の基本技術と競技用語，ゲームの進め方やルール，規則違反と罰則規定などの出題頻度が高いので，スポーツルール百科やルールブック等で正しく理解しておくようにする。また，指導者の立場で「このような時，どのように指導すればよいか」と，技術的な指導のポイントや手立てを問われるので，基本的な技術の要点を整理しておくことが大切である。

サッカー

●競技の概要

○12世紀ごろから起源となるスポーツがあったといわれるが，正式な競技となったのは19世紀，国際的なサッカー組織(FIFA)が創立したのが1904年である。日本では1873年にイギリスのダグラス海佐が紹介し，全国に広がった。

○プレイヤーは1チーム11人。相手のゴールにボールを入れ，得点を競う。ボールの移動はドリブル，またはパスによる。原則，ゴールキーパー以外は手や腕でボールを扱うことができない。

●フィールド等の名称

167

●パス，シュートの技術

　主なキック(パス・シュート)にはインサイドキック，アウトサイドキック，インフロントキック，インステップキックがある。

○**インサイドキック**…足の内側のくるぶし付近でボールを蹴る。足がボールに当たる面積が最も大きいので，思ったところにボールを送ることができる。主にショートパスやシュートで利用される。

○**アウトサイドキック**…足の甲の外側で蹴る。実戦では利用されることは少なく，主にショートパスやフェイントで利用される。

○**インフロントキック**…足の親指の付け根で蹴る。カーブや高低をつけることも可能なので，攻撃のポイントになることが多い。主に中長距離のパスやシュートで利用される。

○**インステップキック**…足の甲で蹴る。足の力を最も伝えることができるキックで，基本的だが，難易度が高いといわれる。主にシュートで利用される。

●プレイ上の注意点

○試合開始はキックオフによる。

○試合時間は実際にプレイが行われた時間であり，競技者の交代，負傷者の搬出などによって浪費された時間は主審の判断で延長される(ロスタイム)。

○ボールの一部がサイドライン等を完全に越えていなければインプレイとなる。また，ボールがゴールラインを完全に越えていなければゴールは認められない。

○プレイ中，ゴールキーパーが手を使用できるのは自陣のゴールエリアとペナルティーエリアである。

○**オフサイド**は原則，相手チームで相手陣内の最後尾から2番目にいる人より相手陣内のゴールラインに近い位置にいる場合を指す。ただし，そのプレイヤーが味方の攻撃に寄与したと判断された場合のみ適用される(次ページ図参照)。

●罰則規定

　規則違反行為が行われた場合，相手チームにフリーキック(ペナル
ティーキック)が与えられる。フリーキックには**直接フリーキック**と**間接
フリーキック**があり，間接フリーキックが直接ゴールに入った場合，ゴー
ルは認められず，相手側のゴールキックで再開する。

直接フリーキック(ペナルティーキック)になる場合	間接フリーキックになる場合
・キッキング ・ファウルチャージ ・トリッピング ・プッシング ・ホールディング，など	・オフサイド ・プレイせず，故意に相手の進路を妨害 ・ゴールキーパーがボールを手から離すのを妨げる ・その他危険なプレイ，など

　また，規則違反の度合いに応じて，**主審**から**警告(イエローカード)**，
退場(レッドカード)が出されることがある。

【警告(イエローカード)の対象となる主な反則】

・スポーツマンシップに反する行為を犯す(ラフプレイや審判を
　欺く行為など)
・言動によって審判に異議を示す
・くり返し競技違反を行う
・プレイを遅延させる行為を行う，など

【退場(レッドカード)の対象となる主な反則】

・著しく不正な行為を犯す(後方からのタックル，危険なプレイ
　など)
・相手プレイヤーなどにつばを吐く
・同じ試合で警告を２回受ける，など

━━━━━━ 例題 1 ━━━━━━

　次の文は，サッカー競技の反則の名称とその説明である。適切でない
組合せを①〜⑤から選び，番号で答えよ。

①　キッキング　　　　→　相手を蹴る，または蹴ろうとする。
②　ジャンピングアッド　→　相手にとびかかる。
③　ストライキング　　→　相手プレイヤーを脅かすタックル。
④　ファウルチャージ　→　不用意に，無謀に，あるいは過剰な力
　　　　　　　　　　　　で相手をチャージする。
⑤　プッシング　　　　→　相手を押す。

解答　③
解説　ストライキングは，相手を打つ(殴る)，または打とう(殴ろう)と
　することをいう。

━━━━━━━━━ **例題 2** ━━━━━━━━━

　次の表は，サッカーのゲームにおける様相1(団子状態のゲーム)から様相5(つくったスペースを使うゲーム)にいたる変遷と各段階における様相の特徴を示している。次の様相への移行にあたり考えられる停滞の原因①〜④に当てはまる適当なものを，以下のア〜クから2つずつ選び，記号で答えよ。

ゲームの様相(特徴)	停滞の原因
様相1 (団子状態のゲーム) ・ボール周囲に密集 ・団子状で縦に移動 ・得点が見られない	①
様相2 (縦長のゲーム) ・相手ゴールへのでたらめなキック ・縦長に分散 ・点取り屋とそのマーカーが出現	②
様相3 (縦横に広がるゲーム) ・パスが長距離に ・横パスの出現 ・選手が縦横に分散	③
様相4 (空いているスペースを使うゲーム) ・偶発的にできた空いているスペースへの意図的なパスが出現	④
様相5 (つくったスペースを使うゲーム) ・オープンスペースの意図的な創造	

ア　面(方向)を変えるとめ方ができないので，攻撃方向を変化させることができないため。

イ　スペースをつくる者，スペースに入る者，ボールをパスする者の三者の共通理解が少ないため。

ウ　ゴールへの意識よりボールを触りたいという意識の方が強く，全員がボールに近寄り，むやみにドリブルしたり，でたらめに蹴ったりするだけのため。

エ　ボールを出す方(パサー)，ボールを受ける方(レシーバー)の両者に
　　スペースの意識がないため。

オ　ボールコントロールが少し高まるので視野はやや拡大するが，前方
　　中心にしか見られないため。

カ　ボールコントロールが未熟なので，視野がボール付近に集中し，前
　　方が見えないため。

キ　自分が走ることによってスペースがつくれることの理解が薄いため。

ク　相手を突破する決定的なパス(相手と相手の間を通しディフェンスの
　　裏に出すスルーパス)があまりないため。

解答　①　ウ，カ　　②　ア，オ　　③　エ，ク　　④　イ，キ

解説　サッカーにはボールを持っているときの動き(on the ball：オンザボー
　　ル)とボールを持っていないときの動き(off the ball：オフザボール)
　　がある。攻撃時には，オフザボールの動きが勝敗を分けると言われ，
　　サッカーのレベルが高くなるにつれて，いかに状況に適したポジショ
　　ニングを取れるかというオフザボールの動きが非常に重要になる。
　　中学校学習指導要領解説では，空間に走り込むなどの動き，空間を
　　作りだすなどの動きを身につけることが大切であると示している。

━━━━━━━━━━　例題 3　━━━━━━━━━━

サッカーに関して，次の1～3に答えよ。

1　サッカー競技規則に示されている「スローインの進め方」を，簡潔に
　5つ書け。

2　ゴール前の空間をめぐる攻防についての学習課題を追究させるため
　には，どのような指導上の配慮や指導の工夫が大切か。簡潔に書け。

3　あとの図は，サッカーコートの半面で，3人対3人が攻防を行ってい
　る様子を模式的に示したものである。図中の生徒ア～ウが攻撃側で，
　生徒イがゴールに向かってドリブルをしている。また，生徒A～Cが
　守備側で，マンツーマンディフェンスをしようとしている。守備側の
　生徒Cのマークする位置について指導する場合，どのようなことに留

意するよう指導するか。簡潔に3つ書け。

解答 1 ・フィールドに面する。 ・両足ともその一部をタッチライン上又はタッチラインの外のグラウンドにつける。 ・両手でボールを持つ。 ・頭の後方から頭上を通してボールを投げる。 ・ボールがフィールドを出た地点から投げる。 2 プレイヤーの人数，コートの広さ，用具，プレイ上の制限を工夫したゲームを取り入れ，ボール操作とボールを持たないときの動きに着目させ，学習に取り組ませる。 3 ・相手とゴールの中心を結んだ線上に位置すること。 ・ボールと相手が同時に見えるところに位置すること。 ・相手にボールがパスされたら，奪いに行けるところに位置すること。

───────── **例題 4** ─────────

「サッカー競技規則2022/23」におけるオフサイドの記述A～Eについて，正しいものを○，誤っているものを×とした場合，正しい組合せはどれか。1～5から1つ選べ。

A オフサイドポジションにいることは，反則ではない。

B オフサイドポジションにいる競技者がゴールキックからボールを直接受けたとき，オフサイドの反則になる。

C オフサイドポジションにいる競技者がスローインからボールを直接受けたとき，オフサイドの反則にはならない。

D オフサイドポジションにいる競技者がコーナーキックからボールを直接受けたとき，オフサイドの反則にはならない。

E　オフサイドの反則があった場合，主審は，反則が起きたところから行
　われる直接フリーキックを与える。

	A	B	C	D	E
1	○	×	○	○	×
2	○	○	×	○	○
3	×	○	○	×	×
4	○	×	○	×	○
5	×	○	×	○	×

解答　1

解説　B, C, Dについて，オフサイドポジションにいる競技者であっても，
　　　ゴールキック，スローイン，コーナーキックからボールを直接受
　　　けた場合，オフサイドにならない。Eは，オフサイドの反則に対し
　　　ては，間接フリーキックが与えられる。

ラグビー

●競技の概要

○最も古いといわれる組織であるイングランドラグビーフットボール協会が発足したのが1871年である。日本では1899(明治32)年にイギリスのクラークと田中銀之助が紹介し，全国に広まった。

○プレイヤーは1チーム15人。相手のインゴールにボールを置く，またはゴールにクロスバーを超えることにより得点を競う。ボールの移動は持って走る，またはキックによる。得点する方法が複数あること，また方法によって得点が異なるのが大きな特徴の1つといえる。

●フィールド等の名称

注意点としてグラウンドの大きさは一定ではなく，規定内であれば認められることがあげられる。例えばインゴールの長さ(下図では横の長さ)は6〜22m，幅(下図では縦の長さ)は68〜70mとなっている。したがって，フィールド全体の幅も68〜70mとなる。

●得点の構成

□トライ ……………………………………… 5点

□ペナルティートライ ……………………… 7点

□コンバージョン(トライ後のゴール) …… 2点

□ペナルティーキックのゴール ………… 3点

□その他のドロップキックのゴール ……… 3点

●注意点

○試合開始はキックオフによる。その際，相手陣内の10mラインに達しなければならない。

○原則，キック以外でボールを前に送ってはならない。ボールを前にこぼす等も反則となる(スローフォワード，ノックオン)。

○トライは原則，相手側のゴールライン，インゴール内の地面にボールをおいたときに認められる。

○ボールが外に出たと認められるのは，ボールがタッチラインを越えたとき，ボールを持ったプレイヤーがタッチラインを越える，またはタッチラインを踏んだときである。

○オフサイドは原則，ボールを持ったプレイヤーより前にいる味方が全て対象となる。オフサイドの対象となった選手は自身が後退する，または味方のプレイによってオフサイド対象にならないようにするまでは，ボールに近づいてはならない。

●罰則規定

違反行為の軽重によって，プレイ再開の仕方が異なる。軽い場合は相手ボールのスクラムで再開されるが，重い場合はフリーキック(ペナルティーキック)が与えられる。また，規則違反の度合いに応じて，主審からイエローカードが出されることがある。イエローカードが出されたプレイヤーは10分間の退場処分となる(シン・ビン)。

軽い違反行為例(相手ボールでのスクラム)

・スローフォワード……前にパスを出すこと。

・ノックオン……ボールを前に落とすこと。

重い違反行為例(相手にペナルティキックが与えられる)

・ノットリリースザボール……タックルされたプレーヤーがボールを放さなかった。

・ノットロールアウェイ……タックルをして倒れたプレーヤーがその場から離れなかった。

・ノーボールタックル……ボールを持っていない選手にタックルした。

・オブストラクション……味方同士が重なり相手ディフェンスの妨害をした。

・ダイブイン……タックル地点に飛び込んでプレーに参加した。

・オフサイド……密集に横から参加した。

・ハイタックル……相手プレーヤーの肩の線より上に危険なタックルをした。

その他

・ノットストレート……タッチラインからボールを投げ入れる際，真っ直ぐボールが投げ入れられなかった(相手ボールのラインアウトとなる)。

例題 1

次は，ラグビーの得点についての説明である。誤っているものを(1)～(4)の中から1つ選べ。

(1) トライの得点は5点である。

(2) トライ後のゴールの得点は3点である。

(3) ペナルティーキックのゴールの得点は3点である。

(4) ドロップキックのゴールの得点は3点である。

解答 (2)

解説 トライ後のゴール(コンバージョンゴール)の得点は2点である。

■■■■■■■■■■■■■■■■ 例題 2 ■■■■■■■■■■■■■■■

　次のア〜エの各文は，ラグビーについて述べたものである。正しいもの
を○，誤っているものを×としたとき，正しい組み合わせはどれか。下の
①〜⑤から1つ選べ。

　ア　ゲームの開始であるキックオフは，ハーフウェイライン中央からの
　　プレースキックによって行われる。
　イ　コラプシングとは，スクラムを故意に崩した反則である。
　ウ　モールとはボールを持っている側2名，相手側1名の最少3名で成立
　　する。
　エ　出血して一時交代したプレイヤーは，出血したプレイヤーが15分以
　　内に戻らない場合は正式な交代プレイヤーとなる。

	ア	イ	ウ	エ
①	○	×	×	○
②	○	○	×	×
③	×	○	○	○
④	×	○	○	×
⑤	○	×	×	×

解答　③
解説　ア　キックオフは，ハーフウェイライン中央またはその後方からの
　　　　ドロップキックによって行われる。

■■■■■■■■■■■■■■■■ 例題 3 ■■■■■■■■■■■■■■■

　次の文章は，「ラグビー」の用語の説明である。正しい名称を以下の(1)
〜(4)の中から1つ選べ。

　両チーム1名以上のプレイヤーが，立ったままからだを密着させ，ボー
ルを持ったプレイヤーの周囲に密着したプレイのことで，両チームのプ
レイヤーが最少3名で成立する。

　(1)　コラプシング　　(2)　モール　　(3)　ラック　　(4)　スクラム

解答　(2)

解説 ラックは両チーム各1名の最少2名で成立する。

━━━━━━━━━ **例題 4** ━━━━━━━━━

次の文章は，ラグビーのルールについて述べたものである。[　a　]，
[　b　]に入る最も適当なものを，それぞれの語群のうちから1つずつ選べ。

ア　トライが1回，ペナルティトライが1回，コンバージョンゴールが1
　　回，ドロップゴールが1回，ペナルティゴールが1回あった。合計得
　　点は[　a　]点である。

　　①　17　　②　18　　③　19　　④　20　　⑤　21　　⑥　22

イ　プレイの再開の方法として誤っているものは[　b　]である。

　　①　ペナルティキックからボールがタッチにダイレクトにけり出され
　　　　た場合は，ボールをけった地点からスクラムで再開される。

　　②　防御側プレイヤーがインゴールへボールを持ち込むか，または投
　　　　げ入れて，そのボールを防御側プレイヤーがグラウンディングした
　　　　場合，他に反則がなければ，5メートルスクラムで再開される。

　　③　ラインアウトにおける，故意でないノックオンまたはスローフォ
　　　　ワードが起こった場合，タッチラインから15メートルの地点におい
　　　　てスクラムで再開される。

　　④　インゴールにおいて，いずれの側のプレイヤーがボールを最初に
　　　　グラウンディングしたか疑わしい場合には，ボールがグラウンディ
　　　　ングされた場所に相対する地点で5メートルスクラムで再開される。

解答 a ④　　b ①

解説 ア　得点方法は，トライが5点，ペナルティートライが7点，コン
　　　　バージョンゴール(トライ後のゴール)が2点，ドロップキックのゴー
　　　　ルが3点，ペナルティーキックのゴールが3点と定められている。
　　　　イ　ペナルティーキックから直接タッチにけり出したときは，味方
　　　　ボールのラインアウトで再開できる。

バレーボール

●競技の概要

○1895年にアメリカのW.G.モーガンがテニスをヒントに考案したのが起源。日本では1908年に**大森兵蔵**が紹介し，全国に広まった。

○プレイヤーは1チーム6人または9人。相手コートにボールを落とす，相手がコート外にボールを落とす等により得点を競う。ゴール型球技と異なり，相手のミスによって得点することも可能なので，守備を強化することで試合に勝つといった戦略も選択できる。

●フィールド等の名称

●パス，スパイク等の技術

○パス…オーバーハンドパスは主に，頭以上の高さにボールがある場合に使われるパスで，トスをあげるとき等に利用される。アンダーハンドパスは主に頭から下のボールを受ける場合に使われるパスで，スパイクのレシーブ等に利用される(次図参照)。

【オーバーハンドパス】　　　【アンダーハンドパス】

○**スパイク**…上がったボールと守備の状況を確認しながら，スパイクを行う。手首のスナップを利かせること，腕をしならせることが強いスパイクを打つ基本である。

○**ブロック**…スパイクのコースとタイミングを予測し，腕を少しかぶせるような形にして両脚で跳ぶ。

○**サービス**…サービスはオーバーハンドサービス，アンダーハンドサービス，フローターサービス，スパイクサービスがある。

● **注意点**

○競技開始は**サービス**による。サービスは主審の吹笛後，**8秒以内**に行わなければならない。

○ボールはネットにある2本のアンテナの間，かつネットの上を通さなければならない。ボールがアンテナに触れた場合，ネットの下を通った場合はアウトとなる。

○相手コートに返すまで，自陣のプレイヤーはボールに**3回**まで触れることができる(ブロックは回数に入れない)。ただし，同一の選手が**2回続けて触れることはできない**(ブロックの後のレシーブ等を除く)。

○ボールに触れるのは体の**どの部分**であってもよい。

○ローテーションは，自チームにサービスが回ってきた際，時計回りで行う。

○通常の選手以外に**リベロ**をおくことができる。リベロは後衛の選手と

は何度でも交代することができるが，リベロが出たり入ったりするときには通常1つのラリーが終わっていることが必要である。また，リベロはローテーションの対象にならず，**原則，サービスや攻撃に参加**できない。

○通常はラリーポイント制で25点先取。ただし，24対24になった場合は2点差がつくまで続けられる。

●主な罰則規定

○**サービス関連**…サーバーがサービスゾーン外からサービスを行う，サービスのローテーションを誤る，審判の吹笛後8秒以内にサービスをしない(ディレイインサービス)

○**レシーブ関連**…同一チーム内にて4回以上連続でボールに触れる(フォアヒット)，ボールを持ったとみなされる行為を行う(ホールディング，キャッチボール，ヘルドボール)，同一人物が連続でボールに触れる(ダブルコンタクト，ドリブル)

○**その他**…プレイヤーがネットを越えてブロックを行う等(オーバーネット)，プレイヤーがネットに触れる(タッチネット)，プレイヤーが相手コート内に侵入する(パッシング・ザ・センターライン)など

なお，遅延行為，不作法な行為，侮辱的な行為等については軽重に応じて，警告(イエローカード)，ペナルティー(レッドカード)，退場・失格(イエローカード，レッドカードの2枚呈示)があり，相手チームにポイントを与える，ペナルティーエリア内の椅子に座らせる，会場からの退去などの罰則が与えられる。

例題 1

バレーボールについて，次の(1)〜(3)に答えよ。

(1) バレーボールは，オープン・スキルとクローズド・スキルが混在している。それぞれの例を1つ書け。

(2) サービスの練習について，次の①，②に答えよ。

① サービスをねらって打つべき所を3つ書け。

② サービスの際にフットフォルトとなる場合を2つ書け。

(3) リベロプレイヤーに関する特別のルール・規制について，3つ書け。

解答 (1) オープン・スキル……ボールのパス　クローズド・スキル……サービス　(2) ① ・エンドラインぎりぎり　・相手チームの選手の中で最も弱そうな所　・エースアタッカーをねらう
② ・エンドラインを踏んだり踏み越えたりしたとき　・サイドラインの仮想延長線を踏み越したとき　(3) ・コート，フリーゾーンどの位置からも，ネット上端より完全に高い位置にあるボールにアタック・ヒットできない。　・リベロはサーブを打つことができない。　・交代回数は無制限だがリベロがコート外に出る時は，交代時に入れ代ったプレイヤーのみとの交代となる。

解説 (1) オープン・スキルとは，状況に最もふさわしいプレイを選択する的確な判断のこと。球技や格闘技のように相手が常に変化するような状況下で発揮される技能のことを指す。クローズド・スキルとは，自分の思い通りにプレイできる正確な技術。体操やゴルフなどのように外的要因に左右されない状況下で発揮される技能のことである。なお，バレーボールやテニスなどのようにオープン・スキルとクローズド・スキルが混在している競技はあり，ラリーやレシーブ，パスなどはオープン・スキルにあたり，サーブ(サービス)はクローズド・スキルにあたる。　(3) バレーボールにおけるリベロ(守備専門の選手)制は，1998年に国際ルールとして正式に採用となった。リベロ制の導入は，背が低くても守備に卓越した能力のある選手に活躍の機会を与えた。また，粘り強く，見ていて面白いプレイが多く見られるようになった。戦略的には，センタープレイヤーが後衛に行ったとき交代することが多い。

――――― **例題 2** ―――――

あとの文章は，「バレーボール」に関するものである。文中の(①)，(②)に当てはまる語句の組み合わせとして，最も適当なものを，あとの

1〜6から1つ選べ。

　トスアップ後，最も早いタイミングで打つスパイクをＡクイックといい，コンビネーション攻撃ではなくてはならない攻撃である。一方バックトスで，Ａクイックの反対側で打つのが（　①　）クイックである。

　身体のすべての回転運動を使って，ボールにスピードと回転を加えるダイナミックなサーブを（　②　）という。

1　①　Ｂ　　②　フローターサーブ
2　①　Ｂ　　②　ドライブサーブ
3　①　Ｂ　　②　ジャンピングサーブ
4　①　Ｃ　　②　フローターサーブ
5　①　Ｃ　　②　ドライブサーブ
6　①　Ｃ　　②　ジャンピングサーブ

解答　5

解説　①　クイック：セッターは，トスを上げる前のパスがまだ空中にあるときに，相手ブロッカーの状況を把握することができれば，どのサイドから攻めればよいのかが判断できる。その場合，センターブロッカーがどちらによっているかが判断の基準となる。また，相手ブロッカーのタイミングを少しでも狂わせるためにも，ぎりぎりまで相手にトスの方向を読まれない工夫が必要である。クイックはセッターの正面方向と後方，セッターからの距離に応じて，ＡからＤに分類される。　②　ドライブサーブは足先をエンドラインと平行にする。重心は後ろ足にかけ，トスは1mくらいの高さに上げる。トスを上げたら後ろ足を十分に曲げ，打つときは重心を後ろから前に移動させる。肩を中心として大きくスイングし，ボールを打つ瞬間に手首のスナップをきかせ，そのまま上体をかぶせる。

――――――――　例題 3　――――――――

次の文中の空欄(　①　)〜(　⑥　)に入る最も適切な語句・数字を答えよ。

　バレーボール(6人制)のネットの高さは一般男子が(　①　)cmで，一

般女子が（　②　）cmである。コートの広さはどちらも（　③　)m ×
（　④　)mである。バレーボールがオリンピックの正式競技になったのは
西暦(　⑤　)年に（　⑥　）で開催された第18回大会からである。

解答　①　243　　②　224　　③　18　　④　9　　⑤　1964
　　　　⑥　東京

解説　オリンピックの正式種目になったのは1964年第18回大会の東京オ
　　　　リンピックからであり，この大会で日本女子バレーボールチームは
　　　　金メダルを獲得している。6人制の場合，ネットの高さは一般男子
　　　　が243cm，一般女子が224cm，コートの大きさはサイドライン
　　　　18m，エンドライン9mで行われる。

━━━━━━━━━━━━ **例題 4** ━━━━━━━━━━━━

　次は，「バレーボール6人制競技規則」のリベロ・プレイヤーについての
説明である。誤っているものを(1)〜(4)の中から1つ選べ。

(1)　両チームは，12人の競技者のリストの中から専門的な守備のための
　　リベロ・プレイヤーを2人登録する権利を持っている。

(2)　リベロ・プレイヤーは，他のプレイヤーと色の異なったユニフォー
　　ムを着用する。

(3)　リベロ・プレイヤーが，フロント・ゾーン内で指を用いたオーバー・
　　ハンド・パスであげたボールを，他の競技者がネット上端より高い位
　　置でのアタック・ヒットを完了することはできない。

(4)　リベロ・プレイヤーは，コートのどの位置にいる競技者とでも交代
　　することが許される。

解答　(4)

解説　リベロ・プレイヤーは，正規の交代回数(1セットにつき最大6回)以
　　　　外に，バックの選手の誰とでも何度でも交代できる。リベロ選手は
　　　　バックの選手としてのみプレイできるが，サーブを打つことはでき
　　　　ない。

■■■■■■■■■■■■■■■ **例題 5** ■■■■■■■■■■■■■■■

次の図はバレーボールにおける審判の動作を示したものである。①〜③
はそれぞれ何を示したものか，答えよ。

① 　　② 　　③

解答　①　ダブルファウル（ノーカウント）　②　キャッチ　③　ダ
ブルコンタクト

解説　①　親指を立て両腕を上げる。　②　片手をゆっくり上げる。
③　片手で2を示す。

■■■■■■■■■■■■■■■ **例題 6** ■■■■■■■■■■■■■■■

バレーボールについて次の各問いに答えよ。

(1)　バレーボールを考案したアメリカのYMCA体育指導者名を記せ。

(2)　(1)の体育指導者がバレーボールを考案する際に参考にした競技は，
テニスと何か記せ。

(3)　1913年に来日し，日本に初めてバレーボールを紹介したとされる人
物は誰か記せ。

(4)　1964年の東京オリンピックに向けて日本女子チームが生み出した，
体の前後左右に飛んできたボールを前方回転や横転などの動作を入れ
てボールをひろう技術を何というか記せ。

(5)　おとりのアタッカーがジャンプし，相手のブロッカーを引きつけ，
実際にはワンポイントずらして上がったトスを，後方からもう1人の
プレイヤーがジャンプしてスパイクする，日本で生まれた戦術を何と
いうか記せ。

解答　(1)　ウィリアム・G・モーガン　(2)　バスケットボール
(3)　F・H・ブラウン　(4)　回転レシーブ　(5)　時間差攻撃

卓球

●競技の概要

○1898年にイギリスのJ.ギブが考案したのが起源。日本では1902年に坪井玄道が紹介し，全国に広まった。

○プレイヤーは1～2人。相手がボールを打ち返せない，またはネットに引っかけるといったミス，もしくは反則等で得点し，勝敗を競う。

●コート等の名称

●サービス，スイング等の技術

○サービス…下回転サービス，カットサービス，ドライブ性ロングサービス，横回転サービスなどがある。

○スイング…フォアハンド，ドライブ，ツッツキ，カットなどがある。フォアハンド，ドライブは攻撃的，カット，ツッツキは守備的と分類されることもある。

●ラケット，ラバー

○ラケット

□日本式角型(ペンホルダー)…鉛筆やペンを持つ握り方をするので，

そのような名称になったといわれる。通常，片面のみにラバーを貼る。

□**中国式丸型**…握り方はペンホルダーと同様。ただし，両面にラバーを貼ることが多い。

□**シェーク型**…人と握手するような握り方をすることから，その名称になったといわれる。通常，両面にラバーを貼る。

【日本式丸型】 【中国式丸型】 【シェーク型】

○ラバー

□**表ソフトラバー**…打球面に突起物があるラバーを指す。球のスピードやコントロールが効きやすい。

表ソフトラバー	▪▪▪▪▪▪▪▪▪

□**裏ソフトラバー**…打球面に突起物がないラバーを指す。球の回転や変化が効きやすく，一般のラケットに使用されている。

裏ソフトラバー	▪▪▪▪▪▪▪▪▪

●**注意点**

○競技開始はサービスによる。サービスはほぼ垂直に**16cm以上投げ上**げる。ボールがネットに触れて相手コートに入った場合は，サービスのやり直しとなる(レット)。

○リターンは相手コートに入れば，原則どのようなルートで入ってもよい。

●**ダブルスの主なルール**

○サービスは自チームの右のハーフコートにバウンドさせた後，相手チームの右のハーフコートにバウンドさせなければならない。

○打球は**交互**に行わなければならない。

○サービス，レシーブの順序に誤りがあったときは，正しい順序に戻して再開する。ただし，中断時までの得点は有効となる。

● 促進ルール

○ゲームが10分以上経過しても終了しない場合，または双方の競技者から要求があった場合は**促進ルール**が採用される。

○促進ルールではサービスは1本交代(通常は2本交代)。レシーバーが13回リターンを行った場合はレシーバーのポイントになる。

● 相手のポイントとなる主な場合

○サービスがフォールトとなった場合

○リターンができなかった場合(アウト・ネットの場合を含む)

○故意にボールを続けて2回以上打った場合

○自分のコートでボールが2回バウンドした場合

○コートを動かした場合

○ラケットを握っていないほうの手をコートに触れ，打球した場合

○ラケットや衣服がネットに触れた場合

━━━━━━━━━━ **例題 1** ━━━━━━━━━━

次の文章は,「卓球」について述べたものである。問1〜問7に答えよ。

卓球は,卓球台の上に備え付けられたネットをはさんでラケットでボールを打ち合い,得点を競う競技であり,A 相手の打球を読みながら対応し,勝敗を争うところに楽しさがある。ラケットの種類やB 握り方(グリップ)にはいくつかあり,自分にあったラケットと握り方(グリップ)を選ぶことが大切である。ゲームはサーバーのC サービスによって開始され,交互にリターンを繰り返し,相手側の失敗,又は反則によってポイントとなる。

問1 A━━━について指導する際,打球のどのような要素に着目させる必要があるか,3つ書け。

189

問2　B————について，次のア，イの図で示される握り方(グリップ)の名称を書け。

ア

イ

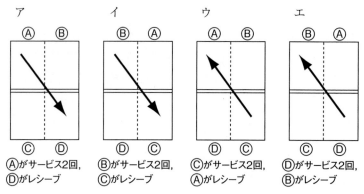

問3　次の文章はC————のルールについて述べたものである。文中の[　a　]に当てはまる数字を書け。

　　サービスは，手のひらにボールをのせ，垂直に[　a　]cm以上投げ上げ，ボールが落下してくるところを打球しなければならない。

問4　C————について，次のア～エの図を，ダブルスのサービスとレシーブの順番として正しくなるように並べよ。ただし，アが最初になるものとする。

ア　　　　　　　　　イ　　　　　　　　　ウ　　　　　　　　　エ

Ⓐがサービス2回，　Ⓑがサービス2回，　Ⓒがサービス2回，　Ⓓがサービス2回，
Ⓓがレシーブ　　　　Ⓒがレシーブ　　　　Ⓐがレシーブ　　　　Ⓑがレシーブ

問5　あとの図中のア～カは，C————におけるラケットとボールの真上から見た位置を表したものである。シングルスにおいて，反則となるものをすべて選べ。ただし，すべてコート面より高い位置でボール

を打つものとする。

○ …ボール　　□□□ …ラケット

問6　フォアハンドのドライブを指導する際のポイントについて，ラケットの向き，打点，スイングの観点からそれぞれ1つ書け。

問7　初心者に対する指導方法として，適当なものをア～オから選べ。

　　ア　ボールに印をつけ，ボールへの力の与え方を中心に指導する。

　　イ　できるだけバックハンドでボールを打つように指導する。

　　ウ　ボールを真上に打つ練習や壁打ちなどでボールに慣れさせる指導をする。

　　エ　ダブルスでの移動を中心とした練習をするように指導する。

　　オ　変化球サービスなど，得意技を身に付けるように指導する。

解答　問1　回転，スピード，コース　　問2　ア　シェークハンド　イ　ペンホルダー　　問3　16　　問4　ア→エ→イ→ウ　問5　ウ，オ　　問6　ラケットの向き：インパクト時のラケット面は床面に対して垂直またはやや下向きにする。　打点：利き手側の肩の横より前方で打球する。　スイング：バックスイングは腰の高

さに早めにとり，顔の前あたりまでフォロスルーをとり振り抜く。

問7　ア，ウ

解説　問1　卓球は3〜4mの近距離でボールを打ち合うため，瞬時に相手打球の回転，スピードおよびコースへの的確な対応が要求される。特にボールの回転に対する対応の仕方が焦点となる。

問2　ア（シェークハンド）：親指と人差し指でブレードをはさみ，小指と薬指でしっかりと握って安定させる。握りしめてしまうと操作性が悪くなる。　イ（ペンホルダー）：人差し指が親指よりも深くグリップにかかるように握る。裏面を支える3本の指はそろえて軽く曲げておく。　問3　サービスはオープンハンドで出し，サーバーはトスから打球の瞬間まで，体の一部またはユニフォーム等でボールを隠してはならない。　問4　サービスは，サーバーのライトハーフコートにボールを1バウンドさせ，ネットに触れないようにレシーバーのライトハーフコートに入れる。サービスは2本ずつ交替して打ち，直前のレシーバーがサーバーに，直前のサーバーのパートナーがレシーバーとなる。エンドはゲーム毎に交替する。　問5　サービスの打球の瞬間の位置は，エンドラインの後方またはその仮想延長線の後方であり，コート面より高い位置であること。　問6　スタンスは肩幅よりやや広く取り，前足に体重をかけながら打球する。

問7　ア：自分が打ったボールや相手が打ったボールの回転を確認できるので，打球時の回転のかけ方を意識しながら様々な打法を習得することができる。　ウ：打球時のラケットの角度や打つ強さに注意し一定の高さに打ち上げたり，一定の場所を狙うことで打球感を身につける。

━━━━━━━━━━━━ **例題 2** ━━━━━━━━━━━━

卓球のシングルスの競技において，サービスに関するルールを3つ答えよ。

解答　・ボールをあげる方の手は平ら（オープンハンド）　・ボールはほぼ垂直に16cm以上投げ上げボールが頂点に達した後で打つ

・自分のコートにバウンドさせた後相手コートへ　　・ネットイン
はノーカウントでやり直し　　などから3つ

解説　サーバーはフリーハンドの手のひらを開き平らにし，その上に摑む
ことなく自由に転がる状態でボールをのせ，静止させる。この状態
からサービスは開始される。次にサーバーは，ボールに回転を与え
ることなく，ボールがフリーハンドの手のひらから離れたあと，打
球される前になにものにも触れずに落下するように，16cm以上ボー
ルをほぼ垂直に投げ上げなければならない。サーバーは，ボールが
落下する途中を打つものとし，そのボールが最初に自陣コートに触
れ，次いでネットアセンブリを越えるかまたは迂回したあと，レシー
バーのコートに触れるように打球する(ダブルス競技では，そのボー
ルが最初にサーバーのライト・ハーフコートに触れ，続いてレシー
バーのライト・ハーフコートに触れなければならない。)。サービス
が開始されてから，ボールが打たれるまでの間，ボールは常にプレ
イングサーフェイスよりも高い位置でかつサーバー側のエンドラ
インの後方にならなければならない。またその間，サーバー(またはダ
ブルスのパートナー)の体の一部または着用している物でボールをレ
シーバーから隠してはならない。日本卓球ルールブックを参照のこ
と。

例題 3

卓球について，次の問いに答えよ。

1　卓球の単元の初期の段階において，授業の導入段階でストレッチン
グの他に，卓球の用具を用いた「体ほぐしの運動」として，どのよう
な運動が考えられるか，運動例を示し，そのねらいを記せ。(図を使っ
て説明してもよい。)

2　授業において，公式ルールに従いダブルスのゲームを行うにあたり，
第1ゲームを図中に示す条件で開始した。以下の各問いに答えよ。

《条件》 ・最初にサービスを行うペア(組)をA(Xさん・Yさん),
　　　　　レシーブを行うペア(組)をB(Cさん・Dさん)とする。

第1ゲーム開始をする場面	第1ゲームの得点が3対3となり,その次のサービスを行う場面

A
Xさん　　　　Yさん

Cさん　　　　Dさん
B

A
(①)　　(②)

(③)　　(④)
B

(1) 第1ゲームの得点が3対3となり，その次のサービスを行う場面での(①)～(④)に入るプレイヤーをX，Y，C，Dの記号で答えよ。

(2) 第1ゲームを開始する場面と，第1ゲームの得点が3対3となり，その次のサービスを行う場面において，それぞれ，どのサーバーから，どのレシーバーにサービスを行うのか，その方向を上の図中に矢印で示せ。

解答 1 (運動例) ネットの代わりにタオルを置き，リラックスして2人組でラケットを用いてボールを打ち合う。
(ねらい) 回数を声を出して数えたり，お互いに声をかけながら交流を図ることで，楽しく運動ができるようにする。 2 (1) ① X ② Y ③ D ④ C

(2) (第1ゲームを開始する場面)　　(第1ゲームの得点が3対3となり，
　　　　　　　　　　　　　　　　　その次にサービスを行う場面)

解説　卓球のダブルスのサービスとレシーブの順序は，次の図のような順
　　　序で行う。ルールブックで確かめておこう。

━━━━━━━━━━ **例題 4** ━━━━━━━━━━

　次の文章は，卓球における運動技能の上達段階について説明したもので
ある。(①)，(②)に入る語句の正しい組み合わせを以下の(1)〜(4)
の中から1つ選べ。

　運動技能は，一般的に3つの段階をへて上達していく。

　試行錯誤の段階では，なかなかうまくいかずラケットの向きや高さが
わからないが，(①)の段階では，(②)。また，自動化の段階では，
意識しなくても状況に応じてどのように動き，どのようにラケットを出
せばよいか瞬時に判断でき，ゲームの状況に意識を向けることができる。

(1) ①　無意識な調節　　②　飛んでくるボールに対して無意識にラ
　　　　　　　　　　　　　　ケットが出せる

(2) ①　意図的な調節　　②　どこに注意すればよいかわかるようにな
　　　　　　　　　　　　　　る

(3) ①　無意識な調節　②　意識しなくてもたまにうまくできるように
なる

(4) ①　意識的な調節　②　意識すればたまにうまくできるようにな
る

解答 (2)

解説 運動技能の上達過程は，一般的に次の3段階である。

[初期]　試行錯誤の段階…どのように動いたらよいかがわからない
段階で，運動感覚と動いた結果としての技能が合っていない
状態。

[中期]　意図的な調節の段階…どのように動いたらよいか計画的に
行う段階で，運動感覚と技能が身についていく状態。

[後期]　自動化の段階…どのように動いたらよいかがわかった段階
で，運動感覚と技能が身について自動的に動けるようになっ
た状態。

テニス

●競技の概要

○近代テニスは1873年にイギリスの**ウイングフィールド**が考案したといわれ，日本には1878年にアメリカの**リーランド**が紹介し，全国に広まった。

○プレイヤーは1〜2人。相手がボールを打ち返せない，またはネットに引っかけるといったミス，もしくは反則等で得点し，勝敗を競う。

●フィールド等の名称

●プレイ上の注意点

○競技開始は**サービス**による。サービスはトスを上げ，ボールが地面に落ちる前に打つ。

○サービスは所定の位置に入ることが要求されており，入らない場合はフォールトとなる。フォールトを2回続けるとダブルフォールトとなり，相手側にポイントが入る。また，サービスのボールがネット等に触れてから，所定の位置に入った場合等は，打ち直しとなる(レット)。

○レシーブはボールが自陣で1バウンド，またはノーバウンドの球を打つ。ただし，サービスリターンは1バウンドしたボールに限る。

○ライン上に落ちたボールはインプレイとなる。

○ボールがネットの外を回っても，相手陣内に正しく入れば有効打となる。

○競技は1ゲーム，4ポイント先取であり3対3(40－40，デュース)となった場合は，2ポイント差がつくまで続行する。

●相手のポイントとなる主な場合

○サービスがダブルフォールトとなった場合

○リターンができなかった場合(アウト・ネットの場合を含む)

○ボールを続けて2回打った場合

○自分のコートでボールが2回バウンドした場合

○ラケットや衣服などがネットに触れた場合

例題 1

次のテニスのゲームについて述べた文の[ア]～[ウ]に当てはまる語や数字を答えよ。

テニスのゲームは，先に[ア]ポイントを取ったほうが「ゲーム」を取る。3対3になったときは[イ]となり，その後2ポイント続けて取らなければならない。奇数ゲームが終了したときにコートチェンジをする。先に[ウ]ゲームを取ったほうが「セット」を得る。5対5になったときは，その後2ゲーム差をつけたほうが得る。1セットマッチではセットを取れば終了し，3セットマッチでは2セット取れば終了となり，その試合の勝者となる。

解答　ア　4　　イ　デュース　　ウ　6

例題 2

次のア～オの各文は，テニスについて述べたものである。正しいものを○，誤っているものを×としたとき，正しい組み合わせはどれか。あとの①～⑤から1つ選べ。

ア　コンチネンタルグリップは，当てて返すだけのグラウンドストロー

クやスライス，ボレー，サービス，スマッシュに適した握りである。

イ　第1ゲームの前にトスを行い，トスに勝った者が，必ず最初のサーバーとなり，ゲームを開始する。

ウ　各ゲームの最初のポイントでは，サービスを左コートの後方からとし，以後は左右交互に行う。

エ　ダブルスの場合，各セットの第1ゲーム，第2ゲームはそれぞれの組のどちらのプレイヤーがサーバーになってもよい。

オ　各セットの奇数目のゲームが終了する毎にコートサイドを交代する。

	ア	イ	ウ	エ	オ
①	×	○	○	×	×
②	×	○	×	○	×
③	○	×	×	×	○
④	×	×	○	○	○
⑤	○	×	×	○	○

解答　⑤

解説　ア，ウエスタングリップ…置いてあるラケットを上から握る持ち方。回転量の多いトップスピンボールを打つことに適している。イースタングリップ…手をガット面に当ててそのままずらしてきてグリップを握る持ち方。コンチネンタルグリップ…ウエスタングリップとイースタングリップの中間のグリップで，当てて返すだけのグランドストロークやスライス，ボレー，サービス，スマッシュなどに適している。　イ，トスに勝った者はサービスかサイドの選択ができる。　ウ，左コート後方ではなく，右コート後方が正しい。

バドミントン

●競技の概要

○バドミントンは1899年イギリスにて統一ルールで開催された。日本では大正時代に伝えられ，全国に広まった。

○プレイヤーは1〜2人。球技といっても，シャトルといわれる羽根を使って行われるのが特徴。相手がシャトルを打ち返せない，またはネットに引っかけるといったミス，もしくは反則等で得点し，勝敗を競う。

●フィールド等の名称

【注意】

・バドミントンは**屋内競技**であり，天然光線や風の侵入を防ぐ必要がある。

・コート中央の明るさは1,200ルクス以上，天井の高さは12m以上。

●フライトの種類

クリアー……相手コート深くに飛ぶ打球。

ドロップ……相手コート前方に打球の勢いを極力ぬいて落とす打球。

スマッシュ……高い位置からオーバーヘッドストロークで力一杯たたきこむパワーとスピードのある打球。

ジャンピングスマッシュ……ジャンプして打つスマッシュ。打点が高くなるため，さらに角度をつけて打つことが可能になる。

ドライブ……ネットすれすれに床面と平行に打つ打球。

プッシュ……ネット近くに浮いてきたシャトルをバックスイングなしで押すようにして打つ打球。

ネットショット(ヘアピン)……ネットフライトともいう一番小さな打球。ネット際に落とされた相手の打球をネットすれすれにはわせるように打つ。

●注意点

○競技開始はサービスによる。サービスは斜め向かい側のサービスコート内に入れなければならない。また，サービスコートの広さはシングルス，ダブルスで異なることに注意(縦はショートサービスラインとロングサービスラインの間，横はサイドラインとセンターラインの間)。

○サービスはサービスコート内から打つがラインを踏んではならない。また，サービスを打つ場合，サーバーのラケットで打たれる瞬間にシャトル全体がコート面から1.15m以下になければならない。

○原則，21点先取の3セットマッチ。20対20になった場合は，以降2点差がつくか30点目を得点するまで試合を続行する。

●ダブルスの注意点

○サービス側が得点をとった場合は同一のサーバーがサービスコートの左右を替えて，サービスを行う。

○レシーブ側が得点をとった場合は，自チームの得点が偶数の場合は右側のプレイヤーが，奇数の場合は左側のプレイヤーがサービスを行う。

●相手のポイントとなる主な場合

○サービスがフォルトとなった場合

○リターンができなかった場合(アウト・ネットの場合を含む)

○シャトルが体や衣服にあたる(タッチザボディ)
○ラケットの一部がネットを越えた場合(オーバーザネット)。ただし，ネット下で越えた場合は反則にならない場合もある
○プレイヤーのラケット，体，衣服がネットなどに触れる(タッチザネット)
○同一のプレイヤーが2回連続でシャトルを打つ(ドリブル)
○同じチームのプレイヤーが続けてシャトルを打つ(ダブルタッチ)

例題 1

次の文章は，バドミントンについて述べたものである。[a]，[b]に入る最も適当なものを，それぞれの語群のうちから1つずつ選べ。

ア　次の図は，バドミントンコートについて示したものである。ダブルスのゲームで，Aのポジションからサービスする時，サービスコートを示すエリアは[a]である。

				イ		エ
				ア		ウ
		A				

[a]の語群
①　ア　　②　ア・イ　　③　ア・ウ　　④　ア・イ・ウ・エ

イ　シャトルのフライトの種類で，ドライブの説明文として正しいのは[b]である。

[b]の語群
①　相手コートへ高く，また奥深くに飛び垂直に落下するようなフライト。
②　ネットを越えてすぐに落下するようなフライト。
③　ネット際からネットすれすれを越えて真下に落とすようなフライト。
④　ネットすれすれに床面と平行に飛ぶようなフライト。

解答 a ②　　b ④

解説 イのフライトの種類，①はクリアー，②はドロップ，③はネット
ショット(ヘアピン)，④はドライブである。

■■■■■ **例題 2** ■■■■■

第3学年の競技「バドミントン」の学習について，次の表のような単元
計画を作成した。以下の(1)〜(4)の問いに答えよ。

＜表＞単元計画

過程	時間(分)	つかむ	追　究　す　る				まとめる
		1時間目	2時間目	3時間目	4時間目	5時間目	6・7時間目
学習活動		あいさつ　健康観察　準備運動　補助運動　めあての確認					
	10	1 オリエンテーション ・種目の特性 ・授業の確認 等	1 サービスの練習 ・ロングハイサービス ・ショートサービス	1 ストロークの練習① ・アンダーハンドストローク (フォアハンド・バックハンド)	1 ストロークの練習② ・C オーバーヘッドストローク (クリア・スマッシュ・ドロップ)	1 ストロークの練習③ ・オーバーヘッドストローク (クリア・スマッシュ・ドロップ)	1 ダブルスゲーム
	20	2 ラケットの持ち方を確認する	2 A サービスゲーム	2 B 定位置に戻るステップ練習	2 ラリーゲーム	2 ヘアピンの練習	
	30						
	40	3 単元の見通しをもつ		3 ラリー練習		3 D シングルスゲーム	・単元のまとめ
	50	学習のまとめ　振り返り　片付け					

(1)　下線部Aにおいて，授業の前半で練習したサービスの定着を図るため，
サービスゲームを行うこととした。図のXからサービスを打つこととして，
生徒が楽しみながらサービスの打ち方を身に付けられるゲームの設定に
ついて，具体的に書け。

なお，ラケットとシャトル以外の用具も使ってよいこととする。

＜図＞

(2) 下線部Bにおいて，定位置に戻るステップ練習を行ったところ，生徒から，「何のために定位置に戻るのですか」という質問が出たので，質問に解答したい。定位置に戻る理由について，簡潔に答えよ。

(3) 下線部Cにおいて，クリアとスマッシュを打ち分ける練習を行ったところ，スマッシュの打てない生徒がいた。二人組でICT機器を活用し，フォームとラケットの面の角度を分析して，その課題を解決させたい。

　フォームとラケットの面を撮影する際，どの方向から撮影するとよいか，書け。また，撮影した映像を確認しながらアドバイスする際のポイントを，具体的に書け。

(4) 下線部Dのゲームにおいて。相手にスマッシュを打ち込まれ，失点する生徒がいたので，相手にスマッシュを打たせないような位置に返球するアドバイスをしたい。返球のアドバイスを，具体的に書け。

解答 (1) サービスコートにフラフープを4つ置き，2種類のサービスを交互に計10回行い，何個入れられたかを競うゲーム。など　(2) 相手の攻撃に対して，空いた場所を作らないようにし，次の攻撃に備えるため。など　(3) 撮影の方向…打っている生徒の真横から。など　ポイント…体の前でシャトルを打つようにし，ラケットの面が斜め下に向いている。など　(4) ドロップなどを使い，相手に腰より低い位置で打たせるような場所にシャトルを打とう。など

解説 (1) シングルコートの，ロングハイサービスで狙うポイントは，コートの端(最も長い距離)とセンター側(相手が右利きならバック側)の一番奥にする。ショートサーブも同様にショートサービスラインに隣接する左右両側にする。ショートサービスでは，ネットを越すときに高くなりすぎないように，紐を張ってもよい。　(2) バドミントンは，シャトルを打つ場所を工夫して相手にコート内に空いたスペースをつくらせそこを攻めてポイントをとるゲーム。守備は，自分が優位に攻めていて，相手の返球を予測できる時を除いて，取れない場所をつくらないようにする必要がある。そこで，どこにシャトルをコントロールされても同じようにコートをカバーできる定位置に戻っておく必要がある。　(3) 出来れば，頭が邪魔にならない

ようフォアハンド側から撮影したい。スマッシュの打点は，腰から頭を結ぶ線よりも前で打つ必要があるが，打点が下がりすぎないように注意したい。　(4)　スマッシュを打ち込まれないようにするためには，低い打点で取らせるか，ハイクリアーでコートの奥から打たせる方法がある。コート奥からなら，スマッシュを打ち込まれても，返球できる可能性は十分高い。またプッシュで返球し相手にスマッシュを打つのに必要な準備をさせない方法もある。

■■■■ **例題 3** ■■■■

バドミントンで，サービスが失敗(フォルト)となる事例を5つ書け。

解答　・サービスを空振りしたとき　　・シャトルの最初の接触点が，シャトルのコルク(台)でなかったとき　　・打つときにラインを踏んだり，越えたりしたとき　　・打つときに足が移動したり，上がったとき　　・シャトルがネットにかかったり，のったり，ネットを超えたあとネットにかかったりしたとき　　・打つときにウエストより高い位置で打ったとき　など

解説　その他，一度サービスの構えに入ってから，相手をまどわす行為をしたり，わざとサービスを遅らせたとき，パートナーがサーバーやレシーバーを相手から見せないように構えたとき等があげられる。

■■■■ **例題 4** ■■■■

　次はバドミントンのダブルスのゲームの進め方についての説明である。誤っているものを(1)～(4)の中から1つ選べ。
(1)　トスで最初にサービスするサイドが決定したら，そのサイドの右側からサーバーが対角線との相手方サービスコートのプレイヤーにサービスをしてゲームを開始する。
(2)　サービングサイドのスコアが，奇数のとき，サーバーは左サービスコートでサービスする。
(3)　サービングサイドのプレイヤーは，得点するまで，それぞれのサー

　　ビスコートを替えてはならない。

(4)　サービスの順序は，ゲームの最初のサーバー　→　最初のレシーバー
　　　→　最初のサーバーのパートナー　→　最初のレシーバーのパート
　　　ナー　→　最初のサーバー　である。

解答　(4)

解説　バドミントンは，全種目21点3ゲームで2ゲーム先取のラリーポイ
ント方式(サーブ権に拘わらずラリーに勝った方にポイントが入る
ルール)である。したがって，単複ともにラリーに勝った方が次の
サービスを行う。ダブルスのサービスは次のように進められる。

　　＜ダブルスのゲームの進め方・サービスについて＞

・サービス側がラリーに勝った場合，同一サーバーが左右を変えて
サービスを行う。

・レシーバーがラリーに勝った場合は，レシーバー側が次のサービ
スを行うが，自分たちの得点が偶数なら右から，奇数なら左か
ら，その位置(その直前のラリーのサービスを受けた位置)にい
るプレイヤーがサービスを行う。

・セカンドサービスは無し。

・見方を変えると，サービスで得点した場合は左右を交替し，サー
ビスが戻ってきた時には前回と異なるプレイヤーがサービスを行
うことになる。

第6章

武道

保健体育科　武　道

ポイント

　武道は，武技，武術などから発生した我が国固有の文化であり，相手の動きに応じて，基本動作や基本となる技を身に付け，相手を攻撃したり相手の技を防御したりすることによって，勝敗を競い合い互いに高め合う楽しさや喜びを味わうことのできる運動である。

　武道は，中学校で初めて学習する内容であるため，基本動作と基本となる技を確実に身に付け，それらを用いて，相手の動きの変化に対応した攻防を展開することができるようにすることが求められる。

　したがって，中学校第1学年及び第2学年では，技ができる楽しさや喜びを味わい，武道の特性や成り立ち，技の名称や行い方，その運動に関連して高まる体力などを理解するとともに，基本動作や基本となる技を用いて簡易な攻防を展開することができるようにすること。そして，第3学年では技を高め勝敗を競う楽しさや喜びを味わい，伝統的な考え方，技の名称や見取り稽古の仕方，体力の高め方などを理解するとともに，基本動作や基本となる技を用いて攻防を展開できるようにすることを学習のねらいとしている。

　高等学校では，中学校までの学習を踏まえて，勝敗を競ったり自己や仲間の課題を解決したりするなどの多様な楽しさや喜びを味わい，「得意技などを用いた攻防を展開することができるようにする」ことなどが求められる。したがって，入学年次では，技を高め勝敗を競う楽しさや喜びを味わい，伝統的な考え方，技の名称や見取り稽古の仕方，体力の高め方などを理解するとともに，基本動作や基本となる技を用いて攻防を展開することができるようにする。また，入学年次の次の年次以降では多様な楽しさや喜びを味わい，技の名称や行い方を理解するとともに，攻防を展開すること，生涯にわたって運動を豊かに継続するための課題に取り組み，考えたことを他者に伝えること及び武道に主体的に取り組むとともに，伝統的な行動の仕方，責任，

共生などの意欲を育み健康・安全を確保することができるようにする
ことを学習のねらいとしている。

柔 道

●柔道の技能・用語

　柔道の技能には，基本動作と対人的技能がある。基本動作には，姿勢と組み方，進退動作，崩しと体さばき，**受け身**などがある。対人的技能には，投げ技と固め技とがある。投げ技の内容には，手技として「体落とし」，**「背負い投げ」**，腰技として「払い腰」，「大腰」，**「釣り込み腰」**，「跳ね腰」，足技として「膝車」，「支え釣り込み足」，「大外刈り」，「大内刈り」，「小内刈り」，「出足払い」，「送り足払い」，「内股」，捨て身技として「ともえ投げ」などがある。

　固め技の内容には，抑え技として「けさ固め」，**「崩れけさ固め」**，「縦四方固め」，絞め技として「三角絞め」，「送り襟絞め」，関節技として「腕がらみ」，「腕ひしぎ十字固め」などがある。

　そして，技の連絡変化(連絡変化技)として「投げ技から投げ技」，「投げ技から固め技」，「固め技から固め技」などがある。また，対人的技能の練習に関連して「形」の取扱いを工夫することも効果的である。

　なお，中学校・高等学校で学習する技は捨て身技以外の投げ技，抑え技が中心であり，絞め技や関節技は安全上の観点から取り扱わないこととしている。

●柔道の練習法

□**かかり練習(打ち込み練習)**　正確な技のかけ方の練習で，同じ技を繰り返し練習し，崩し・体さばき・かけ方・力の用い方などを身に付ける練習法。

□**約束練習**　動きながら正確に技をかける練習で，かかり練習で習得した個々の技をさらに上達させるため，**技や移動条件をお互いに約束して**練習する方法。

□**自由練習(乱取り)**　かかり練習や約束練習で身に付けたものを**総合的**に練習する方法。

●柔道の禁止事項

【軽微な違反】

・立ち姿勢のとき極端な防御姿勢をとること。

・相手の柔道衣の袖口または下穿の裾口に指をさし入れたりして，相手の袖をねじり絞って持つこと。

・相手の顔面に直接手や足をかけること。

・攻撃しているような印象を与えるが，明らかに相手を投げる意志のない攻撃を行う(偽装的攻撃)。

・「標準的な」組み方以外の組み方で直ちに攻撃しないこと。

・相手に攻撃させないことを目的に故意に組み合わないこと。

・組み手を両手で切ること。

【重大な違反】

・内股・跳ね腰・払い腰などの技をかけながら，体を前方に深く曲げ，頭から突っ込むこと。

・河津がけで投げること。

・払い腰をかけられたとき，相手の支えている足(脚)内側から刈り，または払うこと。

・頸や頸椎・脊髄などに危害を及ぼしたり，柔道精神に反するような動作をする。

●柔道の指導の要点

≪中学校≫

指導に際しては，「崩し」から相手の不安定な体勢を捉えて技をかけやすい状態をつくる「体さばき」，「技のかけ」をまとまった技能として捉え，対人的な技能として一体的に扱うようにする。特に，「受け身」は，投げられた際に安全に身を処するために，崩し，体さばきと関連させてできるようにし，相手の投げ技と結び付けてあらゆる場面に対応して受け身がとれるようにすることが大切である。以下は，学習指導要領解説に掲載されている中学校第1学年，第2学年の例示である。

○基本動作

・姿勢と組み方では，相手の動きに応じやすい自然体で組むこと。

・崩しでは，相手の動きに応じて相手の体勢を不安定にし，技をかけやすい状態をつくること。

・進退動作では，相手の動きに応じたすり足，歩み足及び継ぎ足で，体の移動をすること。

○受け身

・横受け身では，体を横に向け下側の脚を前方に，上側の脚を後方にして，両脚と一方の腕全体で畳を強くたたくこと。

・後ろ受け身では，あごを引き，頭をあげ，両方の腕全体で畳を強くたたくこと。

・前回り受け身では，前方へ体を回転させ，背中側面が畳に着く瞬間に，片方の腕と両脚で畳を強くたたくこと。

○投げ技

・取は膝車をかけて投げ，受は受け身をとること。

・取は支え釣り込み足をかけて投げ，受は受け身をとること。

・取は体落としをかけて投げ，受は受け身をとること。

・取は大腰をかけて投げ，受は受け身をとること。

・取は大外刈りをかけて投げ，受は受け身をとること。

大外刈り

体落とし

○固め技

・取は，「抑え込みの条件」を満たして相手を抑えること。

・取はけさ固めや横四方固めで相手を抑えること。

・受はけさ固めや横四方固めで抑えられた状態から，相手を体側や頭方向に返すこと。

けさ固め

横四方固め

≪高等学校≫

　入学年次では，「相手の動きの変化に応じた基本動作や基本となる技，連絡技を用いて，相手を崩して投げたり，抑えたりするなどの攻防をすること」を，入学年次の次の年次以降では，「相手の動きの変化に応じた基本動作から，得意技や連絡技・変化技を用いて，素早く相手を崩して投げたり，抑えたり，返したりするなどの攻防をすること」を学習のねらいとする。ここでは，指導例として学習指導要領における基本動作の例示の一部を示す。入学年次と入学年次の次の年次以降ではどのように異なるか，比較しておくとよい。

〈例示〉

［入学年次］

　○基本動作

　・姿勢と組み方では，相手の動きの変化に応じやすい自然体で組むこと。

　・崩しでは，相手の動きの変化に応じて相手の体勢を不安定にし，技をかけやすい状態をつくること。

　・進退動作では，相手の動きの変化に応じたすり足，歩み足，継ぎ足で，体の移動をすること。

　・受け身では，相手の投げ技に応じて横受け身，後ろ受け身，前回り受け身をとること。

［入学年次の次の年次以降］

　○基本動作

　・姿勢と組み方では，相手の体格や姿勢，かける技などに対応して，素早く自然体で組むこと。

　・崩しと体さばきでは，自分の姿勢の安定を保ちながら相手の体勢を不安定にし，素早く技をかけやすい状態をつくること。

　・進退動作では，自分の姿勢の安定を保ちながら素早く体の移動をすること。

　・受け身では，相手の投げ技に応じて安定した受け身をとること。

　なお，固め技には，抑え技，絞め技，関節技があるが，生徒の心身の発達の段階から高等学校では中学校に引き続き抑え技を扱うこととする。

柔道の主な技の例

	技	中学校1・2年	中学校3年 高校入学年次	高校 入学年次の次の年次以降
投げ技	支え技系	膝車	→	→
		支え釣り込み足	→	→
	まわし技系	体落し	→	→
		大腰	→	→
			釣り込み腰	→
			背負い投げ	→
				払い腰
				内股
	刈り技系	大外刈り	→	→
			小内刈り	→
			大内刈り	→
	払い技系			出足払い
				送り足払い
固め技（抑え技）	けさ固め系	けさ固め	→	→
	四方固め系	横四方固め	→	→
			上四方固め	→
				縦四方固め
	肩固め系			肩固め
技の連絡	投げ技の連絡		大内刈り⇒大外刈り	→
			釣り込み腰⇒大内刈り	→
			大内刈り⇒背負い投げ	→
	固め技の連絡		けさ固め⇒横四方固め	→
			横四方固め⇒上四方固め	→
	投げ技から固め技への連絡			内股⇒けさ固め
技の変化	投げ技の連絡			相手の技をそのまま切り返す
				相手の技を利用して自分の技で投げる
	固め技の連絡			相手の固め技を返して抑える

※表中の「→」は既習技を示している。

━━━━━━━━━━ **例題 1** ━━━━━━━━━━

次の柔道における技の説明文について，その技の名称と指導上の留意点を記せ。

(1) 右組の場合，「取」は，「受」を右後ろ隅に崩し，左足を軸に右足の土踏まずやかかとの部分を，「受」の右足かかと部分に当て刈り投げる。

(2) 「取」は「受」の頭の方に位置し，「受」の上体の上にふせて身体を乗せる。両腕を「受」の肩先外側より入れて両横帯を握り腕を制し，両腕を大きく開き胸で「受」の頭，胸を圧して抑える。

解答 (1) 技の名称：小内刈り　指導上の留意点：受を後ろ隅に崩し，足で受の足を内側後方から刈る。腕の使いかたは，右手は上から押し，左手は引き落とすようにする。　(2) 技の名称：上四方固め　指導上の留意点：両手を引き絞り，脇を締める，両脚は左右に大きく開きバランスを保ちながら相手の動きに応じられるようにする。

解説 (1) ・受の体重がかかとに乗る瞬間に刈る。　・軸足(取の左足)のつま先を外に向ける。　・刈るとき，腰がひけないようにする。
(2) 相手の上体を圧して制する。

━━━━━━━━━━ **例題 2** ━━━━━━━━━━

柔道について，次の(1)，(2)に答えよ。

(1) 横四方固めを取り扱う授業において，本時の評価規準のおおむね満足できる状況を「提供された攻防の仕方から，自己に適した攻防の仕方を選んでいる。」とした。A この評価規準の観点と，その際，B 受けの生徒へ提供する攻防の仕方(逃げ方)を書け。また，C 生徒の関心・意欲を高めながら，この攻防の仕方が習得できる活動とその留意点を具体的に書け。

(2) 次の文章は，固め技についての説明文である。(①)～(③)にあてはまる語句をあとのア～カから選び，その記号を書け。

固め技では，固め技の姿勢や(①)を用いながら，固め技の基本となる技や簡単な技の入り方や切り返し方ができるようにすることが大切である。

なお，固め技には(②)，(③)，関節技があるが，生徒の心

身の発達の段階から高等学校及び中学校では(　②　)のみを扱うこと
とする。

ア　柔道着の特性　　イ　絞め技　　ウ　足技

エ　体さばき　　　　オ　首技　　　カ　抑込技

解答　(1)　A　思考・判断　　B　相手を体側や，頭方向に返すことによっ
て逃げる。　C　活動…受けと取りを決め，時間を25秒とし，返し
たら受けの勝ち，返さなければ取りの勝ちのルールでミニゲームを
行う。　留意点…次の試合は前の試合の勝った者同士，負けた者同
士とし，5回行う。　(2)　①　エ　②　カ　③　イ

解説　(1)　横四方固めは，取は受の右体側につき，右腕を受の股の間から
入れて，その下ばき又は帯を握る。左腕を受の首の下から入れて，
その左横襟を深く握る。取は右膝を曲げて受の右腰に当て，左脚は
つま先を立てて左後方に伸ばす。胸を張るようにして受の胸部を圧
して抑える。取は，受の首と脚を制しながら抑える。受は，体を横
にかわす動作を使って取に近づき，脚をからめて応じる。つまり，
受は横四方固めで抑えられた状態から，相手を体制や頭方向に返す
とよい。　(2)　中学校学習指導要領解説保健体育編(平成29年7月)
第2章　第2節　〔体育分野〕　2　Fにおいて固め技とともに「基本
となる技」とされている投げ技についても押さえておくこと。また，
柔道についての出題では，受傷の防止に関するものが頻出であるの
で，加速損傷やセカンドインパクトシンドロームなどのキーワード
を中心に確認しておくとよい。

━━━━━━━━━━━ **例題 3** ━━━━━━━━━━━

体育分野の領域「武道」の「柔道」について，次の1〜3に答えよ。

①   ②   ③   ④   ⑤

1 　上の図は，「柔道」のある投げ技を行っている様子を示したものである。この投げ技に関して，次の(1)・(2)に答えよ。

　(1)　この投げ技を何といいますか。その名称を書け。

　(2)　この投げ技の一連の動きの中で，③から⑤の動きについて，簡潔に説明せよ。

2 　この投げ技を習得させる授業を展開しているとき，④の場面において「取」の上体が崩れ，後ろに倒れながら無理やり技をかけてしまい，「受」の受け身がとれず，肩から落ちた生徒がいました。このように上体が崩れた「取」の生徒に対して，どのようなことに留意するよう指導するか。簡潔に1つ書け。

3 　柔道の授業において，けがや事故につながらないよう施設の状況に応じて安全対策を行う場合，どのような点を確認することが必要か。簡潔に2つ書け。

解答 1 　(1)　支え釣り込み足　　(2)　取は受を右前隅に崩し，受の右足首を左足裏で支え，引き手，釣り手で釣り上げるようにして，腰の回転を効かせて受の前方に投げる。　　2 　・上体が崩れた場合は，技をかけないで自ら後ろ受け身をとるようにすること。　　・右足前さばきをしっかりした上で，技をかけるようにすること。(以上から1つ)　　3 　・畳が破れていたり，穴があいていないこと。　　・畳に隙間や段差がないこと。　　・釘やささくれ，鋲などの危険物がないこと。・武道場がなく体育館で授業を展開する場合は，弾力性のある適度に柔らかい畳を使用したり，安全な枠を設置したりするなど畳のず

れを防ぐ措置がとられていること。(以上から2つ)

解説　1　柔道の投げ技は，大きく分けて「支え技系」「刈り技系」「まわし技系」の3つの系統に分けられる。本問で出題された「支え釣り込み足」は，その中の「支え技系」に分類される。柔道を指導する際，系統別にまとめて扱うとされているので，系統別に技の名称とその技の動きを確認しておくこと。また，足裏を相手の膝にあてて投げる「ひざ車」と間違えやすいので注意したい。　3　学習指導要領解説において，健康・安全を確保するとは「禁じ技を用いないことはもとより，相手の技能の程度や体力に応じて力を加減すること，用具や練習及び試合の場所の安全に留意すること，施設の広さなどの状況に応じて安全対策を講じること，自己の体調や技能の程度に応じた技術的な課題を選んで段階的に挑戦することなどを通して，健康を維持したり自己や仲間の安全を保持したりする」ことを示している。特に柔道の安全確保については「柔道の授業の安全な実施に向けて」(文部科学省)を参照したい。

剣道

●剣道の技能・用語

　剣道の技能には，基本動作と対人的技能とがあり，基本動作としては，構えと体さばき(自然体・中段の構え・足さばき)，打突の仕方と受け方［正面・左右面・胴(右)・小手(右)］，素振りがある。

　対人的技能には，しかけ技と**応じ技**とがある。しかけ技の内容には，二・三段の技として「小手－面」，「面－面」，「小手－胴」，「面－胴」，「突き－面」などと「小手－面－胴」など，払い技として，「払い面」，「**払い胴**」，「払い小手」など，出ばな技として，「出ばな面」，「出ばな小手」など，引き技として，「引き小手」，「**引き面**」，「引き胴」などがある。応じ技の内容には，抜き技として，「面抜き胴」，「小手抜き面」など，すり上げ技として，「面すり上げ面」，「小手すり上げ面」など，返し技として，「面返し胴」，「面返し面」など，打ち落とし技として**胴打ち落とし面**などがある。

　基本動作や対人的技能との関連で，「形」の取扱いを工夫することも大切である。

　また，生徒の心身の発達段階から，学習指導要領解説では中学校・高等学校では「**突き技**」を扱わないこととしている。

●剣道の用語

□**有効打突**……充実した気勢，適正な姿勢をもって，竹刀の打突部(刃部の全長の3分の1前で，弦の反対側の部分)で相手の打突部位(面，小手，胴，突き)を刃筋正しく打突し，残心あるもの。

□**残心**……満身の気力を込めて打突したあと，相手の次の動きや打突に対して直ちに**応ずること**ができるような油断のない心構え，身構えをいう。

□**充実した気勢**……相手に対して，**恐れたり**，迷ったりすることなく，全身の気力を出して攻撃している体勢，または掛声をかけて気力が充実していること。

□**適正な姿勢**……理にかなった正しい姿勢のことで，相手の攻撃に対し

ていつでも対応できる姿勢や，打突したあとの残心に関する姿勢も含む。

□気剣体の一致……充実した気勢でのからだの動きが，からだの動きと一致していること。即ち，攻撃する心と剣の技と，それに相応した打突の姿勢が一致していること。

□間合……自分と相手との距離や位置の関係をいう。剣道の基本的な間合としては一足一刀の間合(一歩踏み込めば相手を打突できる距離で竹刀が5〜10cmぐらい交わる距離)，それ以上に交差(交わった)した場合が近間で，竹刀の先がお互いに離れた場合を遠間という。

□懸待一致……懸は攻め，待は防ぐで攻防表裏一体となっていること。

□三殺法……剣を殺し，技を殺し，気を殺すということ。即ち，相手の構え，技，気を殺すということで，相手を攻撃するときの教えである。

□不動心……相手の変化，動作に惑わされず，実力を発揮できる心。

□相打ち……両者がまったく同時に有効打突がきまったときをいう。

□四戒……驚き，懼れ，疑い，惑いの4つをいい，剣道で，最もなってはいけない心の状態をいう。

□丹田に力……丹田と呼ばれるへその下の部分(下腹部)に力を入れることで，掛け声の効果とあいまって，交感神経への刺激となり，心と気の働きが高まるといわれている。

●剣道の練習法

□素振り……空間打突の練習で，上下素振り，斜め素振り，跳躍素振りが代表的である。

□打ち込み練習(稽古)……竹刀で，打ち込み台，防具をつけた人を相手に基本打突を行う練習法。

□約束練習(稽古)……決められた技を打つ役，打たせ役になって行う練習法。

□約束かかり稽古……決められた技や動きにしたがって，10〜15秒の間に連続して打突する練習法。

□かかり稽古……打たせ役は「対人技能の打たせ方」によって構えを開けて打たせたり，体当たりを受けたりする練習。

□互格稽古……お互いに対等の立場で，自由に技を出し，守り，応じる実践練習。

□試合稽古……相互で審判，3人審判にして，1・3・5・7本などの勝負をする練習。

□地稽古……いわゆる下地をつける稽古(練習)をいう。地稽古は，かかり稽古，互格稽古，引立稽古，打ち込み稽古，試合稽古に分けることができ，基本練習から試合ができるようになる連絡的な練習法として，また自分の技を向上させるものとして，剣道における中心的な練習の仕方である。

□引立稽古(練習)……技能の上の者や指導者がもとに立ち，技能の下の者を引き立てて稽古(練習)をすること。

●剣道の指導の要点

≪中学校≫

指導に際しては，構えや体さばきと基本の打突の仕方や受け方は関連付けて身に付けることに配慮するなど，対人的な技能と一体的に扱うようにする。例えば，学習指導要領解説に掲載されている中学校第1学年，第2学年の例示では以下のように示されている。

〈例示〉

○基本動作

・構えでは，相手の動きに応じて自然体で中段に構えること。

・体さばきでは，相手の動きに応じて歩み足や送り足をすること。

・基本の打突の仕方と受け方では，中段の構えから体さばきを使って，面や胴(右)や小手(右)の部位を打ったり受けたりすること。

指導に際しては，2人1組の対人で，体さばきを用いてしかけ技の基本となる技や応じ技の基本となる技ができるようにすることが大切である。また，基本動作や基本となる技を習得する学習においては，「形」の取扱いを工夫することも効果的である。

≪高等学校≫

入学年次では，「相手の動きの変化に応じた基本動作や基本となる技を用いて，相手の構えを崩し，しかけたり応じたりするなどの攻防をする

こと」，入学年次の次の年次以降では，「相手の動きの変化に応じた基本動作から，得意技を用いて，相手の構えを崩し，素早くしかけたり応じたりするなどの攻防をすること」を学習のねらいとする。

　入学年次の「相手の動きの変化に応じた基本動作」とは，相手の動きの変化に応じて行う構えと体さばき及び基本の打突の仕方と受け方のことである。

　入学年次の次の年次以降の「相手動きの変化に応じた基本動作」とは，この段階では，相手の動きに速い変化が見られるようになり，その動きの変化に素早く対応することが必要になる。こうした相手の動きの変化に応じて行う構え，体さばきのことである。なお，学習指導要領解説では次のように示されている。入学年次と入学年次の次の年次以降ではどのように異なるか，比較しておくとよい。

〈例示〉

○基本動作

［入学年次］

・構えでは，相手の動きの変化に応じた自然体で中段に構えること。

・体さばきでは，相手の動きの変化に応じて体の移動を行うこと。

・基本の打突の仕方と受け方では，体さばきや竹刀操作を用いて打ったり，応じ技へ発展するよう受けたりすること。

［入学年次の次の年次以降］

・構えでは，相手の動きの変化に応じた自然体で中段に構えること。

・体さばきでは，相手の動きの変化に応じて体の移動を行うこと。

・基本の打突の仕方と受け方では，相手の動きに対して，素早く間合いを近くしたり遠くしたりして打ったり，応じ技へ発展するよう受けたりすること。

剣道の主な技の例

技		中学校1・2年生	中学校3年 高校入学年次	高校 入学年次の次の年次以降
しかけ技	二段の技	面－胴	→	→
		小手－面	→	→
			面－面	→
				小手－胴
	引き技	引き胴	→	→
			引き面	→
				引き小手
	出ばな技		出ばな面	→
				出ばな小手
	払い技		払い面	→
				払い小手
応じ技	抜き技	面抜き胴	→	→
			小手抜き面	→
	すり上げ技			小手すり上げ面
				面すり上げ面
	返し技			面返し胴
	打ち落とし技			胴打ち落とし面

※表中の「→」は既習技を示している。

■ **例題 1** ■

「剣道」について，問1〜問4に答えよ。

問1　次の文章は剣道の有効な打突について述べたものである。[①]，
[②]に当てはまる語句を書け。

　　試合において，有効な打突とは，充実した気勢，適正な[①]を
もって竹刀の打突部で打突部位を刃筋正しく打突し，[②]のある
ものをいう。

問2　剣道を安全に行わせる指導において，竹刀の安全点検の項目を2つ
書け。

問3　面打ちを指導するときの留意点として適当でないものをあとのア〜
キからすべて選べ。

ア　はじめはすり足で大きく，ゆっくりと振りかぶって打ち，次第に小さく速く，踏み込んで打つようにさせる。

イ　刃筋は体の中心を通るようにし，背筋を伸ばして打つようにさせる。

ウ　振りかぶってから打つのではなく，振りかぶりと打つことが1つの素早い動作になるようにして打つようにさせる。

エ　相手の面の打突部位を正確にねらい，竹刀刃部の中央部分で打つようにさせる。

オ　打ち込むとき右足を過度に上げたり，足先を外側に向けたりしないで，正しく相手に向かって踏み込むようにさせる。また，左足を引きずったり，はねたりしないで，速く右足に引きつけるようにさせる。

カ　打ち込むとき，上体を反らせたり，前に傾きすぎたりしないようにさせる。

キ　相互に中段の構えで相対し，はじめから近い間合をとらせて打つようにさせる。

問4　次の文章は，正面打ちの受け方を指導するときの留意点を述べたものである。[　①　]，[　②　]に当てはまる語句を書け。

　　正面打ちを受けるときは，[　①　]の足さばきで右(左)へわずかに体をかわしながら，両腕を伸ばし，両こぶしを前に上げて，竹刀を斜めにし，竹刀の左(右)側で受けさせる。また，受けたときの竹刀の接点は，自分の面の打突部位からできるだけ遠くなるようにさせ，受けるときの左こぶしの位置は，[　②　]からはずれないようにさせる。

解答　問1　①　姿勢　　②　残心　　問2　・竹が割れていないか。・先革が破損していないか。　・弦が緩んでいないか。　から2つ　問3　エ，キ　問4　①　開き　　②　自分の体の正中線

解説　問1　残心とは，打突後も油断することなく，相手の反撃に対応できる身構え，心構えのことである。剣道の試合において有効打突になる場合とならない場合も理解しておくようにする。

　　○有効打突になる場合　・竹刀を落とした者にただちに加えた打突

・倒れた者にただちに加えた打突　・場外に出ると同時に加えた打突　・試合終了の合図と同時に加えた打突
○有効打突にならない場合　・相打ちの場合　・打突後に1本を確認して，ガッツポーズを取った場合　・剣先が相手の上体前面についてその気勢，姿勢が充実していると判断した場合　・不適切な行為(例えば，打突後，必要以上の余勢や有効を誇示)があった場合，有効打突であっても，取り消される。　問2　竹刀の破損が場合によっては大きな事故につながるので，練習の前後や合間に点検させることが必要である。竹刀の安全点検の項目は，次の通りである。　・竹が割れていないか，ささくれていないか。　・中結の位置(剣先から全長の約 $\frac{1}{4}$ とする)はよいか，ゆるんでいないか。　・先革は破けていないか。　・弦は緩んでいないか。　・鍔は固定されているか。
問3　エ：竹刀の先，少なくとも「刃部の全長約 $\frac{1}{3}$ 前(物打ち)，弦の反対側(刃筋)」で打つようにさせる。　キ：最初は相互に中段の構えで相対し，剣先のふれ合う程度の「遠い間合」から一歩前へ進み出て，一足一刀の間合を打ち間として捉えさせながら打つように心がけさせる。　問4　これらの受け方は，すり上げ技(面すり上げ面等)あるいは返し技(面返し胴等)に発展するので，受け止めるばかりでなく，受けたら直ちに打つようにさせる。

例題 2

次の文章は，「剣道」の試合における試合者要領に関するものである。文中の(①)，(②)に適する語句と数字の組み合わせとして，最も適当なものを下のa〜dから1つ選び，記号で答えよ。

試合者は，試合を開始する場合，(①)に進み，提げ刀の姿勢で相互の礼を行い，帯刀し，(②)歩進んで開始線で竹刀を抜き合わせつつ，そんきょし，主審の宣告で試合を開始する。

a　①　境界線の上　　②　3
b　①　境界線の上　　②　2
c　①　立礼の位置　　②　3
d　①　立礼の位置　　②　2

解答 c

解説 ① 境界線の中に入り，立礼の位置(開始線の3歩手前)で竹刀を下げて(提刀)，お互いに合わせて礼をする。 ② 竹刀を腰につけて(帯刀)右足より開始線まで前進し，中段に構えながら蹲踞(そんきょ)する。 ③ 主審の「はじめ」の宣告で立ち上がり，試合を開始する。

━━━━━━━━━━ **例題 3** ━━━━━━━━━━

次の図は，剣道で使用する竹刀の図である。図の(①)～(③)の部分の名称を書け。

刃 部

解答 ① 剣先 ② 弦(つる) ③ 鍔(つば)

解説

━━━━━━━━━━ **例題 4** ━━━━━━━━━━

剣道について，次の(1)～(4)の問いに答えよ。

(1) 剣道具の着け方について，次のA～Dを着用する順番に並べ替えて記号を書け。

A 面 B 小手 C 垂れ D 胴

(2) 最も基本的な「構え」について，次の文の(ア)，(イ)に当てはまる言葉を書け。

剣道の基本的な構えでは，相手の動きに応じて(ア)体で(イ)段に構えること。

(3) 体さばき(足さばき)を2種類書け。

(4) 竹刀は，けがの防止のため安全な状態で使用しなければならない。次のア，イの内容に当てはまる例を，それぞれ1つずつ書け。

　ア　危険であると認められる竹刀の状態

　イ　アで解答した状態にある竹刀の修理の仕方

解答 (1)　C→D→A→B　　(2)　ア　自然　　イ　中　　(3)　歩み足，送り足，継ぎ足，送り足，開き足，から2つ(順不同)

(4)　ア　・先革部のほころびにより竹がむき出しになる状態　・打突部の竹のささくれている状態　　など(類答可)　　イ　・先革を交換し，つるを締めなおす　・カッターや紙やすりなどでささくれを取り除く　　など(類答可)

解説 (3)　剣道での足さばきを正しく理解しておく。

①歩み足＝前後に遠く，速く移動する場合に用いる。

②送り足＝いろいろな方向に近く速く移動したり，打突する場合に用いる。

③継ぎ足＝後ろ足をひきつけ，遠い間合から踏み込む場合に用いる。

④開き足＝体をかわしながら打突したり，応じたりする場合に用いる。

第 7 章

ダンス

保健体育科 ダンス

ポイント

　ダンスは，創作ダンス，フォークダンス，現代的なリズムのダンスで構成され，イメージを捉えた表現や踊りを通した交流を通して仲間とのコミュニケーションを豊かにすることを重視する運動で，仲間とともに感じを込めて踊ったり，イメージを捉えて自己を表現したりすることに楽しさや喜びを味わうことのできる運動である。

　中学校では，小学校の学習を受けて，イメージを捉えたり深めたりする表現，伝承されてきた踊り，リズムに乗って全身で踊ることや，これらの踊りを通した交流や発表ができるようにすることが求められる。第1学年及び第2学年では，感じを込めて踊ったりみんなで踊ったりする楽しさや喜びを味わい，ダンスの特性や由来，表現の仕方などを理解するとともに，イメージを捉えた表現や踊りを通した交流ができるようにする。第3学年では感じを込めて踊ったり，みんなで自由に踊ったりする楽しさや喜びを味わい，踊りの特徴と表現の仕方や運動観察の方法などを理解するとともに，イメージを深めた表現や踊りを通した交流や発表をすることとしている。

　高等学校では，中学校までの学習を踏まえて，感じを込めて踊ったり仲間と自由に踊ったり，自己や仲間の課題を解決したりするなどの多様な楽しさや喜びを味わい，「それぞれ特有の表現や踊りを身に付けて交流や発表をする」ことなどができるようにすることが求められる。したがって，入学年次では，中学校第3学年の学習を受け，感じを込めて踊ったり，みんなで自由に踊ったりする楽しさや喜びを味わい，踊りの特徴と表現の仕方や運動観察の方法などを理解するとともに，イメージを深めた表現や踊りを通した交流や発表をすることができるようにする。また，入学年次の次の年次以降では多様な楽しさや喜びを味わい，ダンスの名称や用語などを理解するとともに，交流や発表をすること，生涯にわたって運動を豊かに継続するための課題に取り組み，考えたことを他者に伝えること及びダンスに主体的に取り組むとともに，協力，参画，共生などの意欲を育み，健康・安全を確保することができるようにすることを学習のねらいとしている。

創作ダンス

●創作ダンスの特性

　　表したいイメージや思いを，そのものになりきって踊ったり，自由に動きを工夫して，感じのあるひと流れの動きで**表現**したり，見せ合うところに楽しさや喜びを味わうことのできる運動である。

●即興表現の手順

① テーマを設定する

② テーマから表したい感じを素早く捉えて表現する

③ ひと流れの**動き**を工夫する

④ 見せ合って工夫を確かめ合う

●テーマ設定の手がかりの例

① 身近な**日常動作**　　　　② 多様な感じの題材の音楽

③ 変化と起伏のある題材と音楽　④ **対極**の動きの連続

⑤ 楽器やもの(小道具)　　　⑥ 群(集団)の動き

●簡単な作品の創作

　　即興表現で気に入ったテーマやその他のテーマを自由に選択して，テーマ別のグループを決め，それぞれに表現を深めて簡単な作品にまとめ，発表し合うことができるようにする。

　　そのためには，次のような手順を参考にして，活動に応じた技能を身に付けることが大切である。

① テーマを選ぶ。

② グループで動きを工夫し表現する。また，表現に中心を定めて作品全体の見通しを立てる。

③ テーマにふさわしい特徴のある動きを工夫し，選曲する。

④ 群(集団)の動き方，空間の使い方，作品のはこび(構成)を工夫し，作品をまとめる。

⑤ 踊り込んで仕上げる。

⑥　発表し合い鑑賞する。

●創作ダンスの指導の要点

≪中学校≫

　創作ダンスは，多様なテーマから表したいイメージを捉え，動きに変化を付けて即興的に表現することや，変化のあるひとまとまりの表現ができるようにすることをねらいとしている。

　指導に際しては，テーマに適した動きで表現できるようにすることが重要となるため，①多様なテーマの例を具体的に示し，取り組みやすいテーマを選んで，動きに変化を付けて素早く即興的に表現することができるようにする。次に，②表したい感じやイメージを強調するように表現して踊ることができるようにすることが大切である。そのため，①の学習段階では，次のような活動を参考に行うようにする。

・グループを固定せず多くの仲間とかかわり合うようにして，毎時間異なるテーマを設定し，即興的に表現できるようにする。その際，身近なテーマから連想を広げてイメージを出す，思いついた動きを即興的に踊ってみたり，仲間の動きをまねたりするなどの活動を取り上げる。
・動きを誇張したり，繰り返したり，動きに変化を付けたりして，ひと流れの動きで表現できるようにする。

　次に②の学習段階では，次のような活動を参考に行うようにする。

・仲間とともに，テーマにふさわしい変化と起伏や場の使い方で，「はじめ－なか－おわり」の構成で表現して踊ることができるようにする。
・仲間やグループ間で動きを見せ合う発表の活動を取り入れる。

≪高等学校≫

　入学年次では，「表したいテーマにふさわしいイメージを捉え，個や群で，緩急強弱のある動きや空間の使い方で変化を付けて即興的に表現したり，簡単な作品にまとめたりして踊ること」を，入学年次の次の年次

以降では，「表したいテーマにふさわしいイメージを捉え，個や群で，対極の動きや空間の使い方で変化を付けて即興的に表現したり，イメージを強調した作品にまとめたりして踊ること」を学習のねらいとする。

これらの指導に際しては，「はじめ－なか－おわり」の構成で表現して踊る場合，特に「なか」に当たる展開では，最も特徴的な動きや構成を強調した盛り上がりのある起伏を付けて，個性を生かした作品に高めて踊ることが大切である。

また，表したいテーマから中心となるイメージを捉えて動きにする際に，多様な題材の選択や表現の仕方，動きの展開が求められる。そのため，創作ダンスの指導では，動きのなかに込めたい感じや表現の視点を重視して指導することが大切である。

表現・創作ダンスの題材・テーマと動きの例

表現等	小学校5・6年生	中学校1・2年生	中学校3年生 高校入学年次	高校 入学年次の次の年次以降
題材・テーマ	・激しい感じの題材 ・群（集団）が生きる題材 ・多様な題材	・身近な生活や日常動作 ・対極の動きの連続 ・多様な感じ ・群の動き ・ものを使う	・身近な生活や日常動作 ・対極の動きの連続 ・多様な感じ ・群の動き ・ものを使う ・はこびとストーリー	・身近な生活や日常動作 ・対極の動きの連続 ・多様な感じ ・群（集団）の動き ・もの（小道具）を使う ・はこびとストーリー
即興的な表現（ひと流れの動きで表現）	・題材の特徴を捉えて，表したい感じやイメージを，動きに変化を付けたり繰り返したりして，メリハリ（緩急・強弱）のあるひと流れの動きにして即興的に踊る	・多様なテーマからイメージを捉える ・イメージを即興的に表現する ・変化を付けたひと流れの動きで表現する ・動きを誇張したり繰り返したりして表現する	・表したいテーマにふさわしいイメージを捉える ・変化を付けたひと流れの動きで即興的に表現する ・主要場面を中心に表現する ・個や群で，緩急強弱のある動きや空間の使い方で変化を付けて表現する	・多様なテーマから表現にふさわしいテーマを選び，中心となるイメージを捉え，即興的に表現する ・個や群で，イメージを強調する緩急強弱を最大限に強調した対極の動きと空間の使い方で，変化を付けて表現する
簡単な作品創作（ひとまとまりの動きで表現）	・表したい感じやイメージを「はじめ－なか－おわり」の構成や群の動きを工夫して簡単なひとまとまりの動きで表現する	・変化と起伏のある「はじめ－なか－おわり」のひとまとまりの動きで表現する	・表したいイメージを一層深めて表現する ・変化と起伏のある「はじめ－なか－おわり」の簡単な作品にして表現する	・表したいテーマにふさわしいイメージを深め，中心となるイメージを強調した「はじめ－なか－おわり」の構成で表現する ・特徴的な動きや構成を強調した盛り上がりのある起伏を付けて，個性を生かした作品にまとめて踊る
発表の様子	・感じを込めて通して踊る	・動きを見せ合って発表する	・踊り込んで仕上げて発表する	・発表の形態や衣装などをテーマに応じて選び，発表する

●用語解説

□モチーフ…ある表現意図をもつ動きの最小単位で，4～8呼間ぐらいの
長さのこと。

□フレーズ…モチーフを発展させた16～32呼間ぐらいの長さの動きの一
かたまりのこと。

□シンメトリー…左右対称に位置した集団が対称的に動くもので，安定
のあるまとまりを感じさせる動きのこと。

□コントラスト…相反する2つ以上の要因が対比・対照(例えば，高い―
低い，広い―狭いなど)させること。

■■■■ **例題 1** ■■■■

創作ダンスで，次の(1)，(2)をテーマとするときに意識して表現するべき
内容を，以下の1～6のうちからそれぞれ1つずつ選べ。

(1) 身近な生活や日常動作　　　(2) 群(集団)の動き

1 緩急，強弱，静と動を組み合わせ，変化やめりはりを付けて表現
する。

2 起承転結を明確に表現する。

3 仲間とかかわり合いながら，ダイナミックに空間が変化するよう
に動いて表現する。

4 一番表現したい場面をスローモーションで誇張したり，何度も繰
り返して表現する。

5 何かに見立てて表現する。

6 変化や連続の動きを組み合わせて表現する。

解答 (1) 4 　　(2) 3

解説 「中学校学習指導要領解説　保健体育編」(平成29年7月)の「Gダ
ンス　第1学年及び第2学年　(1)知識及び技能　技能　ア　創作ダ
ンス」に，〈多様なテーマと題材や動きの例示〉が示されている。

■■■■■ **例題 2** ■■■■■

創作ダンスの作品構成において，「はじめ」「なか」「おわり」で特に工夫を要するポイントをそれぞれ1つずつ記せ。

解答 はじめ…導入部分であり，見る人をひきつける工夫をする。
なか…中心部分であり，最も表したい考えや感情を強く印象づける工夫をする。　おわり…余韻をもたせながら，作品の主張を強めながら終わる工夫をする。

解説 創作ダンスの作品構成においては，表したいテーマを全身の動きで自由に表現する創作ダンスの特性をよく理解し，自己の能力に応じた課題をもって，イメージにふさわしい表現・動きを工夫したり，作品にまとめたりして，みんなで楽しく交流し，発表することができるようにすることをねらいとする。

■■■■■ **例題 3** ■■■■■

ダンスについて，(1)・(2)の問いに答えよ。

(1) 作品を創作する手順について書いた文である。創作の手順としてふさわしいものとなるよう，並べ替え，記号で答えよ。

ア 表現の中心を定めて，動きを工夫したり，作品全体の見通しを持つ。

イ テーマや表現の中心にふさわしい選曲をする。

ウ テーマを選択する。

エ いろいろなイメージを出したり，集団の動き方を工夫したりして，作品をまとめていく。

オ 発表会を行い，感じを込めて精一杯表現したり，他のグループの作品を鑑賞したりする。

カ 踊り込んで仕上げをする。

(2) 次の用語の説明を簡潔に書け。

① カノン　② シンメトリー　③ ユニゾン

解答 (1) ウ→ア→イ→エ→カ→オ　　(2) ①　同じ動きを輪唱のように
ずらす表現　　②　同じ動きを対称に表現　　③　同じ動きを同時
に表現

解説 (1)　創作ダンスは，多様なテーマから表したいイメージを捉え，動
きに変化を付けて，即興的に表現することや，変化のあるひとまと
まりの表現ができるようにすることをねらいとしている。そのため，
テーマを設定して，即興的に動いたり，連想を広げたりすることは
最初の段階では大切になってくる。　　(2)　このようなものは，群を
生かす構成の工夫として使用される。カノンは集団の動きを少しず
つタイミングをずらした動き，ユニゾンは一斉に同じ動きで動く全
体で統一した動き，シンメトリーとは反対である非対称の動きをす
るアシンメトリーという構成の仕方もある。

フォークダンス

●フォークダンスの特性

フォークダンスは，世界各地で地域的，歴史的に伝承されてきたいろいろな曲目の特定の踊り方を身に付け，みんなで集い踊るところに楽しさや喜びを味わうことのできる運動である。また，フォークダンスには，伝承されてきた日本の「民踊」や外国の「フォークダンス」があり，それぞれの踊りの特徴を捉え，音楽に合わせてみんなで踊って交流して楽しむことができるようにすることが大切である。

ア　日本の民踊

日本の民踊では，地域に伝承されてきた民踊や代表的な日本の民踊の中から，軽快なリズムの踊りや力強い踊りを難易度を踏まえて選び，その特徴を捉えるようにする。

学習指導要領解説で示されている日本の民謡

[中学校第1学年及び第2学年]

花笠音頭，キンニャモニャ，げんげんばらばら，鹿児島おはら節

[中学校第3学年，高等学校入学年次]

よさこい鳴子踊り，越中おわら節，こまづくり唄，大漁唄い込み

イ　外国のフォークダンス

外国のフォークダンスでは，代表的な曲目を選んで踊り方(ステップ，動き，隊形，組み方など)の難易度を考慮し，様々な国や地域の踊りを取り上げ，その特徴を捉えるようにする。

学習指導要領で示されている外国のフォークダンス

[中学校第1学年及び第2学年]

オクラホマ・ミクサー(アメリカ)，ドードレブスカ・ポルカ(旧チェコスロバキア)，リトル・マン・イン・ナ・フィックス(デンマーク)，バージニア・リール(アメリカ)

[中学校第3学年，高等学校入学年次]

ヒンキー・ディンキー・パーリ・ブー(アメリカ)，ハーモニカ(イスラエル)，オスローワルツ(イギリス)，ラ・クカラーチャ(メキシコ)

●フォークダンスの指導の要点

≪中学校≫

　フォークダンスは，踊り方の特徴を捉え，音楽に合わせて特徴的なステップや動きと組み方で踊ることができるようにすることをねらいとしている。

　指導に際しては，日本や外国の風土や風習，歴史などの踊りの由来を理解して，踊り方の特徴を捉えて踊ることで一層その楽しさが深まるため，民族ごとの生活習慣や心情が反映されている由来や，踊りは文化の影響を受けていることなどを，資料やVTRなどで紹介して，はじめは踊り方を大づかみに覚えて踊ることができるようにする。次に，難しいステップや動き方を取り出して，踊ることができるようにするなどの工夫を行うことが大切である。

≪高等学校≫

　指導に際しては，日本の民踊では，地域に伝承されてきた民踊や代表的な日本の民踊から，難易度を踏まえて選び，躍動的な動きや手振り，腰を落とした動きなどの特徴を捉えて踊るようにさせること。外国のフォークダンスでは，代表的な曲目から，曲想，隊形や組み方などが異なる踊りを難易度を踏まえて選び，複数のステップのつなぎ方，パートナーとの組み方などの特徴を捉えて，互いにスムーズに踊るようにさせることが大切である。

　なお，フォークダンスの指導では，踊りが生まれ伝承されてきた地域や風土などの背景や情景を思い浮かべるとともに，踊りや動きの中に込めたい感じや表現の視点を重視して指導することを大切としている。

●用語解説

□LOD…大きなサークルで踊る反時計まわりの進行方向(フォークダンス)

□逆LOD…大きなサークルで踊る時計まわりの進行方向(フォークダンス)

□CW…2人で踊る時計まわりの進行方向(フォークダンス)

□CCW…2人で踊る反時計まわりの進行方向(フォークダンス)

●ステップの種類

□**ポイント**…つま先やかかとを床に軽くタッチする。体重はかけない。

□**スタンプ**…足裏全体で床を打つ。

□**クローズ**…片足にもう一方の足を寄せる。

□**スイング**…示された方向に足を振る。

□**ピボット**…足のボール部分やかかと(踵)でターンする。

□**ブラッシュ**…足のボール部分で床をこすりあげる。

(※足のボール部分とは,土踏まずの部位のこと。)

□**ホップ**…軽くジャンプするときに,踏み切った足と同じ足で着地する。

□**リープ**…片足で高くジャンプして,踏切り足と反対の足で着地する。

━━━━━━ **例題 1** ━━━━━━

「中学校学習指導要領解説保健体育編(平成29年7月文部科学省)」及び「学校体育実技指導資料第9集　表現運動系及びダンス指導の手引(平成25年3月文部科学省)」に示されているフォークダンスの指導内容について,次の各問いに答えよ。

(1)　フォークダンスの特性とねらいを記せ。

(2)　授業で取り上げる踊りの選曲をする際の観点を2つ記せ。

解答 (1)　・特性…伝承されてきた踊りを踊って交流することである。フォークダンスは世界各国・各地域で自然発生し,伝承されてきた地域固有のダンスであり,決まった様式や動きには国や地域の風土や文化が反映されている。外国の踊りのみならず,日本の伝統的な踊りもすべてフォークダンスに含まれる。　・ねらい…踊り方の特徴を捉え,音楽に合わせて特徴的なステップや動きと組み方で踊ることができるようにすること。　(2)　・踊りの特徴(感じ,曲想)や踊り方(ステップ,動き,隊形,組み方など)の違いや,地域が異なるものから選ぶ。　・踊り方の難易度を考慮するという観点から,子どもの学習状況や関心に応じて選ぶ。

解説 (1)　フォークダンスには,伝承されてきた日本の民踊や外国の踊り

があり，それぞれの踊りの特徴を捉え，日本や外国の風土や風習，歴史などの文化的背景や情景を思い浮かべながら，音楽に合わせてみんなで踊って交流して楽しむことができるようにすることが大切である。　(2)　日本の民踊では，軽快なリズムの踊りや力強い踊り，優雅な踊りなどの踊りの特徴や，難易度を踏まえて，様々な地域が異なる民謡を選ぶ。外国のフォークダンスでは，曲調をとらえて，踊り方(ステップ，動き，隊形，組み方など)の難易度を考慮して選ぶ。

例題 2

フォークダンスについて，次の問1〜問3に答えよ。

問1　次の図①〜④は，フォークダンスのポジションを表したものである。それぞれのポジションの名称を語群から選べ。

① ② ③ ④

語群　　A　セミ・オープン・ポジション
　　　　B　バルソビアナ・ポジション
　　　　C　プロムナード・ポジション
　　　　D　クローズド・ポジション

問2　踊る楽しさを味わわせながらフォークダンスの学習を進めていくための留意事項として適切なものをア〜エからすべて選べ。

　ア　いろいろな人と踊るためのマナーを大切にさせる。

　イ　日本の民踊は，フォークダンスに含めずに別内容として取り扱う。

　ウ　細切れに覚えさせるのではなく，踊り方を大づかみに覚えさせて全体の流れを大切にする。

　エ　踊りの解説書の解読は生徒にさせるべきではなく，踊り方については常に教師が指導する。

問3　生徒にとって難しいステップが含まれたフォークダンスを指導する
　　際，どのような工夫を行うか，1つ書け。

解答　問1　①　B　　②　D　　③　A　　④　C　　問2　ア，ウ
　　　　　問3　正しい動き(ステップ)を見せるとともに，部分練習やスロー
　　　　　スピード練習をグループもしくはペアで行う。

解説　フォークダンスや日本の民踊は，古くからその地域に住む人々の中
　　　　で生まれ，コミュニケーションの手段として踊られ，伝承されてき
　　　　たものである。

■■■■■■■■■■■■■■■■■■■■■■■■■　**例題 3**　■■■■■■■■■■■■■■■■■■■■■■■■■

フォークダンスについて，次のそれぞれの問いに答えよ。
問1　「逆LOD」の説明文について，最も適当なものを，1つ選べ。
　①　円になって踊る場合，その輪を上からみて，円周上を矢印①の方
　　向に動くこと

　②　円になって踊る場合，その輪を上からみて，円周上を矢印②の方
　　向に動くこと

　③　円になって踊る場合，その輪を上からみて，矢印③のように2人
　　以上で時計の針の動きと同じ方向に回ること

④　円になって踊る場合，その輪を上からみて，矢印④のように2人以上で時計の針の動きと反対方向に回ること

問2　「ロングウエーズ・フォーメーション」の説明文について，最も適当なものを1つ選べ。

①　2列対向のフォーメーション。

②　全員が円周上に並んで立ち，円の中心を向いたフォーメーション。

③　正方形の一辺にカップルがそれぞれ立つフォーメーション。

④　全員で二重円を作り，内側と外側でカップルを形成するフォーメーション。

問3　「プロムナード・ポジション」の説明文について，最も適当なものを1つ選べ。

①　男子左側，女子右側で，男子は右腕を女子の背後からウエストにまわし，女子は左手を男子の右肩に置く。外側の手は国・地方等によって異なるが，特に指定がないときには自然に体側に下げる。

②　男子左側，女子右側に位置する。体の前で互いに右手をつなぎ，その下で左手をつないで組む。

③　パートナーと向き合い，男子は両手を女子の両腰にあて，女子は両手を男子の両肩に置く。男女とも腕をかなり伸ばした型に保つ。

④　パートナーと向き合い，互いに右手をつなぎ，その下で左手をつないで組む。腕が交差した形になる。

問4　「ブラッシュ」の説明文について，最も適当なものを1つ選べ。

①　片足で地面を強く打つこと。

②　かかとで回転すること。

③　ボールで地面をキック気味にこすり，こする前後に足裏を地面からはっきり離すこと。

④　体重のかかっている足で跳び上がり，その足で着地すること。

解答 問1 ① 問2 ① 問3 ② 問4 ③

解説 問1 逆LOD(RLOD：Reverse Line of Dance)は，サークルを作って円心を向いたとき左の進行方向(時計の針の動きと同じ方向)である。なお，LODは，サークルを作って円心を向いたとき右の進行方向(時計の針の動きと反対方向)である。 問2 ②はシングルサークル，③はカドリール(スクエア・セット)，④はダブルサークルの説明文である。 問3 同じ向きに並んで左手と左手，その上から右手と右手を前で繋いだ体形。クロスアームともいう。組んで2人で歩くのに適している。 問4 床をこするようにして足を振り上げるステップで，ボールとは土踏まずの前のふくらんだ部分である。

━━━━━━━━━ **例題 4** ━━━━━━━━━

次のa〜dは，フォークダンスの足の動きの名称である。最も適当な説明文を語群から1つずつ選べ。

a ピボット b リープ c ステップ d スタンプ

① 片方の足ではずみをつけて跳び上がり，もう一方の足で着地すること。
② 立った状態から，片方の足を出してその足に体重をのせること。
③ ボールで地面をキックぎみにこすり，こする前後に足裏を地面から離すこと。
④ 片方の足のボールまたはヒールを軸にして一気に回転すること。
⑤ 片方の足で地面を強く打つこと。
⑥ 片方の足で体重を支えて，前や後ろの宙に足を振ること。

解答 a ④ b ① c ② d ⑤

解説 フォークダンスの足の動きの基本用語を覚えておくようにする。語群順にまとめておく。英語の意味を考えるとよくわかる。

① リープ(leap：跳ぶ) ② ステップ(step：踏む) ③ ブラッシュ(brush：こすって触れる) ④ ピボット(pivot：回転する) ⑤ スタンプ(stamp 踏みつける) ⑥ スイング(swing 振る)

━━━━━━━━━━ **例題 5** ━━━━━━━━━━

フォークダンスについて，次の(1)〜(4)はどこの国の代表的な踊りか，国名を語群からそれぞれ選べ。

(1) バージニア・リール

(2) ラ・クカラーチャ

(3) ハーモニカ

(4) ドードレブスカ・ポルカ

語群

　A　メキシコ　　　　　B　アメリカ　　C　イスラエル

　D　ギリシア　　　　　E　ロシア　　　F　イギリス

　G　旧チェコスロバキア　H　ドイツ

解答　(1)　B　　(2)　A　　(3)　C　　(4)　G

解説　他に次のようなものがあげられる。知っておくとよいだろう。

○オクラホマ・ミクサー…アメリカ(バルソビアナポジション)

○タンゴ・ミクサー…アメリカ(ウォーキングステップ)

○セントバーナードワルツ…イギリス(ワルツターン)

○オスローワルツ…イギリス(ワルツターン)

○サーカシアン・サークル…イギリス(バズ・スウィング)

○ロード・ツー・ジ・アイルス…イギリス(バルソビアナポジション，ショティッシュ)

○コロブチカ…ロシア(スリーステップターン)

○アレクサンドルロフスカ…ロシア(ワルツターン)

○マイム・マイム…イスラエル(サーカシアンステップ)

○ミザルー…ギリシャ(ワルツターン)

○デニッシュ・ショティッシュ…デンマーク(プロムナードポジション)

○トゥ・トゥール…デンマーク

現代的なリズムのダンス

●現代的なリズムのダンスの特性

　　現代的なリズムのダンスは，ロックやヒップホップなどの現代的な曲のリズムに乗って，踊りたいリズムや音楽の特徴を捉え，変化とまとまりを付けて全身で自由に弾んで，踊るところに楽しさや喜びを味わうことのできる運動である。

●リズムと動きの例示

　　リズムと動きについて，学習指導要領解説では次のように示されている。

[中学校第1学年及び第2学年]

・自然な弾みやスイングなどの動きで気持ちよく音楽のビートに乗れるように，簡単な繰り返しのリズムで踊ること。

・軽快なリズムに乗って弾みながら，揺れる，回る，ステップを踏んで手をたたく，ストップを入れるなどリズムを捉えて自由に踊ったり，相手の動きに合わせたりずらしたり，手をつなぐなど相手と対応しながら踊ること。

・シンコペーションやアフタービート，休止や倍速など，リズムに変化を付けて踊ること。

・短い動きを繰り返す，対立する動きを組み合わせる，ダイナミックなアクセントを加えるなどして，リズムに乗って続けて踊ること。

[中学校第3学年，高等学校入学年次]

・簡単なリズムの取り方や動きで，音楽のリズムに同調したり，体幹部を中心としたシンプルに弾む動きをしたりして自由に踊ること。

・軽快なロックでは，全身でビートに合わせて弾んだり，ビートのきいたヒップホップでは膝の上下に合わせて腕を動かしたりストップするようにしたりして踊ること。

・リズムの取り方や動きの連続のさせ方を組み合わせて，動きに変化を付けて踊ること。

・リズムや音楽に合わせて，独自のリズムパターンや動きの連続や群の構成でまとまりを付けて踊ること。

[高等学校　入学年次の次の年次以降]

・ロックでは，軽快なリズムに乗って全身を弾ませながら，後打ち(アフタービート)のリズムの特徴を捉えたステップや体幹部を中心とした弾む動きで自由に踊ること。

・ヒップホップでは，リズムの特徴を捉えたステップやターンなどの組合せに上半身の動きを付けたり，音楽の拍に乗せ(オンビート)て膝の曲げ伸ばしによる重心の上下動を意識したリズム(ダウンやアップのリズム)を強調してリズムに乗ったり，リズムに変化を与えるためにアクセントの位置をずらしたりして自由に踊ること。

・リズムの取り方や床を使った動きなどで変化を付けたり，身体の部位の強調などで動きにメリハリを付けて，二人組や小グループで掛け合って全身で自由に踊ること。

・選んだリズムや音楽の特徴を捉え，変化のある動きを連続して，個と群や空間の使い方を強調した構成でまとまりを付けて踊ること。

●現代的なリズムのダンスの指導の要点

≪中学校≫

　現代的なリズムのダンスは，ロックやヒップホップなどの現代的なリズムの曲で踊るダンスを示しており，第1・2学年ではリズムの特徴を捉え，変化のある動きを組み合わせて，リズムに乗って体幹部(重心部)を中心に全身で自由に弾んで踊ることをねらいとしている。

　指導に際しては，現代的なリズムのダンスでは，シンコペーション(拍子の強弱を逆転させる)やアフタービート(後拍を強調した弱起のリズムで，後打ちともいう)のリズムの特徴を生かし，動きやすいビートとテンポを選んで踊るようにする。また，生徒の関心の高い曲目を用いたり，弾んで踊れるようなやや速めの軽快なテンポの曲や曲調の異なるロックやヒップホップのリズムの曲などを組み合わせたりする工夫も考えられる。その際，カウントに縛られすぎたり，単調になったりしないように工夫することが大切である。

　第3学年では，リズムの特徴を捉え，変化とまとまりを付けて，リズムに乗って体幹部を中心に全身で自由に弾んで踊ることができるように

する。指導に際しては，ロックやヒップホップなどのリズムに合った曲を，指導の段階に応じてグループごとに選曲させる。まとまりのある動きをグループで工夫するときは，一人一人の能力を生かす動きや相手と対応する動きなどを取り入れながら，仲間と関わりをもって踊ることに留意させたり，仲間やグループ間で，簡単な作品を見せ合う発表の活動を取り入れたりするようにする。また，現代的なリズムのダンスでは，既存の振り付けなどを模倣することに重点があるのではなく，変化とまとまりを付けて，全身で自由に続けて踊ることを強調することが大切である。

≪高等学校≫

　入学年次では，「リズムの特徴を捉え，変化とまとまりを付けて，リズムに乗って全身で踊ること」を，入学年次の次の年次以降では，「リズムの特徴を強調して全身で自由に踊ったり，変化とまとまりを付けて仲間と対応したりして踊ること」を学習のねらいとする。

　指導に際しては，指導の段階に応じてグループごとに選曲させ，リズムの特徴を捉えた独自な動きを楽しんで踊ることができるようにすることが大切である。また，まとまりのある動きをグループで工夫するときは，一人一人の能力を生かす動きや相手と対応する動きなどを取り入れながら，仲間と関わりをもって踊ることに留意させたり，仲間やグループ間で，簡単な作品を見せ合う発表や一緒に踊り合う交流の活動を取り入れたりするようにすることが大切である。現代的なリズムのダンスでは，リズムの特徴を強調して全身で自由に踊ったり，変化とまとまりを付けて仲間と対応したりして踊ることが大切である。

リズムダンス・現代的なリズムのダンスのリズムと動きの例

表現等	小学校 3・4年生	中学校 1・2年生	中学校3年 高校入学年次	高校 入学年次の次の年次以降
リズムに乗って全身で自由に踊る	・ロックやサンバなどのリズムの特徴を捉えて踊る ・へそ（体幹部）を中心にリズムに乗って全身で即興的に踊る ・動きに変化を付けて踊る ・友達と関わり合って踊る	・リズムの特徴を捉え、軽快なリズムに乗って体幹部を中心に全身に弾んで踊る ・ロックはシンプルなビートを強調して踊る ・ヒップホップは一拍ごとにアクセントのある細分化されたビートを強調して踊る ・簡単な繰り返しのリズムで踊る	・リズムの特徴を捉え、リズムに乗って体幹部を中心に全身で弾んで踊る ・ロックは全身でビートに合わせて弾んで踊る ・ヒップホップは膝の上下に合わせて腕を動かしたりして踊る ・仲間と関わって踊る	・リズムの特徴を捉えたステップや体幹部を中心とした弾む動きで全身を使って自由に踊る ・ロックやヒップホップのリズムの特徴を捉えて、重心の上下動や非対称の動きを強調して踊る ・仲間といろいろな対応をして踊る
まとまりを付けて踊る		・リズムに変化を付けて踊る ・仲間と動きを合わせたりずらしたりして踊る ・変化のある動きを組み合わせて続けて踊る	・踊りたいリズムや音楽の特徴を捉えて踊る ・動きの変化や、個と群の動きを協調してまとまりを付けて連続して踊る	・選んだリズムや音楽の特徴を捉えて踊る ・短い動きの連続と対立する動きの組合せなどでダイナミックな変化を付けて踊る ・個や群の動きを協調してまとまりを付けて連続して踊る
発表や交流の様子	・踊りで交流する	・動きを見せ合って交流する	・簡単な作品を見せ合う	・変化とまとまりを付けて発表する ・簡単な作品にして発表したり交流したりする

例題 1

ダンスについて，次の(1)，(2)の各問いに答えよ。

(1) ダンスにおけるモチーフを変化・発展させ，フレーズをつくり出していくために必要な4つの要素について，「顔の向き」以外の3つについて答えよ。

(2) 次の（ ア ）～（ ウ ）の説明に該当する社交ダンスの種類を，以下の語群から選び答えよ。

（ ア ）：ダンスのラテン種目の中で，最も優雅でゆっくりとした踊り。

（ イ ）：戦後日本で大流行した，ダイナミックにうきうきする気分になるリズムの踊り。

（ ウ ）：流れるような華麗さと回転，パートナーと組んだ形の美しい優雅な踊り。

[語群]　タンゴ　　　　ルンバ　　マンボ　　ワルツ
　　　　ヒップホップ　サンバ　　ジルバ

解答 (1) 速さ，空間，群または個の動き　(2) ア　ルンバ　イ　マ
ンボ　ウ　ワルツ

解説 (1)　フレーズにおいて動きの緩急は重要な意味を持ち，モチーフに
合わせた変化を行うことでフレーズ間の間が生まれ，動きのリズム
を生み出すことができる。この時，フレーズはひとまとまりの動き
を感じさせる。また，ダンサー同士の空間の使い方を変えること
で，全体がまとまっていたりバラバラに見えたりする。空間をうま
く使えると空気が動くように感じる。さらに個々で違った動きをした
り群舞で揃った動きをしたりすることで，場面の抑揚や強調を見せ
ることができる。群の動きも，そろえて踊るだけでなくずらしなが
ら同じ動きを行う「カノン」という技法もある。(2)　ア　ルンバは
キューバのアフリカ系住民の間で生まれた。リズムの名前でもあり，
そのままダンスの種目名称にも使われている。1955年から社交ダン
スの種目にも採用された。　イ　マンボは1930年代後半にキューバ
で流行していたルンバにジャズの要素を加える形で作られた。1940
年代後半にペレス・プラードにより，ダンスのためのマンボとして
世界的に知られた。　ウ　13世紀頃の農民が踊っていたヴェッラー
が起源のダンス。元々はゲルマン文化初の男女が体を接して共に回
るダンスであった。

━━━━━━━━━━ **例題 2** ━━━━━━━━━━

「現代的なリズムのダンス」の学習を進める際，指導上の留意点として適
切なものをA～Eからすべて選べ。

A　ロックやサンバを選ぶようにし，ヒップホップは選ばないよう指導
する。

B　リズムの取り方や動きを工夫したり，相手と対応したりして踊るよう
指導する。

C　全身でリズムを捉えて自由に踊ることができるよう指導する。

D　決められた動きを覚えて，個々で踊るよう指導する。

E　まとまりのある動きを工夫して踊ったり，見せ合ったりするよう指導
する。

解答 B・C・E

解説 A　ロックやヒップホップなどの現代的なリズムに乗って，リズムの取り方や動き方，相手との対応の仕方などを自由に工夫してみんなで踊りを楽しみ交流することができるようにする。　D　現代的なリズムの動きの多様な関係を捉えてまとまりのある動きを工夫して踊ったり，作品にまとめてみんなで発表しあったりすることができるようにする。

━━━━━ **例題 3** ━━━━━

次の文(1)〜(3)は，ダンスの授業で使われる音楽のリズムの特徴を示したものである。それぞれの音楽の名称を書け。

(1)　1950年半ばに，アメリカで発生した。2拍目と4拍目とに強調を置く，アフタービートが特徴。

(2)　ブラジルの代表的な民族音楽。2拍子系のリズムを基本とする。

(3)　1970年後半，ニューヨークで起こった。アップテンポで突き上げるアフタービートが特徴。

解答　(1)　ロック　　(2)　サンバ　　(3)　ヒップホップ

解説　リズム系ダンスは人間の活力，健康と直結したダンスである。近年では，若者の時代感覚とエネルギーから生まれた音楽との関係が深い，流行を強く意識したダンスが生まれており，例としてストリートダンス，ジャズダンス，ファンク，ハウス，ウェーブ，クラブ系ダンス，サルサ，エアロビクスがあげられる。

第 8 章

体育理論

保健体育科 体育理論

ポイント

　体育理論の運動やスポーツに関する知識は，豊かなスポーツライフを継続するための源となる。今回の改訂では，教室などで，まとまりで学習することが効果的な内容を「体育理論」に，それぞれの運動領域で学ぶことが効果的な内容は，各運動領域に整理されている。また，中学校と高等学校との内容の明確化と接続の視点から，中学校の名称も「体育に関する知識」を改めて「体育理論」と呼ぶことになった。

　体育理論の内容について，中学校では中学校期における運動やスポーツの合理的な実践や生涯にわたる豊かなスポーツライフを送る上で必要となる運動やスポーツに関する科学的知識等を中心に，運動やスポーツの多様性，運動やスポーツの効果と学び方，文化としてのスポーツの意義で構成されている。なお，運動に関する領域との関連で指導することが効果的な内容については，各運動に関する領域の「(1)知識及び技能」で扱うこととしている。

　高等学校では，中学校体育理論の学習成果を踏まえ，「する，みる，支える，知る」といった生涯にわたる豊かなスポーツライフを卒業後にも主体的に実践できるようにするため，主に現代におけるスポーツの意義や価値，科学的，効果的なスポーツの実践，豊かなスポーツライフの設計等に関わる内容で構成されている。なお，運動に関する領域との関連で指導することが効果的な内容については，各運動に関する領域の「(1)知識及び技能」で扱うこととしている。

　なお，「体育理論」は，各学年・各年次において，すべての生徒に履修させるとともに，中学校では各学年で3単位時間以上，高等学校では各年次で6単位時間以上を配当することとしている。

学習指導要領

● 「体育理論」の内容

　「体育理論」については，基礎的な知識は，意欲，思考力，運動の技能の源となるものであり，確実な定着を図ることが重要であることから，各領域に共通する内容や，まとまりで学習することが効果的な内容に精選するとともに，中学校では高等学校への接続を考慮し，高等学校では中学校との接続を考慮して単元を構成している。以下，体育理論の学習内容を見ておこう。

[中学校]

○　運動やスポーツの多様性(主に中学校第1学年で学習)

　　運動やスポーツが多様であることについて理解すること。

　(ア)　運動やスポーツは，体を動かしたり健康を維持したりするなどの必要性及び競い合うことや課題を達成することなどの楽しさから生みだされ発展してきたこと。

　(イ)　運動やスポーツには，行うこと，見ること，支えること及び知ることなどの多様な関わり方があること。

　(ウ)　世代や機会に応じて，生涯にわたって運動やスポーツを楽しむためには，自己に適した多様な楽しみ方を見付けたり，工夫したりすることが大切であること。

○　運動やスポーツの意義や効果と学び方や安全な行い方(主に中学校第2学年で学習)

　　運動やスポーツの意義や効果と学び方や安全な行い方について理解すること。

(ｱ)　運動やスポーツは，身体の発達やその機能の維持，体力の向上などの効果や自信の獲得，ストレスの解消などの心理的効果及びルールやマナーについて合意したり，適切な人間関係を築いたりするなどの社会性を高める効果が期待できること。

(ｲ)　運動やスポーツには，特有の技術があり，その学び方には，運動の課題を合理的に解決するための一定の方法があること。

(ｳ)　運動やスポーツを行う際は，その特性や目的，発達の段階や体調などを踏まえて運動を選ぶなど，健康・安全に留意する必要があること。

○　文化としてのスポーツの意義(主に中学校第3学年で学習)
　　文化としてのスポーツの意義について理解すること。

(ｱ)　スポーツは，文化的な生活を営みよりよく生きていくために重要であること。

(ｲ)　オリンピックやパラリンピック及び国際的なスポーツ大会などは，国際親善や世界平和に大きな役割を果たしていること。

(ｳ)　スポーツは，民族や国，人種や性，障害の違いなどを超えて人々を結び付けていること。

[高等学校]

1 スポーツの文化的特性や現代のスポーツの発展

　スポーツの文化的特性や現代のスポーツの発展について理解すること。

（ア）　スポーツは，人類の歴史とともに始まり，その理念が時代に応じて多様に変容してきていること。また，我が国から世界に普及し，発展しているスポーツがあること。

（イ）　現代のスポーツは，オリンピックやパラリンピック等の国際大会を通して，国際親善や世界平和に大きな役割を果たし，共生社会の実現にも寄与していること。また，ドーピングは，フェアプレイの精神に反するなど，能力の限界に挑戦するスポーツの文化的価値を失わせること。

（ウ）　現代のスポーツは，経済的な波及効果があり，スポーツ産業が経済の中で大きな影響を及ぼしていること。また，スポーツの経済的な波及効果が高まるにつれ，スポーツの高潔さなどが一層求められること。

（エ）　スポーツを行う際は，スポーツが環境や社会にもたらす影響を考慮し，多様性への理解や持続可能な社会の実現に寄与する責任ある行動が求められること。

2 運動やスポーツの効果的な学習の仕方

　運動やスポーツの効果的な学習の仕方について理解すること。

（ア）　運動やスポーツの技能と体力は，相互に関連していること。また，期待する成果に応じた技能や体力の高め方があること。さらに，過度な負荷や長期的な酷使は，けがや疾病の原因となる可能

性があること。

(イ)　運動やスポーツの技術は，学習を通して技能として発揮される
　　ようになること。また，技術の種類に応じた学習の仕方があるこ
　　と。現代のスポーツの技術や戦術，ルールは，用具の改良やメディ
　　アの発達に伴い変わり続けていること。

(ウ)　運動やスポーツの技能の上達過程にはいくつかの段階があり，
　　その学習の段階に応じた練習方法や運動観察の方法，課題の設定
　　方法などがあること。また，これらの獲得には，一定の期間がか
　　かること。

(エ)　運動やスポーツを行う際は，気象条件の変化など様々な危険を
　　予見し，回避することが求められること。

3　豊かなスポーツライフの設計の仕方
　　豊かなスポーツライフの設計の仕方について理解すること。

(ア)　スポーツは，各ライフステージにおける身体的，心理的，社会
　　的特徴に応じた多様な楽しみ方があること。また，その楽しみ方
　　は，個人のスポーツに対する欲求などによっても変化すること。

(イ)　生涯にわたってスポーツを継続するためには，ライフスタイル
　　に応じたスポーツとの関わり方を見付けること，仕事と生活の調
　　和を図ること，運動の機会を生み出す工夫をすることなどが必要
　　であること。

(ウ)　スポーツの推進は，様々な施策や組織，人々の支援や参画によっ
　　て支えられていること。

(エ)　人生に潤いをもたらす貴重な文化的資源として，スポーツを未

来に継承するためには，スポーツの可能性と問題点を踏まえて適切な「する，みる，支える，知る」などの関わりが求められること。

	(ア) ライフステージにおけるスポーツの楽しみ方
3　豊かなスポーツライフの設計の仕方	(イ) ライフスタイルに応じたスポーツとの関わり方
	(ウ) スポーツ推進のための施策と諸条件
	(エ) 豊かなスポーツライフが広がる未来の社会

━━━━━━ 例題 1 ━━━━━━

中学校学習指導要領(平成29年3月告示)，中学校学習指導要領解説「保健体育編」(平成29年7月)に示された内容「体育理論」の領域について，各問いに答えよ。

(1)　各学年で指導する内容をア〜カから選び，記号で答えよ。

第1学年…(　①　)

第2学年…(　②　)

第3学年…(　③　)

ア　運動とスポーツの文化的特性と歴史的変化

イ　運動とスポーツの価値と生涯スポーツ

ウ　運動やスポーツの多様性

エ　運動とスポーツが与える心のリラクゼーション

オ　運動やスポーツの意義や効果と学び方や安全な行い方

カ　文化としてのスポーツの意義

(2)　「体育理論」は各学年とも何単位時間以上を配当して指導しなければならないのか。その時間数を答えよ。

解答　(1)　①　ウ　　②　オ　　③　カ　　(2)　3単位時間

解説　「体育理論」領域については，従前，第1学年で指導していた「(1)ウ　運動やスポーツの学び方」の内容を第2学年で指導する内容に整理するとともに，第1学年において「ア (ウ)　運動やスポーツの多様

な楽しみ方」を新たに示すなどした。そのため,従前の「運動やスポーツの多様性」,「運動やスポーツが心身の発達に与える効果と安全」,「文化としてのスポーツの意義」で構成していていたことを一部改め,「運動やスポーツの多様性」,「運動やスポーツの意義や効果と学び方や安全な行い方」,「文化としてのスポーツの意義」で構成することとした。

　また,各領域との関連で指導することが効果的な各領域の特性や成り立ち,技術の名称や行い方などの知識については,各領域の「(1)知識及び技能」に示すこととし,知識と技能を相互に関連させて学習させることにより,知識の重要性を一層実感できるように配慮した。

例題 2

　高等学校学習指導要領(平成30年3月告示)「保健体育」に示されていることがらの「H　体育理論」について,【入学年次】【入学年次の次の年次】【それ以降の年次】で取り上げる内容を次のア〜ウから1つずつ選び,記号で答えよ。
　ア　豊かなスポーツライフの設計の仕方について理解できるようにする。
　イ　運動やスポーツの効果的な学習の仕方について理解できるようにする。
　ウ　スポーツの文化的特性や現代のスポーツの発展について理解できるようにする。

解答　入学年次…ウ　　入学年次の次の年次…イ　　それ以降の年次…ア
解説　学習指導要領の改訂により,各領域との関連で指導することが効果的な技術の名称や行い方,課題解決の方法などの知識については,各領域の「(1)　知識及び技能」に示すこととし,知識と技能を相互に関連させて学習させることにより,知識の重要性を一層実感できるように配慮している。そのため,「内容の取扱い」に,引き続き,各年次において全ての生徒に履修させることを示すとともに,指導内容の定着がより一層図られるよう「各科目にわたる指導計画の作成と内容の取扱い」に,授業時数を各年次で6単位時間以上を配当することを示している。

スポーツの歴史

●スポーツの歴史と発展

① スポーツの語源

スポーツは，英語でも，ドイツ語でも，フランス語でも「SPORT」と表記する。スポーツの語源は，古代ローマ人が使ったラテン語の「ポルターレ」PORTARE に由来する。そこからフランス語の DESPORT という言葉が生まれ，この言葉が中世にイギリスに渡り，DESPORT，DISPORT などとつづられた。その頭の DE，DI が取れ，SPORT という言葉となっていった。意味は，「気晴らしをする，遊ぶ」ということから，現在の**運動競技の総称**へと変わってきた。

② スポーツの歴史

古代のスポーツは，神への奉納や動物とのかかわり，健康の保持増進を目的に行われていた。その後，中世には，エリートの育成が目的となり，その地域，土地に密着したルールで行われていた。それが民族スポーツである。また，近世，近代になると，スポーツは生活を豊かにする1つの手段となり，19世紀のイギリスにおいて，多くの種目でルールが統一された。

そして共通のルールで行われるようになって広がったものが，**国際スポーツ**である。スポーツは施設・用具の発達や競技運営上の問題などによって歴史と共に変化してきた。

●スポーツの発展

① スポーツの技術の変遷

スポーツの技術面での進化は，よりよい記録を出したい，より美しいフォームで演技したいなどの向上心や，選手自身の肉体と精神を極限まで鍛えた努力の結果であるといえる。一方で，記録更新や競技レベルの向上は，**用具の改良**が支えてきた側面もある。

② スポーツのルール

スポーツのルールは，時代背景や目的，選手の要求によって改定されてきたが，現在では，その**スポーツの関係者以外の要望**からルールの改

定を求められることも多くなってきた。例えばバレーボールでは1998年に，従来のサーブ権を持った側が得点を得るのではなく「サーブ権の有無に限らず，ラリーに勝ったチームに得点を与える」というラリーポイント制が採択されている。これは大会運営やテレビ中継の都合から改定されたといわれている。

●世界のスポーツ
① 国際スポーツ
　国際スポーツとは，多くの国や地域で行われ，国や地域を超えて競技をすることができる共通のルール，いわゆる国際ルールをもったスポーツのことである。その代表といわれるのが，国際オリンピック委員会(IOC)が主催する，**オリンピック競技大会**である。このオリンピック競技大会は，フェアプレイの精神に基づいて，平和でよりよい世界をつくるために，古代ギリシアのスポーツの催しにならって創設され，4年に1度開催されている。また，国際スポーツ大会には，言葉，宗教，政治などの違いを超えた国際間の交流という役割もある。
② 民族スポーツ
　民族スポーツとは，特定の国や地域，あるいは特定の民族に限って行われるもので，その土地の人々の伝統的な生活文化のなかから生まれたスポーツのことをいう。国際スポーツと民族スポーツとの違いは，国際ルールを持っているか，それともその地域のローカルルールになっているかということである。民族スポーツを知ることで，その国の文化や習慣を理解することができる。そうした角度から国際交流につながっていくのも，民族スポーツの大切な要素である。
③ オリンピック
　4年に1度行われるオリンピック競技大会には，夏季と冬季の2つの競技大会があり，2年に1度の割合で交互に開催されている。夏季オリンピックは1896年に第1回が開催されたが，当時は男子のみの参加で，ヨーロッパを中心にわずか14か国，250人程度の参加であった。その後，国際的なイベントとして発展し，2016年にブラジルのリオデジャネイロで開催された第31回大会には，世界の206の国および地域から約1万1千

人の選手が参加した。2020年には，1964年の第18回大会以降，東京では2回目となるオリンピックが開催予定だったが，新型コロナウイルス感染症のパンデミックにより2021年7月23日からの開催となった。日本は金27個を含む計58個のメダルを獲得して，史上最多の獲得数となった。

　一方，冬季オリンピックは，1924年フランスのシャモニーで最初に開催された。当初はオリンピックではなく冬季国際スポーツ大会として開催された。なお，第16回大会(アルベールビル)と第17回大会(リレハンメル)の開催間隔は2年だが，これは上述の「2年に1度の割合で交互に開催」を実現するため，調整されたものである(それまでは同年中に夏季と冬季オリンピックが開催されていた)。

オリンピック夏季大会開催地一覧（1964年～）

回	開催年	開催地（国名）	地域
18	1964	東京（日本）	アジア
19	1968	メキシコシティー（メキシコ）	中南米
20	1972	ミュンヘン（西ドイツ）	ヨーロッパ
21	1976	モントリオール（カナダ）	北米
22	1980	モスクワ（ソビエト連邦）	ヨーロッパ
23	1984	ロサンゼルス（アメリカ）	北米
24	1988	ソウル（韓国）	アジア
25	1992	バルセロナ（スペイン）	ヨーロッパ
26	1996	アトランタ（アメリカ）	北米
27	2000	シドニー（オーストラリア）	オセアニア
28	2004	アテネ（ギリシャ）	ヨーロッパ
29	2008	北京（中国）	アジア
30	2012	ロンドン（イギリス）	ヨーロッパ
31	2016	リオデジャネイロ（ブラジル）	南米
32	2021	東京（日本）	アジア
33	2024	パリ（フランス）	ヨーロッパ
34	2028	ロサンゼルス（アメリカ）	北米

オリンピック冬季大会開催地一覧（1956年～）

回	開催年	開催地（国名）	地域
7	1956	コルチナ・ダンペッツオ（イタリア）	ヨーロッパ
8	1960	スコーバレー（アメリカ）	北米

9	1964	インスブルック（オーストリア）	ヨーロッパ
10	1968	グルノーブル（フランス）	ヨーロッパ
11	1972	札幌（日本）	アジア
12	1976	インスブルック（オーストリア）	ヨーロッパ
13	1980	レークプラシッド（アメリカ）	北米
14	1984	サラエボ（ユーゴスラビア）	ヨーロッパ
15	1988	カルガリー（カナダ）	北米
16	1992	アルベールビル（フランス）	ヨーロッパ
17	1994	リレハンメル（ノルウェー）	ヨーロッパ
18	1998	長野（日本）	アジア
19	2002	ソルトレークシティー（アメリカ）	北米
20	2006	トリノ（イタリア）	ヨーロッパ
21	2010	バンクーバー（カナダ）	北米
22	2014	ソチ（ロシア）	ヨーロッパ
23	2018	平昌（韓国）	アジア
24	2022	北京（中国）	アジア
25	2026	ミラノ（イタリア）	ヨーロッパ

④　パラリンピック

　国際パラリンピック委員会(IPC)が主催する身体障害者を対象とした世界最高峰のスポーツ競技大会。オリンピックと同じ年に同じ場所で開催される。2004年のアテネ大会から夏季オリンピックと共同の開催組織委員会が運営している。戦争で負傷した兵士たちのリハビリとして「手術よりスポーツを」の理念で始まった。もともと，IOCとは全く関係がなく，オリンピックとは開催地が異なっていたが，ソウルオリンピック以後，オリンピック開催後に同じ場所でパラリンピックを開催することが義務付けられるようになった。「パラリンピック」の名称は，半身の不随(paraplegia) ＋オリンピック(Olympic)の造語だが，半身不随者以外も参加するようになったため，1985年から，平行(parallel) ＋オリンピック(Olympic)で，「もう1つのオリンピック」と解釈することになった。オリンピックと違いパラリンピックには障害の度合いに応じた階級が存在する。

⑤　ドーピング

　ドーピングとは，「競技者の競技能力を人為的かつ不公正に増強することを目的に，薬物などを使用したりして，特別な処置をおこなうことである」と定義されている。ドーピングとは，近年の科学技術の進歩による副産物ではなく古くから存在していた。競技スポーツにおけるドーピングの歴史をみると，1950年代にツール・ド・フランスという自転車レースで選手たちが薬剤を使用していたのが発覚したという記録がある。また，1988年のソウルオリンピックで，カナダのベン・ジョンソン選手がドーピングで失格となり金メダルを剥奪された事件が，ドーピングという言葉を世界中に広めるきっかけとなった。

⑥　アンチドーピング

　スポーツでドーピングが禁止されている理由について，大きく次の4つに分けられる。

　1「選手自身の健康を害する」

　2「スポーツのフェアプレーに反する」(不誠実・アンフェア)

　3「ドーピングは社会悪になる」

　4「スポーツ固有の価値を損ねる」

⑦　オリンピズムとオリンピック・ムーブメント

　オリンピズムとは「オリンピックのあるべき姿」と解されており，具体的には「スポーツを通して心身を向上させ，さらには文化・国籍など様々な差異を超え，友情，連帯感，フェアプレーの精神をもって理解し合うことで，平和でよりよい世界の実現に貢献する」を指す。そして，オリンピック・ムーブメントとはオリンピズムを実現させるための活動全体を指す。

例題 1

　次の文章は，夏季オリンピックについて書かれたものである。文中の(①)〜(⑨)にあとの語群より適語や数字を選び記号で答えよ。

　近代オリンピックは，クーベルタンの古代オリンピックにならって再興されました。第1回大会は，(①)年にギリシアで開催された。

日本は，クーベルタンからの呼びかけによって（　②　）が東洋で初のIOC委員に就任した。

日本選手の初参加は，第5回ストックホルム大会で，陸上競技に（　③　）名の選手が出場した。日本人初のメダリストは，第7回アントワープ大会に出場した熊谷一弥選手が（　④　）で銀メダルを獲得した。そして，第9回アムステルダム大会で，日本人として初の金メダル獲得を陸上競技(三段跳び)の（　⑤　）選手が果たしている。また，第11回大会は（　⑥　）で開催され，日本人女性初の金メダルを前畑秀子選手が水泳競技の（　⑦　）で獲得した。

その後，（　⑧　）年に東京大会が行われ，この大会より正式種目に加わった（　⑨　）で，日本女子チームが見事金メダルを獲得した。

語群

ア　100m自由形	イ　5	ウ　テニス
エ　1904	オ　ベルリン	カ　200m平泳ぎ
キ　柔道	ク　1896	ケ　織田幹雄
コ　バレーボール	サ　1964	シ　器械体操
ス　坪井玄道	セ　2	ソ　ネイスミス
タ　嘉納治五郎	チ　モントリオール	ツ　1972

解答　①　ク　　②　タ　　③　セ　　④　ウ　　⑤　ケ
　　　　⑥　オ　　⑦　カ　　⑧　サ　　⑨　コ

解説　オリンピックが開催された場所や年号，活躍した選手などについては調べておく必要がある。本問のように歴史を知ると同時に，直近の大会結果についても知っておくと時事問題対策にもなる。

■■■■■ **例題 2** ■■■■■

次の(1)〜(3)の問いに答えよ。

(1)　1948年，ルートヴィヒ・ガットマン卿は，スポーツにより戦争で負傷した自国イギリスの帰還兵に再び生きる喜びを与えたいとの考えのもと，スポーツイベントを開催し成功を収めた。これに端を発し，現

在では全世界から選手を迎える規模までに発展している大会名を書け。

(2)　全世界の学生たちが集まり，大学スポーツの発展や体育の振興のためにオリンピックの前年と翌年の2年おきに冬季，夏季に開催され，一般に「学生のためのオリンピック」と言われている大会名を書け。

(3)　スポーツにおけるアンチ・ドーピング活動を促進することを目的として，1999年に設立された機構を書け。

解答　(1)　パラリンピック　　(2)　ユニバーシアード　　(3)　世界アンチ・ドーピング機構(WADA)

解説　(1)　国際パラリンピック委員会(IPC：International Paralympic Committee)が主催する身体障害者を対象とした世界最高峰のスポーツ競技大会。オリンピックと同じ年に同じ場所で開催される。2004年のアテネ大会から夏季オリンピックと共同の開催組織委員会が運営する。　(2)　国際大学スポーツ連盟(FISU)が主催する総合競技大会。全世界の学生たちが集まり，一般に「学生のためのオリンピック」といわれている。ユニバーシアードの名称は，大学(University)とオリンピアード(Olympiade)からきている。　(3)　ドーピング(薬物使用)に反対する運動を世界的規模で推進するための，独立の国際的監視機関。国際オリンピック委員会 (IOC) が開催したスポーツにおけるドーピングに関する世界会議において採択されたローザンヌ宣言に基づき，1999年11月に設立された。WADAは，禁止薬物リスト・検査・分析などの国際的なドーピング検査基準やドーピング違反の罰則規定の統一化，アンチ・ドーピング活動に関する教育・啓発活動等を目的としている。なお，2001年には日本国内におけるアンチ・ドーピング活動のマネジメントを行う機関として日本アンチ・ドーピング機構(JADA)が設立されている。

■■■■■■　**例題 3**　■■■■■■

各競技の歴史に関して，(1)～(7)に当てはまる人物名をあとのア～セからそれぞれ1つずつ選び，記号で答えよ。

(1) 1891年に，マサチューセッツ州スプリングフィールドにある国際YMCAトレーニングスクール(現スプリングフィールド大学)において，バスケットボールを考案した人物

(2) 1895年に，アメリカのYMCAの体育指導者で，テニスにヒントを得てバレーボールを考案した人物

(3) 1887年に，アメリカにおいて冬期でも行える野球型の室内ゲーム(インドアベースボール)を考案した人物

(4) 1882年に，現在行われている講道館柔道を創始した人物

(5) 1870年代に，近代テニスを考案した人物

(6) 1902年に，イギリスから卓球の道具などを日本に持ち帰り，旧制高等学校を中心に卓球を紹介した人物

(7) 1899年に，日本においてはじめて慶応大学教授のE. B. クラークとともにラグビーを塾生に指導した人物

ア	イサドラ・ダンカン	イ	J. ネイスミス
ウ	D. クラマー	エ	ホルガー・ニールセン
オ	フレデリック・クヌッセン	カ	坪井玄道
キ	W. C. ウィングフィールド	ク	ジョージ・ハンコック
ケ	F. L. ヤーン	コ	クーベルタン男爵
サ	田中銀之助	シ	大森兵蔵
ス	ウィリアム. G. モーガン	セ	嘉納治五郎

解答 (1) イ　　(2) ス　　(3) ク　　(4) セ　　(5) キ　　(6) カ　　(7) サ

解説 語群の人物名のうち正解以外の業績は次の通り。　ア　イサドラ・ダンカン：20世紀を代表するダンサーで，モダンダンスの祖。ウ　D. クラマー：ドイツの元サッカー選手・監督で，FIFAのコーチとしても活躍し，「日本サッカー育ての親」ともいわれる。　エ　ホルガー・ニールセン：7人制ハンドボールを創案(デンマーク)。オ　フレデリック・クヌッセン：ドイツの11人制ハンドボールの利点も取り入れ，冬季室内用ゲームとして改良し，現在の7人制ハンドボールを考案。　ケ　F. L. ヤーン：今日の体操競技の原形となった，様々

な器械体操を考案(ドイツ)。　コ　クーベルタン男爵：フランスの教育者であり，近代オリンピックの創立者。　シ　大森兵蔵：元YMCA体育教授で，バスケットボールとバレーボールを日本に初めて紹介した。

■■■■■■■■■■■■■■■■■■■ **例題 4** ■■■■■■■■■■■■■■■■■■■

近代オリンピックに関する次の文章を読んで，以下の(1)〜(5)の問いに答えよ。

　1896年，フランスの(　ア　)により，(　イ　)の精神にもとづき，平和でよりよい世界をつくるため，(　ウ　)において第1回オリンピック競技大会が開催された。

　日本においては，1964年(　エ　)，1972年(　オ　)，1998年(　カ　)の各都市において開催されている。

　オリンピック競技大会は，世界的大イベントに成長するにしたがい，政治に左右されるような問題も起こっている。また，ドーピングなど新たな問題も生じている。

(1)　文中の(　ア　)〜(　カ　)に適する語句を答えよ。

(2)　オリンピックムーブメントについて，説明せよ。

(3)　下線部について，過去に参加ボイコットが起こった事例について，簡単に説明せよ。

(4)　ドーピングがなぜ禁止されているのか，その理由を2つ答えよ。

(5)　2001年に設立された国内におけるドーピング撲滅に取り組む組織をアルファベット4文字で答えよ。

解答　(1)　ア　クーベルタン　イ　フェアプレイ　ウ　アテネ　エ　東京　オ　札幌　カ　長野　(2)　オリンピック競技大会(スポーツ)を通じて，人びとの友好を深め世界の平和に貢献しようとする運動　(3)　・アパルトヘイトに対する抗議(ボイコット)…モントリオール大会　・旧ソ連のアフガニスタン侵攻に対する抗議(ボイコット)…モスクワ大会　・モスクワ大会のボイコットに対する抗議(ボイコット)…ロサンゼルス大会　(4)　・スポーツ

の基本理念，スポーツ精神に反する行為であるため。　・選手の健康に有害(副作用がある)であるため。　・社会に対する悪影響があるため。から2つ　(5)　JADA

解説 オリンピック競技大会の歴史と発展についての出題が増加傾向にあるので，教科書や参考書等で学習しておく必要がある。特に，オリンピックムーブメントとドーピングについては注意したい。現代スポーツは，国際親善や世界平和に大きな役割を果たしており，その代表的なものにオリンピックムーブメントがある。また，ドーピングは，フェアプレイの精神に反する不正な行為であり，能力の限界に挑戦するスポーツの価値を失わせる行為である。さらに頻出問題として，夏季・冬季大会の開催都市もあげられる。　(4)　ドーピングを禁止する理由は，①選手自身の健康を害する，②不誠実(アンフェア)である，③社会悪である，④スポーツ固有の価値を損ねる，の4つがあげられる。　(5)　1999年，国際レベルのあらゆるスポーツにおけるアンチ・ドーピング活動を促進し，調整することを目的として世界ドーピング防止機構(WADA：World Anti-Doping Agency)が設立された。それを受け，2001年に国内におけるアンチ・ドーピング機構(JADA：Japan Anti-Doping Agency)が設立された。

文化としてのスポーツ・現代スポーツの特徴

●文化としてのスポーツ

① 文化としてのスポーツ

　文化とは「人間が後天的に獲得し，学習によって後世の世代に継承する人間活動のすべて」であると言われている。スポーツもまた，人間が「走る」「投げる」「跳ぶ」といった運動を複雑に組み合わせて発展させてきた文化であると考えることができる。今では，スポーツは，芸術や学問，歴史や政治など様々な分野に影響を与える可能性を持っている文化領域となった。

② 文化としてのスポーツとのかかわり方

　スポーツ文化とのかかわり方は，スポーツを「行う」ことだけに限ったものではない。スポーツを「見る」ことは，オリンピックなどからもわかるように，大きな盛り上がりを見せている。オリンピックの招致活動が世界中で行われており，スポーツはもはや，現代社会の人々の生活にとって欠かすことのできないものになっている。また，スポーツ大会を運営したりする「支える」ことや，スポーツ文化の内容をさらに詳しく「調べる」ことも大切なかかわり方のひとつになっている。

③ ノーマライゼーション

　「ノーマライゼーション」とは，障害者もそうでない人も，高齢者も若者も，すべての人が特別に区別されることなく，同等の権利を得，共に暮らし，共に生き抜くのが本来の望ましい姿であるとする考え方である。障害者のスポーツを中心的に学習することにより，文化としてスポーツを捉えることの大切さを学ぶことができる。また，健常者の固定化されたスポーツに対する捉え方を，違った角度から見ることもできる。スポーツを行う障害者の方々は，自分の力量やニーズに合わせて様々な努力やルールの工夫をしている。障害者のスポーツから，人々が現代社会においてスポーツと多様なかかわり方があることを学ぶ必要がある。

▼関連用語

□バリアフリー……高齢者や障害のある人が地域の中で普通に暮らせる社会づくりをめざすノーマライゼーションの理念に基づいて，物理的，心

269

理的な障壁(バリア)を取り除こうという考え方のこと。

□ユニバーサルデザイン……高齢者や身体障害者だけでなく，一般の人にも使いやすい形の製品。バリアフリーをさらに発展させたコンセプトによるもので，誰もが共用できるものを目指している。

●現代生活とスポーツ

① 日常生活の変化とスポーツ

携帯電話やパソコンなどの情報機器の普及によって，私たちの生活は快適かつ，便利になってきた。また，世界中の人とつながることができ，直接会わなくてもコミュニケーションがとれるようになった。しかし，便利になった一方で，ストレスを多く生む社会ともなっている。このような日常生活の変化にともなうストレスを解消する手段として，スポーツが果たす役割は大きい。

② スポーツの役割と意義

これまで，わが国のスポーツの振興等に関する基本的な事項を定めた法律は，東京五輪を目前に控えた昭和36(1961)年に制定された「スポーツ振興法」であった。しかし，この法律が制定されてから，50年が経過する間に，わが国を取り巻く社会環境や価値観の変化，また，スポーツ界においてもプロスポーツ及び障害者スポーツの発展や国際化の進展等の大きな環境変化の中で，新たな課題が生じてきていた。このような変化や新たな課題に法律上も対応する必要が生じたため，スポーツ振興法を全面改正する形で，平成23(2011)年に「スポーツ基本法」が制定された。

③ スポーツとの関わり方の変化

「スポーツ」と言えば，以前は，気晴らしやストレス解消，健康づくり，仲間との交流が主なものであったが，社会環境の変化と同時に，スポーツとの関わり方は実に様々な広がりをもってきている。その関わり方を大きく分けると，「スポーツをおこなう」「スポーツをみる」「スポーツをささえる」「スポーツを調べる」と4つに分けられる。この4つのうち「スポーツをささえる」活動のひとつ，「**スポーツボランティア**」が最近注目されている。

▼スポーツボランティアの意義

　一般的に，文化や芸術，スポーツなどの活動は，まずは自分が参加し，楽しむことと，聴く・観るなど観客として楽しむという2つの関わり方ができる。スポーツボランティアは，この2つとは違う第3の関わり方である。スポーツに関するボランティアは，それぞれの発展に貢献できるのはもちろん，参加する側にも，趣味や特技を生かせるというメリットがある。それだけではなく，地域に密着して活動することで，まちを活性化させるまちづくりの担い手として，文化・スポーツボランティアが果たす役割もある。

●スポーツの社会的役割

① スポーツと経済

　人々がスポーツをしたり，スポーツを観戦するためには，スポーツ施設や様々なスポーツ用品，様々なサービスを必要とする。したがって，そこに市場が生じ，その市場に財・サービスを供給する各種のスポーツ産業が成長してくる。スポーツは人間にとって本源的な営みであり，スポーツ経済では，「スポーツ」を活かした市場の創出の視点が重要であると考えられる。スポーツをしたり，見たりするには，モノ・情報・施設が必要であり，そこに市場が生まれる。

② スポーツと国際交流

　スポーツを行うことで健康になるだけではなく，**国際交流**の面でも役に立っている。オリンピックをはじめとする国際的な競技会が様々な種目で行われている。言葉や習慣が違う国の人たちが集まって，スポーツをすることで，国際間や人種間の交流が生まれるのである。

●競技スポーツの意義

① 競技スポーツの現状

　スポーツは，その目的によって「**生涯スポーツ**」と「**競技スポーツ**」の2つに大きく分けられる。「生涯スポーツ」は，生活の楽しみを求めながら健康や体力の向上，仲間との交流，地域の連帯感の育成などの効果を目指して行われるもの，一方「競技スポーツ」は，他者に挑戦し，自己

の卓越性を誇示したり確保したりするという欲求に応えることを目指し行われるものである。

② スポーツが持つ競争の意味

　競争をともなう競技スポーツは，対戦相手同士が互いに同意した**ルールの範囲内**で，どちらが時間・空間の中で身体や用具を動かす能力に優れているのかを互いに試しあうことによって成立する。

③ 競技スポーツの振興

　文部科学省では，2003年度から，世界で活躍するトップレベルの競技者の育成を「ニッポン復活プロジェクト」として，競技力向上の6つの方策を重視し，展開している。

・専任コーチの設置，強化合宿事業等の充実，日本オリンピック委員会の補助拡充
・重点競技強化事業
・トップリーグ支援事業
・トップレベル・スポーツクラブ活動支援事業
・ナショナルコーチ等育成プログラム策定のためのモデル事業
・ナショナルトレーニングセンターの設置準備調査

● **今後の日本のスポーツ政策**

① スポーツ立国戦略－スポーツコミュニティ・ニッポン－

　文部科学省では，平成22年(2010年)8月，おおむね10年間を見据え，スポーツ立国の実現に向けて必要となる施策の全体像を示す「スポーツ立国戦略」を策定した。

　その中で，今後の我が国のスポーツ政策の基本的方向性を示す5つの重点戦略が明らかにされている。スポーツ立国戦略の概要は次の通りである。

②

　スポーツ基本法は，昭和36年に制定されたスポーツ振興法を50年
ぶりに全面改正し，平成23年6月24日に公布され，同年8月24日に
施行された我が国のスポーツに関する施策の基本事項を定めた法律で
ある。

　この法律は，スポーツに関し，基本理念を定め，並びに国及び地方
公共団体の責務並びにスポーツ団体の努力等を明らかにするとともに，
スポーツに関する施策の基本となる事項を定めることにより，スポー
ツに関する施策を総合的かつ計画的に推進し，もって国民の心身の健
全な発達，明るく豊かな国民生活の形成，活力ある社会の実現及び国
際社会の調和ある発展に寄与することを目的としている。

　なお，スポーツに関する基本理念が，次のように8項目にわたって

定められている。

▼スポーツに関する基本理念

① スポーツを通じて幸福で豊かな生活を営むことが人々の権利であることに鑑み，国民が生涯にわたりあらゆる機会と場所において，自主的・自律的に適性や健康状態に応じてスポーツを行うことができるようにする

② 青少年のスポーツが国民の生涯にわたる健全な心と身体を培い，豊かな人間性を育む基礎となるものであるとの認識の下に，学校，スポーツ団体，家庭及び地域における活動を相互に連携を図る

③ 地域において，主体的に協働することによりスポーツを身近に親しむことができるようにするとともに，スポーツを通じて，地域の全ての世代の人々の交流を促進し，交流の基盤を形成する

④ スポーツを行う者の心身の健康の保持増進，安全の確保

⑤ 障害者が自主的かつ積極的にスポーツを行うことができるよう，障害の種類及び程度に応じ必要な配慮をする

⑥ 我が国のスポーツ選手(プロスポーツの選手を含む。)が国際競技大会等において優秀な成績を収めることができるよう，スポーツに関する競技水準の向上に資する諸施策相互の有機的な連携を図る

⑦ スポーツに係る国際的な交流及び貢献を推進することにより，国際相互理解の増進及び国際平和に寄与する

⑧ スポーツを行う者に対する不当な差別的取扱いの禁止，スポーツに関するあらゆる活動を公正かつ適切に実施することを旨として，スポーツに対する国民の幅広い理解及び支援が得られるようにする

また，同法では第3章でスポーツの推進のための基礎的条件の整備等，10の基本的施策が定められている。

▼基本的施策

① 指導者等の養成等

② スポーツ施設の整備等

③ 学校施設の利用

④ スポーツ事故の防止等

⑤ スポーツに関する紛争の迅速かつ適正な解決

⑥ スポーツに関する科学的研究の推進等

⑦ 学校における体育の充実

⑧ スポーツ産業の事業者との連携等

⑨ スポーツに係る国際的な交流及び貢献の推進

⑩ 顕彰

③ スポーツ基本計画

　文部科学省では，スポーツ基本法の規定に基づき，平成24年3月,「第1期スポーツ基本計画」を策定した。「スポーツ基本計画」は，スポーツ基本法の理念を具体化し，今後の我が国のスポーツ施策の具体的な方向性を示すものとして，国，地方公共団体及びスポーツ団体等の関係者が一体となって施策を推進していくための重要な指針として位置付けられるものである。スポーツ基本法に基づく第1期スポーツ基本計画は，平成24〜28年度の5年間に7つの政策目標に基づき施策を推進し，その間，子供の体力低下に歯止めをかけ，過去最多の総メダル数獲得といった成果の一方，スポーツ実施率等に課題が残った。新たに2回目の東京オリンピック・パラリンピック競技大会の開催が決定し，障害者スポーツの移管，スポーツ庁が創設された。

　平成29年3月，第2期スポーツ基本計画が策定された。第2期計画では，計画の理念を「スポーツの価値」として具体化し，施策体系，数値目標を変更した。

　令和4年3月には第3期スポーツ基本計画を策定した。ここでは第2期の成果を検証し，さらに新型コロナウイルス感染症の影響，東京オリンピック・パラリンピックの実施を踏まえ，2022年度から向こう5年間のスポーツ施策を示している。

●第2期スポーツ基本計画の検証

> ・成人における週1日以上のスポーツ実施率は策定時(平成28年)より上昇したが，目標値は達成できなかった。
>
> ・障害者や女性のスポーツ実施率は上昇傾向にあるが，相対的には低い。
>
> ・東京オリンピック・パラリンピックにおける総メダル数は過去最高，とりわけオリンピックにおける金メダル数は過去最高であった。これを一過性のものにしないようにするため，施策を効果的・効率的に進めることが必要。
>
> ・スポーツ・インテグリティ(スポーツが様々な脅威により欠けるところなく，価値ある高潔な状態)の確保については，ガバナンスコードの策定や適合性審査の実施等に取り組んだところであり，引き続き問題事案等は生じており，体罰・暴力の根絶や団体のガバナンスの強化等を図ることが必要。

●第3期におけるスポーツ施策の考え方

> 第2期計画で掲げた
> ①スポーツで「人生」が変わる
> ②スポーツで「社会」を変える
> ③スポーツで「世界」とつながる
> ④スポーツで「未来」を創る
> の中長期的な基本方針は今後も踏襲する一方，スポーツを取り巻く環境や社会状況の移り変わりとともに，基本的方針の指す内容や，実現するための手立ては大きく変化していることから，国民がスポーツを「する」「みる」「ささえる」ことを実現できる3つの「新たな視点」を新設。
> ①「つくる／はぐくむ」
> 　社会の変化や状況に応じて，既存の仕組みにとらわれずに柔軟に見直し・改善し，最適な手法・ルールを考え，作り出す。

②「あつまり，ともに，つながる」

　　様々な立場・背景・特性を有した人・組織があつまり，課題の対応や活動の実施を図る。

③「誰もがアクセスできる」

　　性別や年齢，障害，経済・地域事情等の違いによって，スポーツ活動の開始や継続に差が生じないような社会の実現や機運の醸成を図る。

●今後5年間に総合的かつ計画的に取り組む施策

①多様な主体におけるスポーツの機会創出
②スポーツ界におけるDXの推進
③国際競技力の向上
④スポーツの国際交流・協力
⑤スポーツによる健康増進
⑥スポーツの成長産業化
⑦スポーツによる地方創生，まちづくり
⑧スポーツを通じた共生社会の実現
⑨担い手となるスポーツ団体のガバナンス改革・経営力強化
⑩スポーツの推進に不可欠な「ハード」「ソフト」「人材」
⑪スポーツを実施する者の安全・安心の確保
⑫スポーツ・インテグリティの確保

例題 1

　次の記述の（　ア　）〜（　エ　）に当てはまる適切な語句の組み合わせとして正しいものを，あとの①〜⑤の中から1つ選べ。

　日本においては，国のスポーツ振興施策として，1957年以降各自治体に（　ア　）が配置され，（　イ　）年にはスポーツ振興法が制定された。また，その中で各都道府県にスポーツの振興に関する重要事項について諮問する（　ウ　）が設置されることが示された。

また，2000年には(エ)が策定され，総合型地域スポーツクラブの育成をめざすことがうたわれた。

① ア スポーツ指導員　　　　　　イ　1961
　　ウ スポーツ振興審議会　　　　エ　スポーツ振興基本計画
② ア 体育指導委員　　　　　　　イ　1961
　　ウ スポーツ振興審議会　　　　エ　スポーツ振興基本計画
③ ア スポーツ指導員　　　　　　イ　1962
　　ウ スポーツ振興委員会　　　　エ　スポーツ振興計画
④ ア 体育指導委員　　　　　　　イ　1962
　　ウ スポーツ振興審議会　　　　エ　スポーツ振興計画
⑤ ア 体育指導委員　　　　　　　イ　1962
　　ウ スポーツ振興委員会　　　　エ　スポーツ振興基本計画

解答 ②

解説 1961年に制定されたスポーツ振興法は，わが国のスポーツ振興に関する施策の基本を明らかにした法律である。体育指導委員を制度化することや各都道府県にスポーツ振興審議会を置くことが示されている。2000年にはスポーツ振興法に基づいて，長期的・総合的な視点から国が目指すスポーツ振興の基本方向を示すスポーツ振興基本計画が定められた。

━━━━━━━━━━ **例題 2** ━━━━━━━━━━

次の文章は，「スポーツ基本法(平成23年法律第78号)」の前文の一部である。文中の(ア)〜(オ)に当てはまる言葉を書け。

スポーツは，(ア)を担う青少年の(イ)を向上させるとともに，他者を尊重しこれと(ウ)する精神，公正さと規律を尊ぶ態度や(エ)心を培い，実践的な思考力や判断力を育む等(オ)の形成に大きな影響を及ぼすものである。

解答 ア 時代　イ 体格　ウ 共同　エ 探求　オ 人間

解説 スポーツ基本法は全35条から成る法律である。「基本法」と名のつく法律には前文を付すものが多く(例えば教育基本法，男女共同参画社会基本法など)，スポーツ基本法にも前文が付されている。スポーツに対する崇高な理念が掲げられているので，何度も読んで内容を理解しておきたい。特に，「他者と協同する」というフレーズ，「克己心」というワードは重要である。

■■■■■■■ 例題 3 ■■■■■■■

次の文章は，快適な生活環境づくりについて述べたものである。文中の(ア)，(イ)に当てはまる言葉を書け。

　誰もが不自由なく生活できるように，道路の段差をなくすなどの生活上の障壁を取り除くことを(ア)という。また，シャンプーの容器に凹凸をつけたり，アルコール飲料の缶に点字を記したり，障害の有無や年齢，国籍などに関わらず，できるだけ多くの人が気持ちよく使えるように，製品，建物，空間をデザインすることを(イ)デザインという。

解答 ア　バリアフリー　　イ　ユニバーサル

解説 バリアフリーとは，高齢者や障害のある人が地域の中で普通に暮らせる社会づくりをめざすノーマライゼーションの理念に基づいて，物理的，心理的な障壁(バリア)を取り除こうという考え方のことである。ユニバーサルデザインとは，高齢者や障害のある人だけでなく，一般の人にも使いやすい製品のことで，バリアフリーをさらに発展させたコンセプトによるもので，誰もが共用できるものを目指している。また，ユニバーサルデザインの7つの原則は，「誰でも使えて手に入れることができる(公平性)」，「柔軟に使用できる(自由度)」，「使い方が簡単にわかる(単純性)」，「使う人に必要な情報が簡単に伝わる(わかりやすさ)」，「間違えても重大な結果にならない(安全性)」，「少ない力で効率的に楽に使える(省体力)」，「使うときに適当な広さがある(スペースの確保)」である。

■■■■■■■■■■■■■■■■■■■■■■■■■ **例題 4** ■■■■■■■■■■■■■■■■■■■■■■■■■

次の文章は，「第3期スポーツ基本計画」(令和4年3月25日　スポーツ庁)に関する文である。(①)～(⑦)に当てはまる数字や語句を書け。

今回の計画は令和4年度から令和(①)年度までの計画であり，(②)のスポーツ・レガシーの発展に向けて，特に重点的に取り組むべき施策を示すとともに，「新たな3つの視点」である，

1　スポーツを「(③)/(④)」，
2　「あつまり」，スポーツを「(⑤)」行い，「(⑥)」を感じる，
3　スポーツに「(⑦)」できる，

と支える具体的な施策を示している。

解答　①　8　　②　東京オリンピック・パラリンピック競技大会
③　つくる　　④　はぐくむ　　⑤　ともに　　⑥　つながり
⑦　誰もがアクセス

解説　平成23(2011)年施行されたスポーツ基本法の規定に基づいて，平成24(2012)年には「スポーツ基本計画」が策定された。これは，スポーツ基本法の理念を具体化し，今後の我が国のスポーツ施策の具体的な方向性を示すものとして，国，地方公共団体及びスポーツ団体等の関係者が一体となって施策を推進していくための重要な指針として位置付けられるものである。スポーツ基本計画は，その後，第2期，第3期と策定されている。

スポーツライフの設計

●ライフスタイルとスポーツ

① ライフスタイルの考え方とスポーツ

　人によって好みが違うように，人によって現代は様々なライフスタイルが存在する。ライフスタイルは，青年期や中年期などの各ライフステージにおける生活課題に応じて変化する。スポーツへのかかわりを深めるために，スポーツを意図的にライフスタイルの中に位置づけていくことや，スポーツとライフスタイルの関係を築いていくことが重要である。一般的なスポーツの行い方は，大きく5つのタイプに分けることができる。

スポーツクラブ中心型	クラブ型
エリア型	エリア型
スポーツ教室・レッスン利用型	プログラム型1つ目のタイプ
スポーツ大会・イベント参加型	プログラム型2つ目のタイプ
長期滞在型	クラブ型，エリア型，プログラム型の要素を組み合わせた非日常型

② 豊かなスポーツライフの設計

　私たちの日常の生活や行動の範囲を時間と組み合わせることによって，自分自身のスポーツライフを設計することができる。また，高校生時代には，運動部活動や体育の授業などを通じて，上記の5つのタイプのスポーツ活動を行う機会がある。将来のスポーツライフスタイルをシミュレーションし，スポーツライフを設計していく。

●ライフステージとスポーツ

① 生涯スポーツの捉え方

　生涯スポーツの重要性を考える上で，「ライフステージ」と「ライフサイクル」という考え方は欠かせない。なぜなら，生涯スポーツの前提に

は，平均寿命が伸びたことが背景にある。戦後急速に平均寿命は伸びたが，スポーツはこれまで男性，若者などに代表されるように，人生50年を前提とした右肩上がりの直線のイメージで語られてきたため，特に人生後半の「老い」や「弱さ」を視野に入れたライフステージやライフサイクルの考え方をあまり必要としなかったが，今後はライフステージやライフサイクルの考え方から生涯スポーツは重要となってくる。

② レジャー時代とスポーツ

　日本人の平均寿命は，約80年という時代を迎えた。これを時間単位で捉えてみると約70万時間になる。このうち，睡眠，食事，排泄など生理的に必要な時間をのぞくと，約35万時間となり，さらに労働時間や就学時間をのぞくと，約20万時間となる。この約20万時間が，生涯にわたって自由に使える「**自由時間**」となる。この時間は，これまで「**余暇時間**」と呼ばれてきた。現在は，平均寿命の伸長や労働時間の短縮に伴う自由時間の増大の時代を迎え，みんなが自己開発や能力の可能性を探求するような文化的な活動によって，より積極的な自由時間の活用を求めるようになってきており，気軽にスポーツを行う「生涯スポーツ」の考えへと移行してきている。

●地域におけるスポーツライフ

① 地域におけるスポーツの意義と発展

　これまでの地域におけるスポーツは，運動不足解消のほかに，住民同士のコミュニケーションを図るための重要な機会であった。運動会などのイベントを開催することによって，住民が一体となることができ，地域の連帯感を生み出すという役割を果たしてきた。特に高度経済成長期には，大都市に人口が集中し，地方で人口が減少していった。よって地域におけるスポーツの意義がさらに強く求められるようになったのである。

② 総合型地域スポーツクラブ

　今日の地域におけるスポーツには，**生涯スポーツ**実践の拠点として地域住民の多様なスポーツ参加への要求を受けとめ，定期的なスポーツ活動を保障するしくみを整えることが，よりいっそう求められている。具

体的には，市町村体育館や学校の体育館，運動場などを開放して地域の
人々が気軽にスポーツができる施設的環境を整えたり，スポーツ教室か
らスポーツクラブへ発展させたり，近年では複数の種目や幅広い年齢層
で構成される**総合型地域スポーツクラブ**の育成など，様々な施策が展開
されている。

▼総合型地域スポーツクラブとは

　文部省(現・文部科学省)が2000年9月に発表した「スポーツ振興基
本計画」に示され，かつ推進する地域でのスポーツクラブ育成事業の
対象スポーツクラブの名称である。多世代，多種目で「いつでも，ど
こでも，気軽に」スポーツをおこなえるようなスポーツクラブであり，
自主運営を基盤にした地域でのスポーツ拠点となるようなヨーロッパ
型のスポーツクラブを想定したものである。

③　自分が住んでいる地域とスポーツ

　スポーツ環境について考えるときは，自分の住んでいる身近な地域の
スポーツ環境をよく理解することが重要である。スポーツ環境について，
どのようにしたら自分たちのスポーツライフに生かすことができるのか
を考える。

例題 1

　次の文章は，地域におけるスポーツの意義と発展について述べたものであ
る。文中の(　　)に該当する最も適切な語句を，あとのa～dから1つ選べ。
　　地域におけるスポーツは，学校体育や職場スポーツとならんで，
(　　)を実践する場を人びとに提供する。また同時に，それはどのよう
な集団や組織に属している者でも参加することができる，広範囲なスポー
ツの機会を提供している。地域におけるスポーツは，スポーツ行事中心
の時代からしだいに範囲を広げ，スポーツ教室の開催，スポーツ施設の
拡充，スポーツクラブの育成や支援など，総合的・全体的なスポーツ振
興の役割を果たしてきた。具体的には，行政や地域住民が公共スポーツ
施設や学校開放施設を拠点とするスポーツ活動を推進したり，総合型地
域スポーツクラブなど，地域におけるスポーツの組織化をはかったりし

ている。

 a 競技スポーツ b 生涯スポーツ c スポーツイベント
 d 健康体操

解答 b

解説 総合型地域スポーツクラブとは，人々が，身近な地域でスポーツに
親しむことのできる新しいタイプのスポーツクラブで，子どもから
高齢者まで(多世代)，様々なスポーツを愛好する人々が(多種目)，
初心者からトップレベルまで，それぞれの志向・レベルに合わせて
参加できる(多志向)，という特徴をもち，地域住民により自主的・
主体的に運営されるスポーツクラブをいう。

━━━━━━━━━━━━ **例題 2** ━━━━━━━━━━━━

次の文中の( )に当てはまる語句として，最も適当なものを，以下の1
～4から1つ選べ。

地域住民が自主的・主体的に運営し，地域の誰もが参加できる「多世
代」「多種目」「多志向」の形態であり，中学校区程度の地域において，
学校体育施設や公共スポーツ施設を拠点としながら，地域の実情に応じ
て民間スポーツ施設も活用した，地域住民の誰もが参加できるスポーツ
クラブを( )地域スポーツクラブという。

 1 複合型 2 連携型 3 参加体験型 4 総合型

解答 4

スポーツによる心身の発達と効果

●スポーツの効果

① 運動と健康

　私たちの身体は，運動をすることで体力が高まっていく「身体の適応」と言われるものがある。運動をすることで健康面にどのような影響が出るか，考える必要がある。

② 有酸素運動の効果

　「有酸素運動」とはウオーキング(速歩)，ジョギング，サイクリング，水中運動等であり，運動の強さは，自分の能力の半分程度，つまり，軽く汗ばむ程度がよいとされている。有酸素運動により心肺の機能が強化され，末梢の血液循環は改善し，代謝も改善され，中性脂肪値が下がり，善玉コレステロール値(HDL-C)は上がってくる。運動には，高脂血症，高血圧，糖尿病などの危険因子の予防・治療効果のほか，持久力をつけ，ストレスを解消するといった効果もある。

③ 体力の必要性

　体力を高めることによって，医療費の節減や生産性の向上などの経済的効果だけでなく，人々の生活に充実感や連帯感を与え，国民に生きがいをもたらすものであり，本格的な高齢社会を迎えるにあたり，体力の必要性は今後ますます増してくる。

●トレーニングの効果

① トレーニングの意義

　トレーニングとは，運動に対する身体の適応性を利用して，身体の「行動力」と「抵抗力」を望ましい水準に高めようとする過程のことをいう。生涯を通して，健康で生活できるようにするために「体力を高める」ことを意識して生活することが重要である。

② 体力トレーニングの目的

　体力トレーニングの目的は，大きく分けて，「健康を保持増進させるためのトレーニング」と「競技力を向上させるためのトレーニング」がある。状況に応じて，それぞれのトレーニングを行う。

285

▼健康を保持増進させるためのトレーニング

　日ごろの運動不足や社会の急激な変化にともなうストレスを解消させ，精神機能と身体バランスを正常に保持するためのトレーニングである。無理をせず規則的に実施すると，心身の機能がバランスよく正常に保たれ，健康の保持増進に大いに役立つ。軽い運動を比較的長い時間行うことで，習慣的に行うのが効果的なトレーニングにつながる。代表的なトレーニングには，ウォーキング，ジョギング，エアロビクスなどの有酸素運動が挙げられる。この他にも，様々な軽スポーツやトレーニングマシンを使っての運動も有効であるといえる。健康を保持増進させるためのトレーニングは，健康状態や個々の体力レベルや日ごろの生活状況に応じて，無理なく，楽しく継続することが大切であるといえる。

▼競技力を向上させるためのトレーニング

　競技大会に出場して，勝負を競い合う競技スポーツに必要な体力（フィットネス）を養成するためのトレーニングである。競技力を高めるトレーニングでは，競技者として必要な基礎体力を増強させるトレーニングに加えて，専門種目特有の体力を局所的に強化するトレーニングが必要不可欠であるといえる。基礎体力強化を全面的トレーニングと呼び，その目的は，筋力，持久力，スピード，パワー，調整力などの体力要素をバランスよく，満遍なく鍛錬して，基礎体力を増強させることにある。専門種目特有の体力強化を専門的トレーニングと呼び，専門とする種目の特性に応じて行われる。陸上競技といっても，マラソンのように競技時間が長い種目では，呼吸，循環器系の働きを高める持久力トレーニングが大切になってくるし，砲丸投げや棒高とびなど，瞬発力などの一瞬の動きが勝負を左右する種目の選手にとっては，筋力や瞬発力のトレーニングが重要になってくる。トレーニングはそれぞれの目的や状況に応じて行う必要がある。方法や理論は多種多様である。

●スポーツの技術と技能

　個々の運動やスポーツを特徴づけている技術は，練習を通して身に付けられた合理的な動き方としての技能という状態で発揮されること，技術には，絶えず変化する状況の下で発揮されるオープン・スキル型と状況の変化が少ないところで発揮されるクローズド・スキル型があること，その型の違いによって学習の仕方が異なることを理解しておくことが大切である。

①　クローズド・スキル

　外的条件に左右されることのない状況下で発揮される部分技能。ボウリング，射撃，体操，水泳，陸上競技など。

②　オープン・スキル

　対応すべき相手やボールが常に変化するような状況下で発揮される部分技能。剣道，柔道，空手など。

●スポーツの技能の上達過程

　運動やスポーツの技能の上達過程を試行錯誤の段階，意図的な調整の段階及び自動化の段階の三つに分ける考え方がある。これらの上達過程の段階や技能の特徴及び目的に即した効果的な練習方法がある。

　その際，技能の上達過程は，各段階で上達の速度が異なること，プラトーやスランプの状態があることを理解しておく。

①　プラトー

　運動技能の上達過程で，比較的長期間にわたって上達が停滞する現象(高原状態)。

②　スランプ

　運動技能がある程度上達した段階で，成績が一定期間低下する現象。

■■■■■■■■■■■■■ 例題 1 ■■■■■■■■■■■■■

次の文章は,「運動技能」について述べたものである。(A)～(D)
に当てはまる正しい語句の組み合わせを①～⑤の中から1つ選べ。

　陸上競技や器械運動,水泳などのように直接相手と向き合う対応動作
がなく,外的条件に左右されない状況下で発揮される技能を(A)と
いう。一方,柔道や剣道,空手などの武道のように相手の動きに対応
し,変化する状況下で発揮される技能を(B)という。また,バレー
ボール,サッカー,テニスなど多くの球技では,これら2つの技能が混
在し,例えばバレーボールの(C)は前者,(D)は後者である。

　① A クローズド・スキル　　B オープン・スキル
　　 C サーブ　　　　　　　 D レシーブ
　② A オープン・スキル　　　B クローズド・スキル
　　 C レシーブ　　　　　　 D トス
　③ A オープン・スキル　　　B クローズド・スキル
　　 C トス　　　　　　　　 D スパイク
　④ A オープン・スキル　　　B クローズド・スキル
　　 C スパイク　　　　　　 D サーブ
　⑤ A クローズド・スキル　　B オープン・スキル
　　 C レシーブ　　　　　　 D サーブ

解答　①
解説　外的条件に左右されない状況下で発揮される技能をクローズド・ス
　　　キル,変化する状況下で発揮される技能をオープン・スキルと呼ぶ。

■■■■■■■■■■■■■ 例題 2 ■■■■■■■■■■■■■

次の文章は,「健康の保持増進と運動」について述べたものである。
(A)～(D)に当てはまる正しい語句の組み合わせを,以下の①～⑤
から1つ選べ。

　健康の保持増進を図るための代表的な運動に,ウォーキング,(A),
エアロビクスなどの(B)がある。これらの運動は全身持久力を高める
のに効果的で,比較的低い強度で長い時間おこなうとよい。こうした運
動により(C)の機能が向上して多量の酸素が筋肉に送られるようにな
り,運動によって生じた(D)もすみやかに除去される。個人の健康状
態や体力レベル等に応じて,無理なく,楽しくおこなうことが大切であ
る。

① A　マラソン　　　B　全身運動　　　C　呼吸循環器系
　　D　乳酸
② A　マラソン　　　B　有酸素運動　　C　内臓諸器官
　　D　老廃物
③ A　ジョギング　　B　有酸素運動　　C　呼吸循環器系
　　D　老廃物
④ A　ジョギング　　B　有酸素運動　　C　内臓諸器官
　　D　乳酸
⑤ A　ジョギング　　B　全身運動　　　C　内臓諸器官
　　D　乳酸

解答　③

解説　比較的運動強度が弱く,酸素を十分に取り入れて行う運動を有酸素
　　　運動と呼ぶ。適切な有酸素運動は,呼吸循環器系に十分な刺激を与
　　　えて心肺機能を向上させ,毛細血管を発達させて酸素の運搬能力を
　　　高めるなど,全身持久力を向上させる効果がある。

━━━━━━━━━ 例題 3 ━━━━━━━━━

「スランプ」と「プラトー」を，次の図中にグラフをかいて示し，「スランプ」と「プラトー」の違いを説明せよ。

解答

説明…プラトーは，練習の初期に見られる高原現象をいう。いくら練習をしても一向に上達せず，一時的に進歩が停滞することがある。いわゆる壁にぶつかった状態。スランプは，技術がある程度上達した段階で技能が低下したり，停滞することをいう。

解説　言葉で説明できても図やグラフで表そうとすると，なかなか難しい。解答を参照しよう。

第 9 章

保健分野

保健体育科 保健分野

ポイント

　中学校は，保健分野の内容について，個人生活における健康に関する課題を解決することを重視する観点から，従前から示されていた中学校における基礎的な知識，ストレス対処や心肺蘇生法等の技能に関する内容，及び健康に関わる事象や健康情報から自他の健康に関する課題を発見し，よりよい解決に向けて取り組む思考力，判断力，表現力等の内容を示すこととした。その際，従前の内容を踏まえるとともに，個人生活における健康に関する課題を解決することを重視する観点から配列を見直し，「健康な生活と疾病の予防」，「心身の機能の発達と心の健康」，「傷害の防止」及び「健康と環境」の４つの内容で構成した。

　高等学校は，「保健」の内容については，個人及び社会生活における健康・安全に関する理解を通して健康についての総合的な認識を深め，保健の見方・考え方を働かせ，生涯を通じて自他や社会の健康に関する課題を解決していくための資質や能力の育成を図ることに重点を置き，小学校，中学校の内容を踏まえた系統性のある指導ができるようにした。内容のまとまりについては，個人及び社会生活における健康課題を解決することを重視する観点から，従前の「現代社会と健康」，「生涯を通じる健康」及び「社会生活と健康」の３項目を「現代社会と健康」，「安全な社会生活」，「生涯を通じる健康」及び「健康を支える環境づくり」の４項目とした。内容については，個人及び社会生活に関する事項を正しく理解し，思考・判断・表現できるようにするため，他教科及び小学校，中学校の内容との関連を考慮して高等学校における基礎的事項を明確にした。

本章を学習するにあたって
(高等学校保健体育教員志望者)

　本章は中学校学習指導要領の学習内容(健康な生活と疾病の予防，心身の機能の発達と心の健康，傷害の防止，健康と環境)に沿って構成されています。高等学校では中学校と異なる学習内容(現代社会と健康，安全な社会生活，生涯を通じる健康，健康を支える環境作り)で構成されていますが，細目については中学校の学習内容を踏まえているため，本書の内容や例題を学習することは有効であると考えられます。資料として，中学校・高等学校における保健分野の学習分野の対応表を示しますので，参考にしてください。

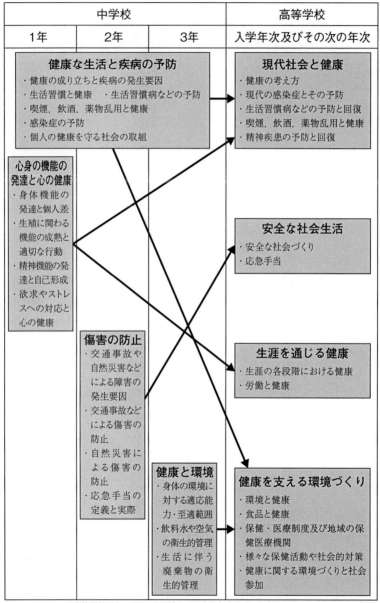

中学校			高等学校
1年	2年	3年	入学年次及びその次の年次

健康な生活と疾病の予防
・健康の成り立ちと疾病の発生要因
・生活習慣と健康　・生活習慣病などの予防
・喫煙，飲酒，薬物乱用と健康
・感染症の予防
・個人の健康を守る社会の取組

現代社会と健康
・健康の考え方
・現代の感染症とその予防
・生活習慣病などの予防と回復
・喫煙，飲酒，薬物乱用と健康
・精神疾患の予防と回復

心身の機能の発達と心の健康
・身体機能の発達と個人差
・生殖に関わる機能の成熟と適切な行動
・精神機能の発達と自己形成
・欲求やストレスへの対応と心の健康

安全な社会生活
・安全な社会づくり
・応急手当

傷害の防止
・交通事故や自然災害などによる障害の発生要因
・交通事故などによる傷害の防止
・自然災害による傷害の防止
・応急手当の定義と実際

生涯を通じる健康
・生涯の各段階における健康
・労働と健康

健康と環境
・身体の環境に対する適応能力・至適範囲
・飲料水や空気の衛生的管理
・生活に伴う廃棄物の衛生的管理

健康を支える環境づくり
・環境と健康
・食品と健康
・保健・医療制度及び地域の保健医療機関
・様々な保健活動や社会的対策
・健康に関する環境づくりと社会参加

※高等学校においては，原則として，入学年次及びその次の年次の2か年にわたり履修

健康と環境

●私たちの健康のすがた

① わが国の健康水準の現状

　健康状態をはかることのできる物差しのことを健康指標といい，具体的には平均寿命や乳児死亡率などがある。この物差しによって測られた健康の程度が健康水準となる。平均寿命とは，生まれたばかりの乳児がこれから生きていくことが期待できる年数のことを意味する。わが国における平均寿命は，終戦直後まで低い水準にとどまっていたが，その後，急速にのび続け，2021年では，男性81.47年，女性87.57年と世界最高水準となっている。平均寿命ののびは，初期には乳児死亡率の大幅な改善，近年では高齢者の死亡率の改善が主な要因となっている。

▼関連用語

□**健康寿命**……平均寿命の内訳として世界保健機関(WHO)が定義した，健康という生命の質も含めた指標。WHOが2019年に発表したところによると，わが国の健康寿命は男女あわせて平均74.09歳であり，世界最長となっている。

□**平均余命**……ある年の各年齢における死亡率が今後ともそのまま持続すると仮定した時，各年齢の人が平均してあと何年生きられるかを理論的に示した数値をいう。

② 健康水準向上の背景

　わが国における健康水準の向上は，第二次世界大戦後の経済成長によって国が豊かになったことが大きな要因といえる。人々の生活水準は高まり，食料事情がよくなり，生活環境が衛生的になった結果，感染症は減少し，それによって亡くなる人や乳児の死亡率も大きく減少した。乳児の生存は，胎児期の母体の健康状態や生後の成育環境などの影響を強く受けるので，乳児死亡率はその社会の栄養状態や衛生状態の状況を反映するといえる。

③ わが国における健康問題の変化

　わが国では，戦後まもなくまでは，結核や肺炎などの感染症で死亡する人が多くみられた。現在では，感染症で死亡する人は大きく減少し，

生活習慣病が原因で死亡する人が**全体の半数近く**を占めている。わが国は栄養状態や衛生状態は改善されたことで感染症は減ってきたが，食べすぎや運動不足につながっている面もある。現代は，個人がどのような生活習慣を実践していくかが健康を大きく左右する時代といえる。

▼関連用語

□健康日本21……厚生省(現厚生労働省)が2000(平成12)年に制定した「21世紀における国民健康づくり運動」の略称であり，壮年期死亡率の減少や健康寿命を延ばすこと，および生活の質(QOL：quality of life)の団体・国民が一体となって健康づくり運動を推進しようとするものである。

□健康増進法……「健康日本21」を中核とする国民の健康づくり・疾病予防をさらに積極的に推進するため，医療制度改革の一環として2002(平成14)年に公布された。病気になる前の健康な生活習慣に重点を置き，生涯にわたる国民の健康の増進に取り組むための法律。法律制定の背景には，我が国における急速な高齢化の進展，及び疾病構造の変化(感染症での入院・死亡がきわめて少なくなり，それに代わって，がん，心臓病，脳卒中(脳血管疾患)などの生活習慣病が死因順位の上位を独占するようになった)に伴い，国民の健康の増進の重要性が著しく増大していることにかんがみ，国民の健康の増進の総合的な推進に関する基本的な事項，国民の栄養の改善，その他の措置を講じて，国民保健の向上を図る必要性があげられる。

● **至適範囲**

環境条件の至適範囲のこと。気温の場合，運動，睡眠，勉強といった，それぞれの目的がうまく達成でき，その間主観的にも生理的にも最も快適で無理のない温度範囲を**至適温度範囲**という。至適温度範囲は個人差があり，主な要因として男女，年齢，季節，昼夜，民族，着衣条件等があげられる。一方，音の場合，仕事を行うにしてもあまり静かなところでは適当でないとされている。身体を動かす活動では50〜60dB，睡眠時には30〜40dBくらいが至適環境騒音レベルといわれている。

●熱中症の手当

　直射日光や高温多湿の環境下で激しい運動やスポーツを行うと，体温調節機能や血液循環機能が十分にはたらくことができず，「熱中症」になってしまう。「熱中症」には，「熱失神」「熱疲労」「熱けいれん」「熱射病」など数種類の症状がある。

熱けいれん （Ⅰ度）	大量に汗をかき，水だけを補給して血液の塩分濃度が低下した時に，足，腕，腹部の筋肉に痛みを伴ったけいれんがおこる。暑熱環境下で長時間の運動をして大量の汗をかく時におこる。
熱失神 （Ⅰ度）	皮膚血管の拡張によって血圧が低下，脳血流が減少しておこるもので，めまい，失神などがみられる。顔面蒼白，呼吸回数の増加，唇のしびれなどもみられる。脈は速くて弱くなる。
熱疲労 （Ⅱ度）	大量の汗をかき，水分の補給が追いつかないと脱水がおこり，熱疲労の原因となる。脱水による症状で，脱力感，倦怠感，めまい，頭痛，吐き気などがみられる。
熱射病 （Ⅲ度）	体温の上昇のため中枢機能に異常をきたした状態である。意識障害が特徴で，頭痛，吐き気，めまいなどの前駆症状やショック状態などもみられる。また，全身臓器の血管がつまって，脳，心，肺，肝，腎などの全身の臓器障害を合併することが多く，死亡率も高くなる。スポーツで主に問題となるのは熱疲労と熱射病である。

　熱中症が疑われる場合は次のような処置を行うことがあげられる。

① 　涼しい環境への避難

　風通しのよい日陰やできればクーラーが効いている室内等に避難させる。

② 　脱衣と冷却

　○ 　Ⅰ度（軽症），Ⅱ度（中等症）の場合

　　・涼しい場所に移し，衣服を緩める。

　　・皮膚を濡らしてうちわや扇風機で扇いだり，氷やアイスパックなどで冷やす。

　　・冷やした水のペットボトルやビニール袋入りのかち割氷，氷のう等を前頸部の両側脇，腋窩部，鼠径部に広く当てる。

　○ 　意識障害がある，またはⅢ度の場合

・水道につないだホースで全身に水をかけ続ける。

・救急車を要請する場合も，その到着前から冷却を開始する。

③ 水分・塩分の補給

・冷たい水を持たせて，自分で飲んでもらう。大量の発汗があった場合には，汗で失われた塩分も適切に補える経口補水液やスポーツドリンク等を用いる。食塩水を補給する場合は水1Lに1～2gの食塩が適当。

・重度であっても応答が明瞭で，意識がはっきりしているなら，冷やした水分を口から与える。

・「呼びかけや刺激に対する反応がおかしい」「答えがない(意識障害がある)」時は，口から水分を飲むのは禁物であり，病院での点滴が必要である。

●水質汚濁と健康

① 水質汚濁とかつての原因

大気と違い，水の場合は，「濁り」が問題となることが多いので「汚濁」という言葉を使い，「水質汚濁」という。

1960年前後に起こった水質汚濁と，現在起こる水質汚濁では原因が異なる。現在における水質汚濁の原因の7割近くは生活排水によると考えられている。

② 水質汚濁による健康影響

水を汚染している有害物質は，様々なルートを経て私たちの体に入ってくる。例えば，汚濁した水で育った魚を食べることにより，有害物質が私たちの体内に蓄積されることが考えられる。

●大気汚染と健康

① 公害

わが国では，環境の保全について基本理念を定め，国，地方公共団体，事業者及び国民の責務を明らかにするとともに，環境保全に関する施策の基本となる事項を定めるため，1993(平成5)年に**環境基本法**が公布・施行された。(同法の施行によって公害対策基本法(1967年)は廃止された。)

かつては典型7公害(大気汚染・水質汚濁・騒音・振動・地盤沈下・
土壌汚染・悪臭)と自然環境項目(地形・地質・動植物・自然景観)につ
いてなされるのが通例であったが，アメニティ(快適さ)，生物多様性，
日照，廃棄物，里山，干潟など，さらに多様な項目の環境影響評価をす
ることが必要となった。

　近年，これらの公害による被害が全国の多くの地域で発生しており，
その防止や患者の救済が大きな社会問題となっている。公害で被害を受
けた人には，**公害健康被害補償法**の汚染者負担の原則に基づき，事業者
が医療費や補償費を負担する健康被害補償制度がある。

　健康被害補償制度に基づいて認定された患者を**公害認定患者**という。
認定された公害病は，大気汚染系には**慢性気管支炎・気管支ぜんそく・
ぜんそく性気管支炎・肺気腫**，水質汚濁系には**水俣病・イタイイタイ病・
慢性ひ素中毒**がある。

② **大気汚染の定義と影響**

　大気汚染は通常存在しない汚染物質が大気に含まれること，大気に存
在する物質が何らかの影響によって，異常に大量に存在し人体等に影響
するといった現象の総称である。大気汚染には火山の噴火など自然的な
ものもあるが，通常は人為的なものを指す。

　大気中の汚染物質は風に飛ばされたり，雨に含まれたりすることによっ
て，高濃度になることは少ない(**自浄作用**)。しかし，自浄作用の限度を
超えると汚染物質の濃度が高まり，人体等に影響を及ぼすようになる。
大気汚染の例として，**四日市ぜんそく**があげられる。

③ **大気汚染の原因**

　大気汚染には，石炭等の燃焼によって，煤塵が大気中に放出されると
いった**第1次汚染**と，工場等から排出された物質が大気中での化学反応
により，有害物質に変化するといった**第2次汚染**がある。第2次汚染の
具体例として，炭化水素と窒素酸化物が太陽の紫外線によって光化学反
応を起こし，オキシダントが生成されるといったことがあげられる(光化
学オキシダント)。

　わが国では，1960年代から1980年代にかけて工場から大量の二酸化硫
黄(SO_2)等が排出され，工業地帯など工場が集中する地域を中心として

著しい大気汚染が発生した。続いて，大都市を中心に自動車特にディーゼル車から排出される二酸化窒素 (NO_2) 及び浮遊粒子状物質 (SPM) による大気汚染が問題となった。これらの大気汚染物質は，呼吸器に望ましくない影響を与えるものとされている。

●健康被害の防止と環境対策

① 環境汚染の防止対策

　大気・水質・土壌にかかわる環境汚染のところで学習したように，環境汚染は，私たち人間の命にかかわるほどの重大な健康影響を及ぼすことがある。環境汚染を防ぐためには，汚染物質を出さないことである。しかし，私たちが生活をしていくうえで，汚染物質をまったく出さないということは不可能である。そこで，環境汚染を防ぐためには，汚染物質を出す場合，自然の自浄能力の範囲内であることが必要である。そのためには排出量の基準を設けたり，汚染物質の濃度を監視するなどの対策が必要である。

② 個人と社会の取り組み

　かつては，環境汚染といえば，特定地域での産業活動が原因で起こるものと考えられてきた。しかし，今日の環境汚染は，**大量生産・大量消費・大量廃棄という社会のしくみや個人のライフスタイルに起因している**。つまり，私たち一人ひとりが加害者であると同時に被害者でもある，という構図になっている。

③ 産業廃棄物の処理と健康

　廃棄物は，私たちの生活の中から出る「**一般廃棄物**」と事業活動に伴って工場などから排出される「**産業廃棄物**」の2つに分類することができる。一般廃棄物は，自治体が回収し処理しているが，産業廃棄物は，廃棄物を出した業者が責任を持って処理しなくてはいけない。この産業廃棄物はどのように処理されているか，また，処理の過程で私たちの健康にどんな影響を及ぼしているかを学ぶ。

●**保健活動と対策**

① わが国の活動

　人々の健康を保持増進するための活動として，わが国では，乳幼児期から老年期までのライフステージや，学校，職場，家庭といった主な生活場面に応じた保健活動が行われている。母子保健活動，学校保健活動，産業保健活動，老人保健活動などがあり，健康診断や健康相談，保健指導などが行われている。また民間では，日本赤十字社が中立の立場で災害救護活動，血液事業，国際救援，医療事業，看護師等の養成，救急法等の講習，ボランティア，社会福祉事業などの活動を，幅広く展開している。**NGO**は，市民主導の営利を目的としない**非政府組織**で，難民救援や医療協力，開発途上国での保健衛生活動など，現地の人々のニーズに応じた支援をしている。

② 国際機関の活動

　WHO(世界保健機関)は1948年に設立され，2020年現在で194カ国が加盟しており，「すべての人々に可能な限りの高い水準の健康をもたらす」ことを目標としている。具体的には感染症の撲滅，衛生統計・基準等の作成，薬物乱用対策，医薬品の供与，健康増進教育や環境保健の推進など，きわめて多岐にわたる活動を行っている。UNICEF(国連児童基金)は，主に開発途上国の子どもたちに対して予防接種や栄養・水分の補給などを行っており，UNEP(国連環境計画)は，オゾン層保護や地球温暖化防止，有害廃棄物の越境移動問題など，地球環境問題を解決するために中心的な活動をしている。難民救済では，UNHCR(国連難民高等弁務官事務所)が中心となって，祖国への帰還や難民の自立を促進している。

━━━━━ 例題 1 ━━━━━

　環境について述べた次の文を読み，文中の(①)〜(⑤)に当てはまる言葉をあとの語群A〜Jの中からそれぞれ1つずつ選び，その記号を書け。ただし，同じ番号には同じ言葉が入る。

　世界的な気候変動に対して，(①)で合意された2020年以降の国際

的な枠組みが(②)である。(②)の長期目標の到達度合いについ
ては，全体的な進捗を測るために，2023年から5年ごとに，実施状況を
確認し，各国の次の削減・抑制目標などが検討されている。また，わが
国では，途上国と協力して温室効果ガスの削減に取り組み，削減の成果
を両国で分け合う(③)にも取り組んでいる。政府は国全体の温室効
果ガス排出量を2030年度に26％削減するため「地球温暖化対策計画」を
閣議決定し，エネルギーミックスの実現へ向けて再生可能エネルギーと
して，風力発電や水力発電，(④)発電などの利用を推進したり，エ
ネルギー効率の高い(⑤)の開発や実用化が進められている。

A 人工光合成　　B 二国間クレジット制度：JCM　　C 燃料電池
D 天然ガス　　E 緑の気候基金：GCF　　　　　　　F パリ協定
G COP21　　　H 京都議定書　　　　　　　　　　　I バイオマス
J IPCC

解答　① G　　② F　　③ B　　④ I　　⑤ C
解説　2015年にパリで開催されたCOP21(Conference of Parties)気候変動
　　　枠組条約締約国会議では，主に2020年以降の温暖化対策について
　　　議論，COP3時に採択された「京都議定書」に変わる新たな国際枠組
　　　み，①世界全体の温室効果ガス排出量削減のための方針と長期目標
　　　の設定，②各国の温室効果ガス排出量削減目標などが設定された。
　　　パリ協定と呼ばれる。日本は2030年までに温室効果ガス26％削減
　　　(2013年比)を目標に掲げた。これを踏まえて，政府は「地球温暖化
　　　対策計画」を策定した。

━━━━━━━━━━ 例題 2 ━━━━━━━━━━

　健康は，様々な要因の影響を受けながら，主体と環境の相互作用の下に
成り立っている。このうち環境要因を，物理的環境，化学的環境，生物学
的環境，社会的環境に分類したとき，その組合せとして最も適切なものを，
あとの1〜4のうちから1つ選べ。

	物理的環境	化学的環境	生物学的環境	社会的環境
1	気圧 紫外線	ダイオキシン 水銀	ウイルス 昆虫	家庭 労働条件
2	ダイオキシン 水銀	気圧 紫外線	病原体 昆虫	家庭 学校
3	医療機関 社会情勢	温度 湿度	植物 動物	カドミウム 水銀
4	ホルムアルデヒド 薬品	細菌 植物	人間関係 社会情勢	紫外線 騒音

解答 1

解説 環境要因には大きく分けて，自然環境と社会環境がある。自然環境
では，物理的環境要因として温度，湿度，気圧，光，音など，化学
的環境要因として空気中の成分，有害化学物質など，生物学的環境
要因として細菌，ウイルス，寄生虫，媒介する昆虫等の生物などが
ある。また，社会環境の要因としては，人間関係，職場，経済状態，
交通機関，保健制度，医療制度などがある。

━━━━━━━━━ 例題 3 ━━━━━━━━━

次の文は，熱中症に関する内容について示したものである。以下の問い
に答えよ。

　熱中症の発症には(①)等の「a環境」及び(②)等の「行動」と
(③)等の「からだ」の条件が複雑に関係する。また，熱中症はb病態別
には4つに分かれるが，実際の例ではこれらの病態が明確に分かれるわけで
はなく，脱水，塩分の不足，循環不全，体温上昇等がさまざまな程度に組
み合わさっていると考えられる。

(1)　文中の(①)～(③)に当てはまる語句の組み合わせとして正し
いものを，次のア～エから1つ選んで，その符号を書け。

ア　① 気温　　② 循環不全　　③ 暑熱順化

イ　① 気流　　② 活動強度　　③ 輻射熱

ウ　① 輻射熱　　　② 持続時間　　③ 性別
エ　① 暑熱順化　　② 年齢　　　　③ 体調

(2) 文中の下線部aに関して，次の表は熱中症予防のための運動指針(日本スポーツ協会．2019)である。表中の(①)～(⑤)に当てはまる最も適した語句を，以下のア～コからそれぞれ1つ選んで，その符号を書け。

(①) ℃	(②) ℃	(③) ℃	運動は原則中止	特別の場合以外は運動を中止する。特に(④)の場合には中止すべき。
31 - 28	27 - 24	35 - 31	厳重警戒(激しい運動は中止)	熱中症の危険性が高いので，激しい運動や持久走など体温が上昇しやすい運動は避ける。10～20分おきに休憩をとり水分・塩分を補給する。暑さに弱い人は運動を軽減または中止。
28 - 25	24 - 21	31 - 28	警戒(積極的に休憩)	熱中症の危険が増すので，積極的に休憩をとり適宜，水分・塩分を補給する。激しい運動では，(⑤)おきくらいに休憩をとる。
25 - 21	21 - 18	28 - 24	注意(積極的に水分補給)	熱中症による死亡事故が発生する可能性がある。熱中症の兆候に注意するとともに，運動の合間に積極的に水分・塩分を補給する。
21	18	24	ほぼ安全(適宜水分補給)	通常は熱中症の危険は小さいが，適宜水分・塩分の補給は必要である。市民マラソンなどではこの条件でも熱中症が発生するので注意。

ア　気温　　　イ　湿球温度　　ウ　60分　　　　エ　子ども
オ　30分　　　カ　乾球温度　　キ　不快指数　　ク　湿度
ケ　WBGT　　コ　体温

(3) 文中の下線部bに関して，症状から見た4つの診断名を重症度の高い順に書け。

(4) 環境省と気象庁は，危険な暑さへの注意を呼びかけ，熱中症予防行動を促すための情報発信として，熱中症の危険性が極めて高い暑熱環境になると予想される日の前日の夕方，または当日の早朝に都道府県ごとに発表している。この情報発信を何というか，正式名称を書け。

解答 (1) ウ　(2) ① ケ　② イ　③ カ　④ エ　⑤ オ　(3) (高い) 熱射病，熱疲労，熱けいれん，熱失神 (低い)　(4) 熱中症警戒アラート

解説 (1) 「環境」の要因としては，気温が高い，湿度が高い，風が弱い，日差しが強い，閉め切った屋内などがある。「行動」の要因としては，激しい筋肉運動やなれない運動，長時間の屋外作業，水分補給できない状況などがある。「からだ」の要因としては，高齢者や乳幼児，肥満の人，糖尿病や精神疾患などの持病をもつ人，低栄養状態などがある。　(2)　熱中症予防の温度指標として，暑さ指数(WBGT)が用いられる。暑さ寒さに関係する環境因子として気温，湿度，輻射熱，気流の4つがある。暑さ指数(WBGT)は，湿球温度(湿度)，黒球温度(輻射熱)と乾球温度(気温)の3項目から算出されるが，湿球温度と黒球温度には気流の影響も反映されるので，暑さ指数(WBGT)は4因子すべてを反映した指標といえる。　(3)　熱中症は3段階に分けられる。Ⅰ度が現場での応急処置で対応できる軽症で，熱失神と熱けいれんがある。Ⅱ度が病院への搬送を必要とする中等症で，熱疲労が分類される。Ⅲ度が入院して集中治療の必要性のある重症で，熱射病が分類される。　(4)　環境省が発表している全国の暑さ指数について，33以上になると予測される地点があるときに発表される。発表は，都府県単位であるが，北海道，鹿児島県，沖縄県については，より細かい発表区分があり，全国は58に区分けされている。発表は1日2回，前の日の夕方17時と，その日の朝5時に行われ，発表の後に，天候が変わっても，発表の追加や取り消しはない。

傷害の防止

●運動によるけが・病気の予防
① 運動によるけがの実態

　スポーツによるけがの代表として，捻挫，骨折，創傷，脱臼などがある。そして，種目別にけがの原因が違ってくる。けがの原因を具体的に示すとともに，けがを防ぐためにどのようにしたらよいかを考える。

※運動を行うときの注意点

① 運動前に必ず体調等をチェックする。
② ウオーミングアップとクールダウンを十分に行う。
③ 水分を補給する。
④ オーバートレーニングをさける。

② 記録の工夫

　ここでいう記録の工夫とは，「日誌」をつけることである。日誌をつけることで，トレーニングによる変化を後から確認することができる。

●日常的な応急手当
① 止血，固定，RICE

　けがの応急手当では，まずけがをした部位と種類，程度を確認する。そして，痛みや出血，腫れの様子，手や足であればその動き具合も確かめる。さらに，本人や周囲の人に，けがをしたときの状況や今の痛みなどについて尋ね，けがの判断や手当の方法に役立てることも必要である。けがの応急手当の代表的な方法には「止血，固定，RICE」の3つがある。RICEとは，「Rest(安静)」「Ice(冷却)」「Compression(圧迫)」「Elevation(挙上)」の頭文字をとったものである。

② 止血法

　止血法は，体の出血部位や血管の種類によって，それぞれ次のように使いわけられている。

(1) 厚めにした消毒ガーゼなどを，直接傷口にあてて，強く圧迫する方法を圧迫包帯法という。最も簡単な方法であり，ほとんどの出血は，

この方法で止血できる。

(2)　出血部より心臓に近いところで，動脈を骨に向かって指で圧迫する方法を**指圧止血法**という。この方法は効果的であるが，術者が疲れる。また，患者を運搬するときには適さない。

(3)　ゴム管・布などの止血帯で，出血部より心臓に近いところで強くしばり止血する方法を，**止血帯法**という。この方法は，上腕や大腿の動脈を圧迫するのに適している。しかし2時間以上続けていると，その部分より先の組織が死ぬことがあるので，止血帯をときどき緩めて，血液を通す必要がある。

③　**脳貧血**

長時間起立，乗り物，入浴，大出血，睡眠不足などの原因から，脳の血液が一時的に減少したものを脳貧血という。

〔症状〕急に気分が悪くなって，頭痛・耳なり・目まい・なまあくびなどが起こり，**顔面蒼白**，ときには冷汗を流して意識を失う。

〔処置〕換気のよいところで安静をとらせ，衣服をゆるめて，呼吸を容易にさせる。頭部は**低く**して，下肢を**高く**する。

④　**挫傷(打撲傷)**

打撃，衝突，投石などによって起こるもので，いわゆる**うちみ**である。皮膚には損傷がなく皮下出血があって膨隆する。内臓が損傷したり，骨折や脱臼を起こしたりすることもある。

〔症状〕内出血や皮下出血を起こし，痛みやはれがある。

〔処置〕**患部を冷やし**，高位安静を保ち，急いで医師の手当てを受ける。

⑤　**骨折**

打撲，衝突，転落，跳躍，転倒などによって，直接または間接に起こる骨組織の離断を**骨折**という。骨折部の皮膚に損傷を伴わないものを，**単純骨折**といい，皮膚にも損傷の伴うものを，**複雑骨折**という。この場合は，創傷の処置，止血などを行ってから，骨折の処置をしなければな

らない。

> 〔症状〕骨折は，局所の疼痛，**腫張，変形**などがあって動かすことができない。さらに骨折部の異常運動・軋音などがある。
> 〔処置〕骨折端が転位して，短縮あるいは屈曲などが起きて，変形を起こしているときは，骨折部の**末梢**の部分を牽引して整復する。その後，骨折端の移動を防ぐため，骨折部の**上下の二関節**を越えるように，副木で固定し，冷やし，安静を保ち，医師の手当てを受ける。

⑥　ねんざ・脱臼

　外力によって，関節に無理な力がかかり，関節を包んでいる関節包や関節のまわりにあるじん帯が引き伸ばされる，あるいは一部が切れて，いったん脱臼を起こそうとして，再び旧位に復した状態のものを**ねんざ**といい，関節を構成する骨端部が，関節臼を脱出して転位している状態を**脱臼**という。

> 〔症状〕関節部の，疼痛・腫張・運動障害がある。脱臼の場合には，**延長または短縮・捻転**した状態のものもある。ねんざの場合は**皮下出血**があって皮膚の変色が認められる。
> 〔処置〕脱臼は末梢に牽引して整復を試みる。整復される音を発して生理的位置にもどる。整復の困難なものは冷やし，固定して安静を保ち，医療を受ける。ねんざの場合は，冷やして，包帯で固定する。

●応急手当と救命処置

　応急手当とは，けがや急病などで倒れた人に対して，「人命救助」「傷病の悪化防止・苦痛の軽減」「救急隊員や医師による処置や治療の効果の向上」を目的として行う手当のことをいう。フランスの救急専門医・カーラーが発表した「緊急事態における時間経過と死亡率の関係」によると，心臓停止ではおよそ3分間放置されると死亡率が50％に，呼吸停止では10分間放置されると死亡率が50％になる。

▼カーラーの救命曲線

①心臓停止後約3分で50%死亡
②呼吸停止後約10分で50%死亡
③多量出血後約30分で50%死亡

　よって，事故などにより，けが人や急病人が発生した場合，その場に居合わせた人の迅速かつ適切な応急手当が大変重要となる。

① 応急手当の場面における状況判断

　応急手当をする時は的確な状況判断が必要である。応急手当の時の状況判断には「周囲の状況の確認」と「全身の状態の確認」そして「救援の依頼」の3つがある。

② 応急手当の手順

　「応急手当の手順」は次の5つである。

> 1. 周囲の状況の確認
> 2. 必要があれば移動
> 3. けが人や急病人の全身の確認
> 4. 救援の依頼
> 5. 必要な応急手当の実施

　5の「必要な応急手当」で大切なことは，「大出血はないか」「反応はあるか」「呼吸はあるか」の3つの状況を確認することである。

③ 救命の連鎖

　急変した傷病者を救命し，社会復帰させるために必要となる一連の行いを「救命の連鎖」という。「救命の連鎖」を構成する4つの輪がすばやくつながると救命効果が高まる。鎖の1つめの輪は心停止の予防，2つめの輪は心停止の早期認識と通報，3つめの輪は一次救命処置(心肺蘇生とAED)，4つめの輪は救急救命士や医師による高度な救命医療を意味する。

心停止の予防　　早期認識と通報　　一次救命処置　　二次救命処置と
　　　　　　　　　　　　　　　　（心肺蘇生とAED）　心拍再開後の集中治療

【一次救命処置（BLS）の手順】（日本赤十字社ホームページより）

●心肺蘇生法

① 心肺蘇生

　病気や怪我により，突然に心停止，もしくはこれに近い状態になったときに，胸骨圧迫や人工呼吸を行うことを**心肺蘇生**(Cardiopulmonary Resuscitation：CPR)という。傷病者を社会復帰に導くために大切な心肺蘇生，**AED**(Automated External Defibrillator：自動体外式除細動器)を用いた除細動，異物で窒息をきたした場合の**気道異物除去**の3つを合わせて**一次救命処置**(Basic Life Support：BLS)という。一次救命処置はAEDや感染防護具などの簡便な器具以外には特殊な医療資材を必要とせず，特別な資格がなくても誰でも行うことができる。

② 胸骨圧迫

　胸骨圧迫は，心臓のポンプ機能を代行するものである。救助者は両手掌基部を使い，胸の真ん中付近(胸骨の下半分)を圧迫する。6歳以上の子どもの場合，胸骨を約5cm下げるまで押し，力を緩める。この作業を1分間当たり100～120回のテンポで30回続けて行う。幼児・乳児の場合は胸の厚さの約$\frac{1}{3}$がくぼむ程度まで押す。圧迫のテンポは6歳以上と同じである。

〈胸骨圧迫をする場所〉

〈手の置き方〉

〈胸骨圧迫をする姿勢〉

③ 人工呼吸

　頭部後屈あご先挙上法で傷病者の気道を確保したまま，口を大きく開いて傷病者の口を覆って密着させ，息を吹き込む。この際，吹き込んだ息が傷病者の鼻から漏れ出さないように，額を押さえているほうの手の親指と人差し指で傷病者の鼻をつまむ。息は傷病者の胸が上がるのが見てわかる程度の量を約1秒間かけて吹き込む。吹き込んだら，いったん口を離し，傷病者の息が自然に出るのを待ち，もう一度，口で口を覆って息を吹き込む。このような人工呼吸の方法を「**口対口人工呼吸**」と呼ぶ。

④　AED

　AEDとは，心臓がけいれんして，血液循環をさせる機能を失った状態の心臓に，電気ショックを与えて，正常な状態に戻すための機器である。このAEDは，傷病者に普段どおりの呼吸がないことを確認した後，できるだけ早い時期に使用することがのぞましい。

　一般的にはAEDの電源を入れると，使い方について音声ガイドが案内するので，その案内にしたがえばよい。電極パッドを装着するのは一般的に右胸と左脇腹であり，電気ショックが必要な場合は周囲の人を遠ざけてからスイッチを入れる。小児の場合は小児用パッドを使用するが，ない場合は成人用パッドが使用できる場合もある。

━━━━━━━━━━━ **例題 1** ━━━━━━━━━━━

次の(1)，(2)について，文中の（　ア　）〜（　オ　）に適する語句を①〜⑨から選べ。

(1)　突き指をした場合は，指を引っ張らずに，すぐに冷やし，その後（　ア　）する。（　イ　）していたり，指が動かなかったりしたときは，医師の診断を受ける。

(2)　骨折したとき，（　ウ　）が伴う場合は，先ずその手当をする。前腕の骨折では，患部の上と下の（　エ　）を固定具を用いて（　ア　）する。巻いた（　オ　）が締まりすぎていないか，看て，締まりすぎていたらゆるめる。医師の診断を受ける。

①　搬送　　②　運搬　　③　関節　　④　安静　　⑤　出血
⑥　固定　　⑦　部分　　⑧　止血　　⑨　変形

解答　ア　⑥　　イ　⑨　　ウ　⑤　　エ　③　　オ　⑦

解説　(1)　RICE処置を損傷直後に適切に行うことで，治癒を早めることができる。　Rest(安静)：受傷直後から体内で痛めた部位の修復作業が始まる。しかし，患部を安静させずに運動を続けることでその作業の開始が遅れてしまう。その遅れが結果的に完治を遅らせリハ

ビリテーションに費やす時間を長引かせてしまうので，受傷後は安静にすることが大切である。　Ice(アイシング)：冷やすことで痛みを減少させることができ，また血管を収縮されることによって腫れや炎症をコントロールすることができる。　Compression(圧迫)：適度な圧迫を患部に与えることで腫れや炎症をコントロールすることができる。　Elevation(挙上)：心臓より高い位置に挙上をすることで重力を利用し腫れや炎症をコントロールすることができる。

(2)　骨折の部分にそえ木を当て，安静を保つようにする。局所を冷やす。体を温める。速やかにかつ安静に医療機関へ運搬するようにする。

▰▰▰▰▰▰▰▰▰▰▰▰ 例題 2 ▰▰▰▰▰▰▰▰▰▰▰▰

応急手当について，次の問いに答えよ。

　次の文章は，高等学校学習指導要領解説保健体育編・体育編(平成30年7月　文部科学省)「各科目」第2節保健「4　内容の取扱い」の応急手当に関する内容である。下の各問いに答えよ。

> (6)　内容の(2)のアの(イ)については，(　a 　)を行うものとし，(　b 　)系及び(　c 　)系の機能については，必要に応じ関連付けて扱う程度とする。

①　文中の(　a 　)〜(　c 　)に適する語句を答えよ。

②　上記において効果的な指導を行うため，配慮するものとすると示されている内容を答えよ。

解答　①　a　実習　　b　呼吸器　　c　循環器　　②　「体育」の「D水泳」などとの関連を図るよう配慮するものとする

解説　①　問題文中の「内容の(2)のアの(イ)」とは，応急手当に関する指導を指す。「応急手当は，傷害や疾病によって身体が時間の経過とともに損なわれていく場合があることから，速やかに行う必要があること。」とされている。

━━━━━━━━━━ **例題 3** ━━━━━━━━━━

次の文章は，呼吸停止からの経過時間と生存の可能性について述べたものである。(①)～(③)に入る正しい数値の組み合わせを，以下の(1)～(4)の中から1つ選べ。

呼吸停止から蘇生開始までの経過時間は短ければ短いほど，蘇生の可能性は高まる。呼吸停止から3分の時点では(①)％の可能性があるのに対して，4分では(②)％に，5分では(③)％に低下すると言われる。

(1) ① 75 ② 60 ③ 55
(2) ① 75 ② 55 ③ 35
(3) ① 70 ② 60 ③ 50
(4) ① 75 ② 50 ③ 25

解答 (4)

解説 人間の脳は呼吸が止まってから4～6分で低酸素による不可逆的な状態に陥る。呼吸停止後から人工呼吸や心肺蘇生法を始めるまでの時間と蘇生する割合を示したものを，ドリンカーの救命曲線という。2分以内に心肺蘇生が開始された場合の救命率は90％程度であるが，3分後は75％，4分後は50％，5分後は25％となり，10分後にはほぼ0％近くになる。なお，ドリンカーの救命曲線は心肺停止における指標，カーラーの救命曲線は，心停止・呼吸停止・大量出血における指標となっている。

━━━━━━━━━━ **例題 4** ━━━━━━━━━━

次の文は,「救急蘇生法の指針2020(厚生労働省)」の一部を抜粋したものである。文中の各空欄に適する語句を答えよ。

○ 心臓が止まると，普段どおりの呼吸がなくなります。傷病者の呼吸を確認するには，胸と(①)の動きを見ます。胸と(①)の動きから呼吸をしていない，または呼吸が普段通りではないと判断した場合は(②)と考え，直ちに(③)圧迫を開始してください。

○ 突然の(②)直後にはしゃくりあげるような途切れ途切れの呼吸が見られることも少なくありません。これは「(④)」と呼ばれるもので，「普段通りの呼吸」ではありません。ただちに(③)圧迫を開始してください。

○ 約(⑤)秒かけても判断に迷う場合は，普段どおりの呼吸がない，すなわち(②)停止とみなして，ただちに(③)圧迫を開始してください。

解答 ① 腹部　② 心停止　③ 胸骨　④ 死戦期呼吸
⑤ 10

解説 突然の心停止，もしくはこれに近い状態になった傷病者を社会復帰に導くための方法を一次救命処置という。一次救命処置には胸骨圧迫や人工呼吸による心肺蘇生，AED(自動体外式除細動器)を用いた電気ショックなどがある。一次救命処置は特別な資格がなくても誰でも行うことができるものである。命を守るために大きな役割を果たす。保健体育にかかわらず，覚えておきたい重要な内容である。
④ 死戦期呼吸では，頭部や顎は動いていることがあり，通常の呼吸との判別が難しいとされるが，この時，肺は機能しておらず，必要な酸素が供給されていない状態である。そのため，心停止と考え胸骨圧迫を開始する必要がある。

━━━━━ **例題 5** ━━━━━

次の文章は，「救急蘇生法」に関する内容である。次の各文が正しい場合には○を記入し，誤っていれば×を記入せよ。

(1) 市民が行う救急蘇生法は一次救命処置と簡単なファーストエイドであるが，実施にはライセンスを取得する必要がある。

(2) AED(自動体外式除細動器)は，心室細動の状態にある人の心臓を，正常な拍動に戻すため用いられる。

(3) AEDによる心電図の解析後，AEDから除細動の指示がない場合は，胸骨圧迫を行うなど心肺蘇生を再開する。

(4)　傷病者に普段どおりの呼吸が戻って呼びかけに反応したり目的のある仕草が認められたりした場合は，心肺蘇生をいったん中断して様子をみる。その際，AEDの電極パッドは傷病者の胸から剥がさないが，電源は切る。

(5)　突然の心停止直後には，「死亡期呼吸」と呼ばれる，しゃくりあげるような途切れ途切れの呼吸がみられることがある。

(6)　感染症等の疑いがあっても傷病者が普段通りの呼吸をしていない場合には，人工呼吸と胸骨圧迫を続けて行う義務がある。

(7)　捻挫や打撲の手当ては，安静・冷却・圧迫・挙上を基本に行う。

(8)　「救急蘇生法の指針2020(市民用)」では，「救命の連鎖」を構成する1つめの輪は，「早期認識と通報」とされている。

解答　(1)　×　　(2)　○　　(3)　○　　(4)　×　　(5)　×　　(6)　×
　　　　(7)　○　　(8)　×

解説　(1)　市民が行う救急蘇生法にライセンスは不要である。これについては，厚生労働省より「救急蘇生法の指針2020(市民用)」が示されている。　(4)　傷病者が動き出す，うめき声を出す，あるいは正常な呼吸が出現した場合は心肺蘇生法を中止する。ただし，気道確保が必要になるかもしれないため，慎重に傷病者を観察しながら救急隊を待つ。この場合でも，AEDの電極パッドは，剥がさず電源も入れたままにしておく。　(5)　この呼吸を「死戦期呼吸」という。この呼吸が見られたら心停止と判断して，直ちに胸骨圧迫を開始する。(6)　義務はない。傷病者に出血がある場合や，感染防護具を持っていないなどにより口対口人工呼吸がためらわれる場合には，人工呼吸を省略し，すぐに胸骨圧迫に進む。簡易型の感染防護具(一方向弁付きの感染防止用シートあるいは人工呼吸用マスク)を持っていると役立つ。　(8)　出題の指針では，「心停止の予防」，「早期認識と通報」，「一次救命処置」，「二次救命処置と集中治療」という「救命の連鎖」をすばやくつなげることで救命効果が高まるとしている。

健康な生活と疾病の予防

●疾病の発生要因とその相互関係

　ガーニイ・クラークは疾病の発生要因を**主体**(発病する人側の要因)，**病因**(発病の直接作用要因)，**環境**(発病を促す周囲の環境要因)の3要因の相互関係から疫学的に説明している。主体とは，私たちの身体自身の条件で，遺伝・体質・抵抗力・免疫などの条件や個人の日常の生活習慣・性・年齢・性格などである。病因とは，栄養障害・物理的病因作用・化学的病因作用・生物学的病因作用・社会的病因作用などであり，この病因の量と強さと性質が疾病の発生に重大な影響力をもってくる。環境とは私たちをとりまく物理的・化学的・生物的な諸環境(空気・水・光・有毒ガス・蚊・のみ・植物など)である。この3つの要因変化が不健康状態を引き起こす。すなわち，①**主体の悪化**(抵抗力・免疫の低下，不規則な生活で体力が衰えていたとき)，②**病因の悪化**(結核菌の毒力がましたり，侵入する量が多かったとき)，③**環境要因の悪化**(居住地が過密のため，空気の汚染がはなはだしく呼吸機能が弱められてしまったとき)，④**主体・病因・環境要因のそれぞれが悪化した場合**があげられる。

●生活習慣病と日常の生活

① 成人病から生活習慣病へ

　がん(悪性新生物)，心臓病(虚血性心疾患)，脳卒中(脳血管疾患)などは死亡率が高く，40〜60歳くらいに多い病気であったため，昭和30年代前半，当時の政府はこれらの病気を「**成人病**」と総称した。ところがその後，これらの病気の発生や進行には，若いときからの食生活や運動不足，また喫煙など，個人の生活習慣が深く関係していることが明らかになった。そこで"生活習慣を改善することで病気を予防していくのが最善の方法"という考えから，これらの病気を新たに「**生活習慣病**」と呼ぶことになった。

② 生活習慣病の恐ろしさ

　「生活習慣病」は，生活習慣で誘発された後，数十年は自覚されない軽い症状で進行し，症状がはっきり表われた段階では完全な回復が不可

能であるケースもみられる。

▼代表的な生活習慣病の病名と主な症状

□**がん**……体の細胞が変化し，無秩序に増えて転移したりする。

□**心臓病**……冠状動脈の硬化で心臓の血流が悪くなる。

□**脳卒中**……脳内の血管が破れて出血を起こす脳出血と，脳内の血管がつまる脳梗塞がある。

□**脂質異常症**……血液中のコレステロールや中性脂肪などの脂質が基準以上に増加した状態。

□**糖尿病**……血液中の糖の濃度が高くなってしまう病気。

□**歯周病**……歯肉(歯茎)が炎症を起こす歯肉炎，歯肉の周囲にまで進行した歯周炎がある。

③　生活習慣病の予防

　生活習慣病は，症状があらわれたときにはすでに重症化しているケースもあることから，予防がとくに重要視されている。このことを「**一次予防**」といい，次の段階として発病の早期発見・早期治療を「**二次予防**」という。生活習慣病を防ぐための「一次予防」では，食事や運動など基本的な生活習慣を整えることが大切になる。また，病気になったら医師に治療してもらうという受け身の考え方を，自分で自分の健康をコントロールするセルフケアの考え方に変えていくことが大切になる。アメリカのブレスロー教授が，健康習慣について重要視した項目が次の「7つの健康習慣」である。

〈7つの健康習慣〉

1. 適切な睡眠をとる　　2. 朝食をほぼ毎日食べる
3. ほとんど間食をしない　　4. 適正体重を保つ
5. 運動を規則的にする　　6. 過度の飲酒をしない
7. 喫煙をしない

④　生活習慣病の管理

　生活習慣病の管理のためには，医師だけが病状を把握するのではなく，患者自身が疾病を理解し，行動変容を起こすように指導する必要がある。自分の体は自分のものなので治療を受ける前に，医師から病態や治療方

法について十分に説明を受け，メリットやデメリットなどをしっかりと理解しなくてはならない。そして最終的な治療方針は患者自身が決定しなくてはならない。そのための考えとして「インフォームド・コンセント」という概念が生まれた。

▼関連用語

□インフォームド・コンセント……直訳すれば「知らされた上での同意」という意味。医師が患者に対して診療の目的や内容を十分に説明し，患者の同意を得たうえで治療することをいう。日本では従来，患者は診療行為に口出ししないのが一般的であったが，アメリカなどでは，医療過誤の裁判においてインフォームド・コンセントを行っていないことが医師の責任を認定する法的根拠ともなることから，インフォームド・コンセントは基本になっている。

□セカンドオピニオン……医療機関で医師の診察を受けているなかで，主治医などの診断，治療法の選択などに必ずしも納得できない場合や，確かめたい場合などに，別の医療機関や医師などに意見をもとめることをいう。

⑤　食事と健康

近年，自分の好きなものばかりを食べたり，必要以上に食べ過ぎたりと，バランスの悪い食事が目立つ。バランスの悪い食事は，身体にとって良くないばかりか，将来的には生活習慣病になる恐れもある。では，食事をはじめ，将来生活習慣病になるリスクを避けるためにはどのような生活をしたらいいのか。政府は，健康な体づくりのための指針をまとめている。

▼「食生活指針」

○食事を楽しみましょう。

○1日の食事のリズムから，健やかな生活リズムを。

○適度な運動とバランスのよい食事で，適正体重の維持を。

○主食，主菜，副菜を基本に，食事のバランスを。

○ごはんなどの穀類をしっかりと。

○野菜，果物，牛乳・乳製品，豆類，魚なども組み合わせて。

○食塩は控えめに，脂肪は質と量を考えて。

○日本の食文化や地域の産物を活かし，郷土の味の継承を。

○食料資源を大切に，無駄や廃棄の少ない食生活を。

○「食」に関する理解を深め，食生活を見直してみましょう。

⑥　運動と健康

　科学技術の進歩は，日常生活の多くを自動化や機械化により便利にした。それによって，生活の中で身体を動かすことが少なくなってしまい，体力の低下や生活習慣病の増加などが新しい社会問題になってきた。普通に日常の生活を送るだけでは，**運動不足**になりやすいことをよく理解し，積極的に日常生活において身体を動かし，定期的にスポーツを行うようにしなければならない。政府は,「健康づくりのための身体活動指針」をまとめている。

⑦　**休養および睡眠と健康**

　健康づくりのための休養には,「休む」ことと「養う」ことの2つの機能が含まれている。健康づくりのための休養とは，消極的な「休」の部分と積極的な「養」の部分から成る幅の広いものである。自分にあった休養が実現されてこそ，生活の質の向上につながり，健康で豊かな人生の基礎が築かれることとなる。

●**飲酒と健康**

　お酒はエチルアルコールが含まれる飲み物で，含まれる量は種類によって異なる。長い間アルコールを飲み続けると起こる健康問題の代表的なものとして，アルコール依存症がある。アルコールに関連する問題は，個人の健康面だけではなく社会にも及ぶため，WHO(世界保健機関)では総合的な対策を講じるように提言している。

●**喫煙と健康**

①　タバコの煙の有害物質

　タバコの煙に含まれる代表的な有害物質に**ニコチン，タール，ニトロソアミン,一酸化炭素**の4種類がある。WHO(世界保健機関)の推計では，年間500万人以上の人が，タバコが原因で亡くなっている。さらに，問題となっているのが**受動喫煙**である。受動喫煙はタバコを吸わない子ど

もにも影響を与える。

▼関連用語

□受動喫煙……受動喫煙とは，室内またはこれに準ずる環境において，他人のたばこの煙を吸わされることをいう。タバコの煙は喫煙者が吸う主流煙とタバコから立ち上がる副流煙に大別される。受動喫煙とは一般的に喫煙する以外の人が副流煙を吸うことを指すが，副流煙は主流煙より低い温度で燃焼した煙であるため，主流煙より上記の4種類をはじめとする有害物質が多く含まれている。

健康増進法で，学校，体育館等の多数の者が利用する施設を管理する者は，これらを利用する者について，受動喫煙を防止するために必要な措置を講ずるように努めなければならないということが定められている。

② 日本のたばこ対策

日本では，未成年者の喫煙に対して対策が取られてきた。世界と日本における「たばこ対策」では，WHO(世界保健機関)が提案した保健医療に関する初めての国際条約「たばこ規制枠組条約」がある。

▼たばこ規制枠組条約

●条約の目的
たばこの消費，および受動喫煙が健康，社会，環境，および経済に及ぼす破壊的な影響から，現在，および将来の世代を保護する。

●条約の概要
1. 全体的な事項
〇条約の実施について，定期的な報告を締約国会議に提出する。
→ 第2回締約国会議以降報告(第21条　報告及び情報の交換)
〇たばこの規制のための仕組み，または中央連絡先を確立，または強化する。
→ たばこ対策関係省庁連絡会議の設置(第5条　一般的義務)
2. 個別事項
〇たばこの需要を減少させるための価格，および課税に関する措置　(第6条)
様々な人々，特に年少者のたばこの消費を減少させる上で効果的，かつ重要な手段であることを認識し，課税政策，および価格政策を実施。
〇たばこの煙にさらされることからの保護　(第8条)
屋内の職場，公共交通機関，屋内の公共の場所等におけるたばこ煙から

の保護についての措置をとる。

○たばこ製品の含有物に関する規制　(第9条)

締約国会議は，たばこの含有物，および排出物の規制に関しガイドラインを提示し，各国は効果的な規制措置を講じる。

○たばこ製品の包装，およびラベル　(第11条)

健康警告表示(権限のある国家当局により承認)のサイズ(理想的には50％以上，最低30％)，ローテーションを義務付け。

○教育，情報の伝達，訓練，および啓発　(第12条)

喫煙の健康に与える悪影響についての普及・啓発，教育，禁煙指導の実施。

○たばこの広告，販売促進，および後援　(第13条)

憲法に抵触しない範囲内でたばこに関する広告に関して，全面禁止，または適切な制限措置をとる。

○未成年者への，および未成年者による販売　(第16条)

未成年者がアクセスできないよう，自動販売機について適切な措置をとる。

●薬物乱用と健康

① 薬物乱用の現状

薬物犯罪の大きな部分を占めるのは**覚せい剤**だが，最近では大麻，合成麻薬，睡眠薬や精神安定剤などの向精神薬の乱用も増加してきている。薬物事犯全体の検挙人員は、令和3年より減少している。うち大麻事犯の検挙人員は、過去最多を更新した昨年と同水準であり，麻薬事犯の検挙人員は、過去11年で最多となっている。薬物事犯の検挙人員の減少について，関係省庁との連携が強化され，薬物乱用者に対する適切な治療・処遇と効果的な社会復帰支援の推進政策の効果が徐々に現れていると考えられる。

薬物事犯検挙状況の推移

区分＼年別	平26年	平27年	平28年	平29年	平30年	令和1年	令和2年	令和3年	令和4年
薬物事犯検挙人員	13,437	13,887	13,841	14,019	14,322	13,860	14,567	14,408	12,621
うち覚醒剤事犯検挙人員	11,148	11,200	10,607	10,284	10,030	8,730	8,654	7,970	6,289
うち大麻事犯検挙人員	1,813	2,167	2,722	3,218	3,762	4,570	5,260	5,783	5,546
うち麻薬・向精神薬犯検挙人員	452	516	505	505	528	558	638	639	783
うちあへん事犯検挙人員	24	4	7	12	2	2	15	16	3

② 薬物乱用の定義

　薬物乱用とは，「医薬品を医療の目的からはずれて使用したり，医薬品でない薬物を不適切な目的で使用すること」である。つまり，1度でも上記に該当する使用があった場合は"乱用"となる。乱用を繰り返すうちに依存状態になり，慢性の中毒や精神疾患へとつながる。乱用されて健康に害を与える薬物を「乱用薬物」といい，100種類以上あるといわれる。政府は，青少年に対する予防教育，薬物依存者の社会復帰支援，密売組織の徹底した取締り，密輸入防止に向けた水際対策などに取り組んでいる。内閣府は，企画・立案や総合調整を担う官庁として施策全体の基本方針として「薬物乱用防止五か年戦略」をとりまとめ，これに基づき関係省庁が対策を実施している。

③ 薬物乱用の健康影響

　代表的な乱用薬物として，シンナーやトルエンなどの有機溶剤，覚せい剤，大麻等があるが，それを乱用した場合，当然健康への悪影響が生じる。薬物乱用は，乱用した人だけでなく，家族をはじめ，多くのところに影響を及ぼす。薬物乱用の問題は，世界的にも深刻な問題になっている。

▼関連用語

□フラッシュバック……再燃現象のこと。薬物乱用(とくに覚せい剤や麻薬)によって，一度幻覚などの精神症状が生じると，治療などで表面上は回復したかに見えても，飲酒やストレスなどの何らかの刺激によって突然，再び幻覚などの精神症状が再燃することがある。

④ 薬物乱用への対策

　我が国の社会全体で取り組んでいる薬物乱用への様々な対策がある。1つ目は法律による規制，2つ目は社会や学校での教育，3つ目は地域社会での活動である。

　薬物乱用対策推進会議が平成30年8月に策定した「第5次薬物乱用防止五か年戦略」では，5つの目標

目標1　青少年を中心とした広報・啓発を通じた国民全体の規範意識の向上による薬物乱用未然防止

目標2　薬物乱用者に対する適切な治療と効果的な社会復帰支援による

　　　　　再乱用防止

目標3　薬物密売組織の壊滅，末端乱用者に対する取締りの徹底及び多
　　　　　様化する乱用薬物等に対する迅速な対応による薬物の流通阻止

目標4　水際対策の徹底による薬物の密輸入阻止

目標5　国際社会の一員としての国際連携・協力を通じた薬物乱用防止
　　　　　を設定し，関係府省庁が緊密に連携し，各目標の達成に向けた
　　　　　取組を推進することとしている。

⑤　薬物の誘いを断る

　薬物乱用への一番の対策は「薬物の誘いがあったときに，はっきり断
ること」である。様々なシチュエーションを考え，薬物の誘いを断るこ
とが重要である。

●感染症の予防

①　感染症問題の変化

　感染症とは，人の体内にほかの生物やウイルスが侵入し，特有の症状
を起こす病気のことである。かつては恐れられていた感染症が改善され
てきたのは，抗生物質という医薬品の普及やワクチンの開発，衛生環境
や生活水準の向上，栄養状態の改善などの結果である。しかし近年，克
服されたと思っていた感染症が再び流行を始めたり，新しい感染症も発
見されたりするようになった。

②　感染症を取り巻く状況の変化

　いったんは克服された感染症が再び問題となってきた。その背景として，
a. 国際間，国と国との交流が盛んになったこと。b. 熱帯雨林などの開発に
より，新たな病原菌と出会う機会が増えたこと。c. **薬剤耐性菌**が登場した
こと。d. 感染症への警戒心が薄まってきていること，があげられる。

③　感染症の種類(学校保健安全法施行規則第18条)

第1種	エボラ出血熱，クリミア・コンゴ出血熱，痘そう，南米出血熱，ペスト，マールブルグ病，ラッサ熱，急性灰白髄炎，ジフテリア，重症急性呼吸器症候群(病原体がベータコロナウイルス属SARSコロナウイルスであるものに限る。)，中東呼吸器症候群(病原体がベータコロナウイルス属MERSコロナウイルスであるものに限る。)及び特定鳥インフルエンザ(感染症の予防及び感染症の患者に対する医療に関する法律(平成10年法律第114号)第6条第3項第六号に規定する特定鳥インフルエンザをいう。次号及び第19条第二号イにおいて同じ。)
第2種	インフルエンザ(特定鳥インフルエンザを除く。)，百日咳，麻しん，流行性耳下腺炎，風しん，水痘，咽頭結膜熱，新型コロナウイルス感染症(病原体がベータコロナウイルス属のコロナウイルス(令和2年1月に，中華人民共和国から世界保健機関に対して，人に伝染する能力を有することが新たに報告されたものに限る。)であるものに限る。次条第二号チにおいて同じ。)，結核及び髄膜炎菌性髄膜炎
第3種	コレラ，細菌性赤痢，腸管出血性大腸菌感染症，腸チフス，パラチフス，流行性角結膜炎，急性出血性結膜炎その他の感染症

④　感染症の予防活動

　感染症の発生は，**感受性者**(主体側の感染要因)，**感染源**(病因)および**感染経路**(環境的要因)の3要因の相互作用によって起こるので，感染症の予防活動としては，これら3要因についてそれぞれ適切な防止対策をとることが必要である。

感受性者	感受性者とは，感染を受ける可能性のある人をいい，特に抵抗力の弱い人(高齢者・乳幼児・基礎疾患のある者)のことをいいます。対策としては，抵抗力をつけるためには，十分な栄養・睡眠をとることや予防接種などが大切である。
感染源	感染源とは，病気の原因となる微生物(細菌，ウイルス等)などを持つ物や人，汚染された器具や食品，患者等をいいます。対策としては，発病者の早期発見と治療，定期的な清掃による清潔保持，適切な消毒など，感染源を持ち込まない・増やさない対策をとる。
感染経路	感染経路とは，病原体(細菌，ウイルス等)が体内に侵入する経路のことで，接触感染，飛沫感染，空気感染がある。対策としては，手洗いの励行，患者の血液，便，嘔吐物等の排泄物には直接触れないなどの標準予防策の徹底及び感染経路別予防策を行うことにより，感染症を施設内で拡げない・持ち出さない対策をとる。

●エイズとその予防

① エイズとは

エイズは，エイズウイルス(HIV：human immunodeficiency virus)によって起こる病気である。Acquired(後天性)，Immuno(免疫)，Deficiency(不全)，Syndorome(症候群)の頭文字をとって，AIDSと名付けられた。

AIDSはHIVというウイルスに感染した結果，ウイルスや細菌から体を守る力がうまく働かなくなり，身体や精神に出る様々な症状のことをいう。

② エイズの現状

日本で最初にエイズ患者が確認されたのは1985年で，当時HIV感染者・エイズ患者の多くは，血液製剤によって感染した血友病患者だった。そのため血友病患者を「エイズ」に結びつけてしまう誤った図式ができてしまい，差別や偏見が強まった。今日では，血液製剤による新たな感染はなくなったが，性行為による感染者が増えてきている。

③ エイズ流行の原因

「エイズ流行の原因」は2つある。1つは「確実な治療が見つかっていない」ことと，もう1つは「発症するまでに時間がかかる」ことである。

④ エイズの個人的対策

エイズの感染経路は「HIVに感染している人との性行為」(性感染症)，「注射の回し打ちや，HIVを含んだ血液の輸血や感染した人の血液が直接体内に入る」(血液感染)，「母親のHIVが胎盤を通じて胎児に感染したり，出産時に産道で赤ちゃんがこすれることにより感染する」(母子感染)の3つに限定される。そのため，一般の人が感染する機会となるのは，HIVに感染している人との性行為に限られることになる。

⑤ エイズの社会的対策

エイズの社会的対策には，大きく分けると，「感染者の増加を防ぐ予防活動や啓発活動」「感染者の治療の充実を図る事業」「感染者・患者の理解と支援を行うための事業」がある。また，HIV感染者やエイズ患者への支援活動として，代表的な「レッドリボン」がある。レッドリボン(赤いリボン)は，エイズに対する理解と支援の象徴である。元々はヨーロッパに古くから伝承される風習の1つで，病気や事故で人生を全うできな

かった人々への追悼の気持ちを表すものであったが，アメリカでエイズが社会的な問題となってきた1980年代の終わり頃からエイズ感染者を差別しない運動を示すものとなった。

▼関連用語

□STD……「Sexually Transmitted Diseases」の略で「性感染症」をいう。性感染症とは主として性行為に伴う性的な接触が原因となって，直接ヒトからヒトへ，皮膚や粘膜を通して病原微生物が感染することによって生じる疾患の総称である。

■■■■■■■■■■■■■■■■■■■■■ 例題 1 ■■■■■■■■■■■■■■■■■■■■■

生活習慣病について述べた次の文の（ ア ）～（ オ ）に当てはまる語を答えよ。

　生活習慣病とは，食習慣，（ ア ）習慣，休養，喫煙，（ イ ）などの生活習慣が，その発症・進行に関係する病気である。特に，循環器関係では（ ウ ）のとり過ぎやストレスが関係する高血圧症，動物性脂肪のとり過ぎによる（ エ ）症などがある。これらによって，血管の血液が通る部分がせまくなったり，細くなったり，血管がもろくなったりする（ オ ）を引き起こし，脳卒中や心臓病の原因となる。

解答　ア　運動　　イ　飲酒　　ウ　塩分　　エ　脂質異常　　オ　動脈硬化

解説　生活習慣病とは，食習慣や運動習慣，休養，喫煙，飲酒といった生活習慣が，その発症・進行に深く関わる病気や症状の総称である。具体的には，これまで「成人病」と呼ばれてきた，ガン，脳卒中，糖尿病などに加え，肥満，高血圧症，脂質異常症，アルコール性肝疾患，骨粗しょう症，歯周病なども含まれる。医学用語ではないので病気の範囲に厳密な規定はないが，諸外国で成人病の表現がないこと，成人病の低年齢化が進んだことなどから，1996年10月に旧厚生省が名称を改めた。

■■■■■■■■■■ **例題 2** ■■■■■■■■■■

次の文章は,「生活習慣病」について述べたものであるが,適切でないものを①〜⑤の中から1つ選べ。

① がんは喫煙や高脂肪,高塩分,低食物繊維などの食生活と深く関係している。

② 心臓病は冠状動脈の硬化が原因で,心筋が壊死するものを狭心症という。

③ 脳卒中は食塩の過剰摂取や飲酒が危険な要因とされている。

④ 脂質異常症は動脈硬化をもたらし,心臓病や脳卒中につながるおそれがある。

⑤ 糖尿病は肥満と運動不足が危険な要因で,失明や足の壊疽をおこすおそれがある。

解答 ②

解説 冠状動脈の硬化による心臓病は虚血性心疾患などと総称され,具体的なものとして狭心症や心筋梗塞があげられる。一般的に心筋の壊死が見られない軽度なものは狭心症,心筋の壊死が見られるものは心筋梗塞と区別される。

■■■■■■■■■■ **例題 3** ■■■■■■■■■■

次の(1)〜(3)の感染症に関する各問いに答えよ。

(1) 感染症を予防するための基本対策を3つあげよ。

(2) 正常の宿主に対しては病原性を発揮しない病原体が,宿主の抵抗力が弱っている時に病原性を発揮しておこる感染症のことを何というか,答えよ。

(3) 医薬品に対して抵抗力をもつようになった菌を何というか,答えよ。

解答 (1) 感染源,感染経路,感受性　　(2) 日和見感染症　　(3) 薬剤耐性菌

解説 (1) 感染源とは,病気の原因となる微生物(細菌,ウイルス等)など

を持つ物や人，汚染された器具や食品，患者等をいう。感染経路には，接触感染，飛沫感染，空気感染がある。感受性のある人とは，感染を受ける可能性のある人をいい，特に抵抗力の弱い人(高齢者・乳幼児・基礎疾患のある者)のことをいう。 (2) 過去に不顕性感染し潜在化したが，免疫能が低下したため活性化され発病する病原体として，結核菌やヘルペスなどがある。 (3) 薬剤耐性菌には，MRSA(メチシリン耐性黄色ブドウ球菌)やバンコマイシン耐性腸球菌などがある。従来の抗生物質が効きにくいだけに，感染し発病した場合の症状は重く，場合によっては命を落とすこともある。

■■■■ 例題 4 ■■■■

性感染症及びエイズについて述べた次の文の(ア)〜(カ)に当てはまる語句を答えよ。

性感染症とは，(ア)によって感染する病気であり，梅毒，性器ヘルペス，せん圭コンジローマ，淋病などがある。近年では，オーラルセックスでも感染する(イ)が増加しており，特に若い世代の感染率が高くなっている。病原体が感染者の(ウ)や膣分泌液，血液などに含まれているため，性器の粘膜や皮膚の傷口からも感染する。

エイズは，(エ)というウイルスの感染によって起こる病気で，感染経路は，(ア)による感染，(オ)による感染，(カ)感染の三つがある。

解答 ア 性的接触 イ 性器クラミジア(感染症) ウ 精液
エ HIV オ 血液(母子) カ 母子(血液)

解説 エイズ及び性感染症の増加傾向とその低年齢化が社会問題になっていることから，その疾病概念や感染経路等について理解しておくようにする。性行為によって感染する疾患を「性感染症」(Sexually Transmitted Disease：STD, Sexually Transmitted Infection：STI)と呼ぶ。性感染症の原因となる病原体は体液(精液，膣液，血液など)の中に含まれ，おもに人体の粘膜(陰茎，膣，肛門，尿路)

を通過して感染する。エイズ(Acquired Immunodeficiency Syndrome：AIDS，後天性免疫不全症候群)は，本来，血液を介して感染する疾患であり，輸血，濃厚な接触(性交，注射針などによる医療事故等を含む)によりヒト免疫不全ウイルス(Human Immunodeficiency Virus：HIV)が血液内に侵入し，白血球の1種であるヘルパーＴリンパ球に感染することによって，免疫不全(抵抗力が低下)の状態に陥る疾患である。HIV(エイズウイルス)に感染すると，免疫力がほとんどないため，健康な人なら接触しても発病しないような弱い病原菌に対しても，容易に感染・発病し(日和見感染という)，命を失うという致命的な病気となる。

━━━━━━ **例題 5** ━━━━━━

飲酒と健康について，次の(1)～(5)に答えよ。
(1)　急性アルコール中毒で，生命に危険を及ぼすのは，血中アルコール濃度が何％を超える場合とされているか，書け。
(2)　アルコールは体内に入ると何という有害物質に変わるか，書け。また，この物質を無害にする酵素の名称を書け。
(3)　飲酒により，頭痛や吐き気がおこったり，顔が赤くなったりする。このような反応を何というか，書け。
(4)　大正11年に施行された，飲酒に関する法律の名称を書け。
(5)　胎児性アルコール症候群について説明せよ。

解答　(1)　0.4％　　(2)　有害物質：アセトアルデヒド　　酵素：アルデヒド脱水酵素　　(3)　フラッシング反応　　(4)　未成年者飲酒禁止法　　(5)　妊娠中の女性が飲酒することで，アルコールが胎盤を通して胎児に作用し，胎児に①顔面奇形，②発育の遅れ，③中枢神経の問題など様々な障害がおこる。

解説　急性アルコール中毒は，短時間に多量のアルコール(エタノール)を摂取することによって生じる中毒である。急性アルコール中毒の症状は，血液中のアルコール濃度に比例する。血中アルコール濃度が0.4％を超えた場合，脳を麻痺させてしまい，呼吸機能や心拍機能を

停止させて，1〜2時間で約半数が死亡する。一般的に，エタノールの体内での代謝過程で生成されるアセトアルデヒドのフラッシング反応(アセトアルデヒド脱水酵素による代謝能力の差からくる)の有無を指し，お酒に強い体質とお酒に弱い体質と定義する場合がある。しかし急性アルコール中毒の発生は，その体質とは関係がなく，あくまでも血中のアルコール濃度(飲んだアルコールの量)に比例し，誰もが陥る急性中毒である。　(4)　未成年者飲酒禁止法は，未成年者の飲酒の禁止に関する法律である。未成年者の飲酒は喫煙とならんで，青少年の非行の温床になるという懸念などを背景に，親権者やその他の監督者，酒類を販売・供与した営業者に罰則を科すなど取り締まりを強化するために，相次いで改正されている。

例題 6

　たばこの煙に含まれる主な有害物質を2つあげ，その作用と健康被害(健康への影響)について説明せよ。

解答　・ニコチン：末梢血管を収縮させ，血圧を上昇させる。タバコを吸うのがやめられなくなる(依存症)。動脈硬化を引き起こす。　・ター
ル：健康な細胞をがん細胞に変化させ，増殖させる。　・一酸化炭素：ヘモグロビンと強く結合し，血液が運ぶ酸素の量を減少させ，細胞が酸素不足になる。血管壁を傷つける。　・シアン化合物：組織呼吸を妨げたり，気道の繊毛を破壊する。慢性気管支炎や肺気腫を引き起こす。　から2つ。

解説　たばこの煙には，喫煙者が吸い口から吸い込む主流煙と，喫煙者が吐き出す煙，それに点火部からの副流煙の3つがあるが，そのうち副流煙は主流煙よりも有害物質の含有率が約2〜3倍高い。

■■■■■■■■■■■■■■■■■■■■■■■■■ **例題 7** ■■■■■■■■■■■■■■■■■■■■■■■■■

薬物乱用に関して，次の問1〜問3に答えよ。

問1　薬物を乱用するうちに，薬物の使用を自分の意志でやめることが
　できなくなることを何というか，書け。

問2　薬物の乱用を止めた場合に，不安や疲労感，不快な症状など特有
　の耐えがたい苦痛が現れることを何というか，書け。

問3　次の①，②の語句を説明せよ。

　①　薬物耐性　　②　フラッシュバック現象

解答　問1　薬物依存(薬物依存症)　　問2　禁断症状(退薬症状)
　　　問3　①　薬物の乱用を続けていると，薬物がはじめ(同じ)の(摂取)
　　　量では効果がなく(弱く)なること。(そのため，同じ効果を得るため
　　　に次第に摂取量が増える)　　②　薬物の乱用を繰り返すと，乱用を
　　　止めた後でも(ストレスなどで)幻覚や妄想などの精神異常が現れる
　　　こと。

解説　薬物乱用の背景には，自分の体を大切にする気持ちや社会の規範を
　守る意識の低下，周囲の人々からの誘い，断りにくい人間関係といっ
　た不適切な社会環境などがあることを取り上げ，薬物乱用を決して
　行わないことが必要であることを理解できるようにする。

第10章

学習指導要領

保健体育科 学習指導要領

ポイント

　専門教養全体の出題割合からも，学習指導要領からの出題は，その多くを占めている。採用者である教育委員会としても，しっかりとした理解を求めて学習指導要領の内容を重視しているため，出題傾向を分析し，的確な予測をしないと受験対策が困難になってくる。

　この分野からは，学習指導要領改訂の要点，教科の目標，体育分野・保健分野の目標と学年別の内容，内容の構造とその取扱い，標準授業時数・標準単位数，年間指導計画作成上の留意事項，単元の配列とその留意事項，各運動領域の内容構成，各運動領域の特性及びねらいと指導法，評価の観点，総則「体育」，など広い範囲で出題されている。また，保健の内容と指導項目，必修内容と選択内容の取扱い，小・中・高の一貫したねらい，などの出題もみられる。出題形式は適語補充式や語群選択が多いが，地域によっては記述式での出題もあり，傾向に合わせた対策が必要である。

※学習指導要領及び学習指導要領解説は，文部科学省のホームページから閲覧できます。

●中学校学習指導要領
（平成29年告示）

●中学校学習指導要領
（平成29年告示）
解説「保健体育編」

●高等学校学習指導要領
（平成30年告示）

●高等学校学習指導要領
（平成30年告示）
解説「保健体育編」

学習指導要領改訂の要点

　中央教育審議会答申(平成28年12月21日)では「何ができるようになるか」という学習の意義を明確にするという方針から，全ての教科を①知識及び技能，②思考力，判断力，表現力等，③学びに向かう力，人間性等の3つの柱で整理するという方針が示された。

　また，今回の学習指導要領改訂では生徒の主体的・対話的で深い学びの実現を図ることが全教科にわたり示されることとなった。答申では，保健体育科における学びに対する視点について，以下の通り示されている。

「主体的な学び」の視点

・「主体的な学び」は，運動の楽しさや健康の意義等を発見し，運動や健康についての興味や関心を高め，課題の解決に向けて粘り強く自ら取り組み，それを考察するとともに学習を振り返り，課題を修正したり新たな課題を設定したりする学びの過程と捉えられる。各種の運動の特性や魅力に触れたり，自他の健康の保持増進や回復を目指したりするための主体的な学習を重視するものである。

「対話的な学び」の視点

・「対話的な学び」は，運動や健康についての課題の解決に向けて，児童生徒が他者(書物等を含む)との対話を通して，自己の思考を広げ深めていく学びの過程と捉えられる。自他の運動や健康についての課題の解決を目指して，協働的な学習を重視するものである。

「深い学び」の視点

・「深い学び」は，自他の運動や健康についての課題を発見し，解決に向けて試行錯誤を重ねながら，思考を深め，よりよく解決する学びの過程と捉えられる。児童生徒の発達の段階に応じて，これらの深い学びの過程を繰り返すことにより，体育科，保健体育科の「見方・考え方」を豊かで確かなものとすることを重視するものである。

　また，保健体育科における今後の課題としては，あとのようなものが示された。

・習得した知識や技能を活用して課題解決すること
・学習したことを相手に分かりやすく伝えること
・運動する子供とそうでない子供の二極化傾向が見られること
・子供の体力について，低下傾向には歯止めが掛かっているものの，体力水準が高かった昭和60年ごろと比較すると，依然として低い状況が見られること
・健康課題を発見し，主体的に課題解決に取り組む学習が不十分であり，社会の変化に伴う新たな健康課題に対応した教育が必要

　これらの課題を踏まえ，具体的には以下の方針で内容の改善を図ることとなった。

・心と体を一体として捉え，生涯にわたる心身の健康の保持増進や豊かなスポーツライフの実現を重視し，健康に関する概念や「する・みる・支える・知る」の多様な関わりと関連付けて内容等の改善を図る。また，体力や技能の程度，年齢や性別及び障害の有無等にかかわらず，運動やスポーツの多様な楽しみ方が共有できるよう配慮する。

・運動やスポーツの習慣化につなげる観点から，体つくり運動の内容等について改善を図るとともに，オリンピック・パラリンピックに関する指導を通して，スポーツの意義や価値等に触れることができるよう内容等の改善を図る。

・心の健康，現代的な健康課題の解決に関わる内容及び一次予防のみならず，二次予防や三次予防に関する内容の改善を図る。また，けがの手当や心肺蘇生法等の技能に関する内容の改善を図る。

■■■■■■ **例題 1** ■■■■■■

中央教育審議会答申(平成28年12月)の保健体育科の具体的な改善事項について，次の文中の(　①　)〜(　⑧　)に適する語句を答えよ。ただし，同じ問いの空欄には，同じ解答が入るものとする。

・体育については，スポーツとの多様な関わり方を楽しむことができるようにする観点から，(　①　)に対する興味や関心を高め，技能の指導に偏ることなく，「する，みる，支える」に「(　②　)」を加え，三つの資質・能力をバランスよく育むことができる学習過程を工夫し，充実を図る。また，粘り強く意欲的に課題の解決に取り組むとともに，自らの学習活動を振り返りつつ，(　③　)と共に課題を解決し，次の学びにつなげる主体的・(　④　)的な学習過程を工夫し，充実を図る。

・保健については，(　⑤　)に関心をもち，自他の(　⑤　)の保持増進や回復を目指して，(　⑥　)等のリスクを減らしたり，(　⑦　)を高めたりすることができるよう，(　⑧　)に偏ることなく，三つの資質・能力をバランスよく育むことができる学習過程を工夫し，充実を図る。また，健康課題に関する課題解決的な学習過程や，主体的・(　④　)的な学習過程を工夫し，充実を図る。

解答　①　運動　　②　知る　　③　仲間　　④　協働　　⑤　健康
⑥　疾病　　⑦　生活の質　　⑧　知識の指導

解説　この答申を受けて，平成29年3月に小中学校の新学習指導要領が告示された。中学校保健体育科では，生涯にわたって運動やスポーツに親しみ，スポーツとの多様な関わり方を場面に応じて選択し，実践することができるよう，「知識及び技能」，「思考力，判断力，表現力等」，「学びに向かう力，人間性等」(資質・能力の三つの柱)の育成を重視するとともに，個人生活における健康・安全についての「知識及び技能」，「思考力，判断力，表現力等」，「学びに向かう力，人間性等」(資質・能力の三つの柱)の育成を重視して改善を図っている。

▨▨▨▨▨▨▨▨▨▨▨ 例題 2 ▨▨▨▨▨▨▨▨▨▨▨

中学校学習指導要領解説「保健体育編」(平成29年7月 文部科学省)の「第1章　総説」「2　保健体育科改訂の趣旨及び要点」の「(2)　保健体育科改訂の要点」の抜粋である。文中の(①)～(⑧)に適する語句を答えよ。

中央教育審議会答申において，教育課程の基準の改善のねらいが示されるとともに，各教科等の主な改善事項を示している。この度の中学校保健体育科の改訂は，これらを踏まえて行ったものである。

保健体育科については，これらの中央教育審議会答申の趣旨を踏まえて，次の方針によって改訂を行った。

(1)　体育分野においては，育成を目指す資質・能力を明確にし，生涯にわたって豊かなスポーツライフを実現する資質・能力を育成することができるよう，「知識及び技能」，「思考力，判断力，表現力等」，「学びに向かう力，(①)等」の育成を重視し，目標及び内容の構造の見直しを図ること。

(2)　「カリキュラム・マネジメント」の実現及び「主体的・(②)的で深い学び」の実現に向けた授業改善を推進する観点から，発達の段階のまとまりを考慮し，各領域で身に付けさせたい具体的な内容の(③)を踏まえた指導内容の一層の充実を図るとともに，保健分野との一層の関連を図った指導の充実を図ること。

(3)　運動やスポーツとの多様な関わり方を重視する観点から，体力や技能の程度，性別や(④)の有無等にかかわらず，運動やスポーツの多様な楽しみ方を共有することができるよう指導内容の充実を図ること。その際，(⑤)の視点を重視して改善を図ること。

(4)　生涯にわたって豊かなスポーツライフを実現する基礎を培うことを重視し，資質・能力の三つの柱ごとの指導内容の一層の明確化を図ること。

(5)　保健分野においては，(⑥)にわたって健康を保持増進する資質・能力を育成することができるよう，「知識及び技能」，「思考力，判断力，表現力等」，「学びに向かう力，(①)等」に対応した目標，内容に改善すること。

(6)　(　⑦　)や疾病の予防に関する健康課題の解決に関わる内容，ストレス対処や心肺蘇生法等の技能に関する内容等を充実すること。

(7)　個人生活における健康課題を解決することを重視する観点から，健康な生活と疾病の予防の内容を(　⑧　)ごとに配当するとともに，体育分野との一層の関連を図った内容等について改善すること。

解答　①　人間性　　②　対話　　③　系統性　　④　障害
　　　　　⑤　共生　　⑥　生涯　　⑦　心の健康　　⑧　学年

解説　学習指導要領解説に掲載されている保健体育科改訂の要点である。平成30年3月に告示された高等学校新学習指導要領「保健体育」も同様の趣旨で改訂が行われた。保健体育科に限ったことではないが，今回の学習指導要領の改訂は，「主体的・対話的で深い学びの実現に向けた授業改善の推進」や「各学校におけるカリキュラム・マネジメントの推進」，この他，「言語能力の確実な育成」，「理数教育の充実」，「伝統や文化に関する教育の充実」，「体験活動の充実」，「外国語教育の充実」などについて，総則や各教科等において，その特質に応じて内容やその取扱いの充実を図っている。

●書籍内容の訂正等について

弊社では教員採用試験対策シリーズ（参考書，過去問，全国まるごと過去問題集），公務員試験対策シリーズ，公立幼稚園・保育士試験対策シリーズ，会社別就職試験対策シリーズについて，正誤表をホームページ（https://www.kyodo-s.jp）に掲載いたします。内容に訂正等，疑問点がございましたら，まずホームページをご確認ください。もし，正誤表に掲載されていない訂正等，疑問点がございましたら，下記項目をご記入の上，以下の送付先までお送りいただくようお願いいたします。

---

① **書籍名，都道府県（学校）名，年度**
（例：教員採用試験過去問シリーズ　小学校教諭 過去問　2026 年度版）
② **ページ数**（書籍に記載されているページ数をご記入ください。）
③ **訂正等，疑問点**（内容は具体的にご記入ください。）
（例：問題文では "ア～オの中から選べ" とあるが，選択肢はエまでしかない）

〔ご注意〕
○ 電話での質問や相談等につきましては，受付けておりません。ご注意ください。
○ 正誤表の更新は適宜行います。
○ いただいた疑問点につきましては，当社編集制作部で検討の上，正誤表への反映を決定させていただきます（個別回答は，原則行いませんのであしからずご了承ください）。

●情報提供のお願い

協同教育研究会では，これから教員採用試験を受験される方々に，より正確な問題を，より多くご提供できるよう情報の収集を行っております。つきましては，教員採用試験に関する次の項目の情報を，以下の送付先までお送りいただけますと幸いでございます。お送りいただきました方には謝礼を差し上げます。
（情報量があまりに少ない場合は，謝礼をご用意できかねる場合があります）。
◆あなたの受験された面接試験，論作文試験の実施方法や質問内容
◆教員採用試験の受験体験記

- -

送付先	○電子メール：edit@kyodo-s.jp
	○FAX：03-3233-1233（協同出版株式会社　編集制作部 行）
	○郵送：〒101-0054　東京都千代田区神田錦町2-5
	協同出版株式会社　編集制作部 行
	○HP：https://kyodo-s.jp/provision（右記のQRコードからもアクセスできます）

※謝礼をお送りする関係から，いずれの方法でお送りいただく際にも，「お名前」「ご住所」は，必ず明記いただきますよう，よろしくお願い申し上げます。

教員採用試験「参考書」シリーズ

埼玉県・さいたま市の
保健体育科 参考書

編　集	©協同教育研究会
発　行	令和6年7月25日
発行者	小貫　輝雄
発行所	協同出版株式会社

　　　　　〒101-0054
　　　　　東京都千代田区神田錦町2-5
　　　　　　電話　03-3295-1341
　　　　　　振替　東京00190-4-94061

印刷所　協同出版・POD工場

落丁・乱丁はお取り替えいたします